Adelheid Müller-Lissner
Passen Kinder in mein Leben?

Adelheid Müller-Lissner

Passen Kinder in mein Leben?

Eine Entscheidungshilfe

Ch. Links Verlag, Berlin

Die Deutsche Bibliothek – CIP-Einheitsaufnahme

Müller-Lissner, Adelheid:
Passen Kinder in mein Leben? : eine Entscheidungshilfe /
Adelheid Müller-Lissner. – 1. Aufl. – Berlin : Links, 2002
ISBN 3-86153-272-7

1. Auflage, September 2002
© Christoph Links Verlag – LinksDruck GmbH
Schönhauser Allee 36, 10435 Berlin, Tel.: (030) 44 02 32-0
Internet: www.linksverlag.de; mail@linksverlag.de
Umschlaggestaltung: KahaneDesign, Berlin,
unter Verwendung eines Fotos von
IFA-Bilderteam/IT/tpl, Düsseldorf
Satz: Kerstin Ortscheid, Berlin
Druck und Bindung: Friedrich Pustet, Regensburg

ISBN 3-86153-272-7

Inhalt

Leben mit oder ohne?
Eine Einleitung

»Wie sieht dein Leben in zwanzig Jahren aus?«, so lautet eine der Fragen, denen sich meine Tochter und ihre Freunde in ihrem Abitur-Jahrbuch stellen. Etwa hundert junge Leute zwischen 18 und 21 Jahren geben Antwort. Fast alle malen sie sich genüsslich aus, mit vierzig Jahren nicht nur beruflich zufrieden und finanziell in gesicherten Verhältnissen, sondern auch »mit eigener Familie« zu leben. Kinder kommen in diesen Zukunftsvisionen meist in der Mehrzahl vor.

Doch Vision ist nicht gleich Wirklichkeit. Wenige Lebensjahre später wandelt sich das Bild, wie uns die Ergebnisse von Befragungen belehren. Fast ein Fünftel aller jungen deutschen Frauen ab 25 sagen mittlerweile, sie wollten keine Kinder. Die Entscheidung fällt immer häufiger gegen die »Investition Kind«. Jede dritte Frau des Jahrgangs 1965 wird voraussichtlich kinderlos bleiben, bei den Akademikerinnen sogar über 40 Prozent. Das sind doppelt so viele wie im Jahrgang 1950. Die Nachwuchsfrage hat sich hierzulande von der sorgfältigen Planung des Einzelkindes oder des »Pärchens«, das in gebührendem Abstand auf die Welt kommt, erweitert zu der Grundsatz-Frage, die nur ein Ja oder Nein verträgt. Mit steigendem Bildungsgrad nimmt die Kinderlosigkeit zu: Etwa 20 Prozent der 35- bis 39-jährigen Frauen mit Hauptschulabschluss sind in Deutschland derzeit kinderlos, aber doppelt so viele Akademikerinnen. Hinsichtlich der durchschnittlichen Kinderzahl liegt Deutschland mit 1,34 Kindern deutlich hinter Irland (1,93), Frankreich (1,75, steigende Tendenz) und Großbritannien (1,72). Nur Italienerinnen und Spanierinnen, also ausgerechnet die Frauen aus den katholischen, traditionell familien- und gebärfreudigen Mittelmeerländern, haben im Durchschnitt noch weniger Kinder: Bei 1,22 liegt die Quote derzeit im Reich der italienischen »Mamma«, bei nur 1,14 in Spanien. Die Zahlen zeigen einen Zusammenhang ganz deutlich: In den Ländern, in denen fast alle Frauen berufstätig sind, haben die Frauen gleichzeitig im Durchschnitt mehr Kinder. Dort gibt es Ganztagsschulen und schon für kleinere Kinder verlässliche Formen der Betreuung.

So bedeutsam sie sind, aus globaler Sicht nehmen sich die kleinen Differenzen hinter dem Komma, die sich zwischen einzelnen Industrienationen zeigen, dennoch minimal aus: In Afghanistan beispielsweise, wo die Lebenserwartung bei Männern 45 und bei Frauen 47 Jahre beträgt, liegt die durchschnittliche Kinderzahl eines Paares bei 6,7!

Die deutschen Politiker aller Couleur machen sich inzwischen Sorgen. Sogar Edmund Stoiber findet, einigermaßen defensiv, man müsse Elternschaft »ebenso attraktiv« machen wie das Leben ohne Kinder. Das muss man sich auf der Zunge zergehen lassen: Ebenso attraktiv! Ist Kinderlosigkeit, einst das Los der bedauernswerten Ehelosen oder Unfruchtbaren, so erstrebenswert geworden? Welche Entwicklung hat hier stattgefunden?

Ein Blick zurück: Die Überlegungen, die in diesem Buch angestellt werden, hätten unsere Vorfahren überhaupt nicht verstehen können. Und das nicht nur, weil es keine zuverlässige Empfängnisverhütung gab und sie folglich keine Wahl hatten. Es ging vielmehr ganz konkret um das Überleben der Gemeinschaft. Nicht zuletzt um das eigene Überleben im Alter, das in der Verantwortung der Nachkommen lag. So kann die französische Soziologin und Familienforscherin Yvonne Knibiehler, die beträchtliche Zeitspanne von der Antike bis zur Industrialisierung überblickend, zusammenfassen: »Um die Erneuerung der Gruppe sicherzustellen, um die hohe Sterblichkeit auszugleichen, setzte die Bäuerin Kinder in die Welt.« Ihr ganzes Leben war nicht nur der »Herstellung«, sondern auch der Ernährung und dem gesundheitlichen Wohlergehen des Nachwuchses gewidmet.

Kinderlosigkeit war in Mittelalter und Neuzeit nur zum Preis eines Verzichts auf körperliche Liebe zu haben, wie es etwa die Ordensleute vorlebten. »Geistliche Mütterlichkeit« auf dem

Fundament der Keuschheit war die höchste aller christlichen Tugenden, als solche aber natürlich nur einer spirituellen Elite zugänglich. Der griechische Kirchenvater Gregorius von Nyssa betonte in seinem Traktat »Über die Jungfräulichkeit« im vierten Jahrhundert sogar, dass nur die Keuschen in der Lage sind, den unseligen Kreislauf von Erbsünde und Tod zu unterbrechen, statt ihn durch immer neue Zeugung weiter fortzupflanzen. So kann das Klosterleben der Mönche und Nonnen auch ganz modern interpretiert werden: Als eine Bewegung von Menschen, die aus Verantwortungsbewusstsein freiwillig kinderlos blieben. Sie wären damit Vorläufer des (kinderlosen) Philosophen Immanuel Kant, der kritisch anmerkte, mit der Zeugung werde »eine Person ohne ihre Einwilligung auf die Welt gesetzt«, oder seines ebenfalls kinderlosen Kollegen Arthur Schopenhauer, der Eltern vorwarf, »im Genuss der Wollust« ihren Nachfahren die Erfahrungen des Leidens und Sterbens zuzumuten. Zugleich könnte man diese beiden Stimmen auch als frühe Vorläufer der ökologiebewegten Kulturpessimisten betrachten, die in den 70er Jahren des letzten Jahrhunderts die Elternschaft in Frage stellten. Wie das von Günter Grass in seiner Erzählung »Kopfgeburten« dargestellte Lehrer-Ehepaar bewegte sie die Frage: »In was für eine Zukunft willst du das Kind laufen lassen?«

Diese Zweifel jedoch, so berechtigt sie sein mögen, haben zu allen Zeiten nur das Handeln einer Minderheit bestimmt. Breitenwirksamer als Ordensleute und skeptische Philosophen wirkte Reformator Luther, der Ehe und Familie als die eigentlich gottgefällige Lebensform propagierte. Seit dem 18. Jahrhundert wurde die Elternschaft auch in ihrer erzieherischen Dimension wahrgenommen. Die »Entdeckung der Kindheit« (Philippe Ariès) hatte stattgefunden. In der Familie wurde seit dem Biedermeier, zumindest in bürgerlichen Kreisen, plötzlich in pädagogisch wertvoller Weise gemeinsam gespielt, vorgelesen und musiziert.

Im 20. Jahrhundert musste die Familie allerdings einen Teil ihrer Macht an den Staat abtreten. In Form der Sozialgesetzgebung hatte er einen Teil der Versorgungsfunktion der Familie übernommen: Wer während seines Erwerbslebens fleißig in die Kassen einzahlte, war fortan im Alter finanziell unabhängig von den eigenen Kindern. Die Rente ersetzte Altenteil und Austragsstüberl und machte damit frei vom stets fraglichen Wohlwollen der eigenen Brut. Mit Schulpflicht und detaillierten Lehrplänen wurde zugleich ein beträchtlicher Teil der Erziehung und Bildung von Amts wegen geregelt.

Nur wenig später wurde das Kinderkriegen, das für die eigene Alterssicherung nun nicht mehr unmittelbar notwendig war, zur patriotisch-gesellschaftlichen Pflicht erhoben. Besonders gründliche Pflichterfüllung wurde im nationalsozialistischen Deutschland nach 1938 durch das Mutterkreuz belohnt. Voraussetzung war nun nicht mehr, dass die vielfache Mutter verheiratet war. Statt dessen galten die Kriterien einer pseudowissenschaftlichen Rassenlehre: »Deutschblütig« und »erbtüchtig« musste die Gebärfreudige sein. Dann wurde die Mutterschaft (in Hitlers Worten der »Dienst auf dem Schlachtfeld der Frau«) auch bei der Unverheirateten als Leistung für die Gemeinschaft anerkannt. Angesichts des kriegsbedingten Frauenüberschusses förderte man die Schwangerschaften der Ledigen sogar: »Das Ziel wird und muss sein, dass ein Mädel heiratet, aber bevor eines als alte Jungfer verkümmert, ist es besser, es hat so ein Kind. Die Natur will, dass die Frau ein Kind bekommt; manche Frauen werden krank, wenn sie keine Kinder kriegen. Ja: tausendmal besser, sie hat ein Kind und damit einen Lebensinhalt, als sie geht vergrämt von der Welt!«, so des Führers Worte. Diesem Ziel diente unter anderem auch der »Lebensborn«, wo »rassisch einwandfreie Frauen« uneheliche Kinder entbinden konnten, gern auch, nachdem eben solche jungen Männer als »Zeugungshelfer« tätig geworden waren. In dem spannenden Buch »Die Frauen der Nazis« zitiert die Historikerin Anna Maria Sigmund das Frauenideal des Dritten Reiches: »Sie haben keine Sehnsucht nach dem Büro und dem Parlament. Ein trautes Heim, ein lieber Mann und eine Schar glücklicher Kinder steht ihrem Herzen näher.« Für die Frauen »enthält unser Programm nur einen einzigen Punkt: das Kind.« Sobald ein Ehemann mit seiner eigenen Frau das Ziel erreicht hatte, vier Kinder zu zeugen, sollte er anderen Frauen als Zeugungshelfer zur Verfügung stehen. Auch wenn solche extremen Pläne nie realisiert wurden, ist es keinesfalls müßig, sie sich deutlich vor Augen zu halten, wenn heute über Bevölkerungspolitik diskutiert wird.

Die Feministinnen der 60er und 70er Jahre bestanden im Gegenzug um so deutlicher darauf, dass Mutterschaft allenfalls ein Privatvergnügen, niemals aber eine Staatsaufgabe sei. »Mein

Bauch gehört mir«, hieß die Parole dieser Zeit. Schwangerschaft oder Abtreibung wurden zu einer individuellen, persönlichen Angelegenheit erklärt. »Vor dem ersten Kinderschrei'n/ muss ich mich erst mal selbst befrei'n!«, textete Punk-Sängerin Nina Hagen.

Inzwischen ist Konrad Adenauers Ausspruch »Kinder kriegen die Leute doch sowieso« Geschichte geworden. Die SPD-Politikerin Renate Schmidt, selbst mehrfache Mutter und Großmutter sowie Vorsitzende des »Familien-Forums« ihrer Partei, analysiert die Lage so: »Die jungen Frauen sind heute besser ausgebildet und selbstbewusster als je zuvor. Sie wollen arbeiten. Gut. Sie wünschen sich möglicherweise auch Kinder: wunderbar. Doch wir müssen feststellen, dass sie immer weniger Kinder bekommen: nicht so gut.«

Diese Wertung kommt von einer Politikerin, insofern ist sie angreifbar: Nationale Bevölkerungs- und Rentenpolitik ist schließlich nicht das einzig ausschlaggebende Kriterium für die Entscheidung Kinder zu bekommen – zumal in Zeiten einer rasant anwachsenden Weltbevölkerung. Interpretiert man Renate Schmidts Satz aber anders, weist er über die Sorge um Staatsfinanzen und wirtschaftliche Entwicklung hinaus: »Nicht so gut« ist es tatsächlich, wenn Menschen Lebensprojekte, von denen sie sich persönliches Glück erhoffen, nicht realisieren, weil die äußeren Umstände nicht passend sind. Wenn also ein Paar auf Kinder verzichtet, die es »eigentlich« möchte, weil das Geld nicht reicht oder die beruflichen Ziele durch sie gefährdet scheinen.

Die materiellen Voraussetzungen für das »Projekt Nachwuchs« müssen in unserer Gesellschaft besser werden. Die Forderung nach familienfreundlicher Politik ist die logische Konsequenz. Doch ist diese Forderung nicht ohne Tücken, denn dirigistische Maßnahmen und Mutterkreuze sind gründlich in Misskredit geraten. Durchaus zu Recht merkt Bundeskanzler Gerhard Schröder deshalb an, man könne »nichts machen, wenn Männer und Frauen entscheiden, keine Kinder haben zu wollen«. Jeder soll nach seiner Façon selig werden dürfen: »Wir machen in unserer offenen Gesellschaft keine Ein-, Zwei- oder Kein-Kind-Politik«, so Schröder.

Weise Worte – nicht zuletzt deshalb, weil höchst zweifelhaft ist, ob solche Politik überhaupt greifen könnte. So wichtig und prinzipiell begrüßenswert »kinderfreundliche politische Maßnahmen« sein mögen, die Kinderfrage ist nicht nur ein Problem der Betreuung der Kinder, der Berufschancen der Mütter und der Finanzen der Familien. Die Frage, ob man ein Kind will, grundsätzlich oder gerade zu diesem Zeitpunkt, stellt sich immer einzelnen Paaren und Individuen an ganz unterschiedlichen Punkten ihres Lebenslaufes. »Elternschaft«, so der Philosoph Dieter Thomä treffend, tritt heute »in Konkurrenz zu anderen Projekten des Lebens«. Für Defizite in der eigenen Biografie, die sich aus der Entscheidung für oder gegen Kinder ergeben könnten, müssen wir vorwiegend uns selbst verantwortlich machen. Eltern und Nicht-Eltern haften gleichermaßen für ihren Entschluss, nicht mehr der liebe Gott und selten das Schicksal. Die Kinderfrage ist auch deshalb brisanter geworden, weil verantwortliche Elternschaft heute eine (nicht nur materiell) weit größere Investition darstellt als je zuvor in der Geschichte.

Keiner wird sich allein »dem Gemeinwohl zuliebe« für Kinder entscheiden. Doch verschiedene Aspekte spielen bei der Entscheidung eine Rolle, zum Beispiel die Erwartungen der Eltern oder eigene Ängste, wie die vor einem Alter ohne Nachkommen. Es gibt prägende Vorbilder und einflussreiche Geschlechter-Stereotype. Sich diese Gemengelage klar zu machen, indem man die Stimmen anderer dazu hört, kann ein guter Weg sein zu einem tragfähigen Entschluss. Deshalb habe ich für dieses Buch zahlreiche Gespräche mit Menschen geführt, die sich für oder gegen Kinder entschieden haben, und mit solchen, die noch darüber nachdenken. Die meisten von ihnen genießen den Schutz des Pseudonyms – die falschen Namen sind erkennbar am abgekürzten Nachnamen.

Herzlichen Dank an alle, die sich zu einem Gespräch bereit erklärten. Mir persönlich haben diese Gespräche das Vergnügen zahlreicher neuer Bekanntschaften und noch zahlreicherer neuer Einsichten gebracht. Viele der persönlichen Aussagen erforderten aber auch Mut, denn die Erinnerungen, die dabei hochkamen, waren oftmals schmerzlich. Die Gespräche erheben natürlich nicht den Anspruch, repräsentativ zu sein. Sie sind nicht Teil einer wissenschaftlichen Untersuchung. Vielleicht können sie aber dem einen oder anderen Leser das Gefühl geben, mit seiner oder ihrer Lebenseinstellung und -erfahrung, mit den Zweifeln, den Gründen und Gegengründen, Enttäuschungen und Überraschungen in

14

Sachen Kinderkriegen nicht ganz allein zu stehen. Sie sollen Eindrücke davon vermitteln, wie das Leben mit Kindern sich heute gestaltet, aber auch davon, wie Menschen es empfinden, auf Dauer kinderlos zu sein. Die Auswahl meiner Gesprächspartner ist persönlich und subjektiv, zum Teil ist sie von – wunderschönen – Zufällen und überraschenden Begegnungen geprägt.

Ein Beruf, zwei Leben

Maria (49) und Claudia (45) arbeiten seit Jahren zusammen als freie Übersetzerinnen. Maria hat eine Tochter, die inzwischen 24 Jahre alt ist, Claudia ist kinderlos. Wir treffen uns in ihrem schönen neuen Büro in Berlin-Mitte, um über diesen kleinen Unterschied zu reden. Es ist ein Unterschied, den man so richtig nur kennen lernen kann, wenn man ihn erlebt. Doch immer mehr Menschen denken gründlich darüber nach, ob sie ihn überhaupt persönlich erleben möchten. In einer solchen Situation hört man gern erst mal die Geschichten der anderen.

Maria erzählt: »Ich war sehr jung, als ich mein Kind bekommen habe. Meine Tochter war nicht geplant. Ich bin mit 25 Jahren schwanger geworden und habe mich dann entschieden, dieses Kind zu kriegen. Damals hatte ich überhaupt noch keine Vorstellungen von meiner beruflichen Karriere. Ich war viel herumgereist und hatte bis dahin eher die lustigen Seiten des Lebens genossen. Erst als ich das Kind bekam, habe ich angefangen, mir darüber Gedanken zu machen.«

Trotzdem hat sich Maria erst einmal Zeit genommen und die ersten drei Jahre nur mit ihrer Tochter verbracht. Finanziell war sie durch den Vater des Kindes abgesichert, mit dem Mutter und Tochter nicht zusammen lebten: Ein Privileg. »Das war eine sehr schöne Zeit. Neben der Kinderbetreuung habe ich meine Ausbildung gemacht, und beides hat sich wunderbar ergänzt. Der Vater hat sich zwar rührend um seine Tochter gekümmert, wir hatten aber keine klassische Paarbeziehung.« Wie hat die Tatsache, dass das Kind auf der Welt war, die Berufsplanung beeinflusst? »Dass ich nun Mutter war, hat den Vorgang des Nachdenkens sicher beschleunigt. Ich war ein typischer Schulabbrecher gewesen und hatte mich allem versagt, was man für mich geplant hatte. Mit Kind habe ich plötzlich ganz anders darüber gedacht. Und inzwischen ist mir auch klar geworden, wie wichtig für einen ganz normalen beruflichen Werdegang Möglichkeiten zur Ganztagsbetreuung sind.«

Und Claudias kinderloses Leben? »Maria hat ein Kind, ich habe keins, und wir machen beruflich genau das Gleiche, darin kann also nicht der große Unterschied liegen«, sagt Claudia. Sie hat sich ebenfalls eine lange »Findungsphase« gegönnt, hat bis sie 30 war studiert, ist viel herumgereist und wollte eigentlich nie »Karriere« machen. Arbeiten und selbst ihren Lebensunterhalt zu verdienen dagegen, das hielt sie immer für eine Selbstverständlichkeit, ob nun mit oder ohne Kind. »Meine Freundinnen, die Kinder haben, arbeiten eigentlich alle. Das Modell vom Alleinernährer haut ja auch nicht mehr so hin. Was mich von Frauen mit Kindern unterscheidet, ist eher der Alltag: Der ist natürlich sehr verschieden.«

Wollte Claudia nie ein Kind? »Es wird ja ganz oft so dargestellt, als sei das so eine Frage, die man sich nur einmal stellt, und dann hat man auch eine Antwort. Es mag Leute geben, die mit zehn Jahren schon wissen, dass sie mal Ärztin werden oder fünf Kinder bekommen wollen. Ich dagegen stand immer wieder vor neuen Entscheidungen, beruflich und auch in Sachen Kinder.« Da habe es schon mehrmals im Leben Gelegenheiten gegeben, an ein Kind zu denken, sinniert die muntere Mittvierzigerin: »Es hat aber nie so richtig gepasst, obwohl es vom Geld, der Zeit und vom Partner her gegangen wäre. Aber irgendwie wollte ich nicht.«

Das Gefühl, etwas verpasst zu haben, hat sie heute nicht. »Ich finde es allerdings befremdlich, wie in dieser Hinsicht im Moment polarisiert wird. Ich habe keine Kinder, aber deshalb hasse ich Kinder ja nicht, ich finde sie sogar manchmal ganz entzückend. Das heißt aber noch lange nicht, dass jeder im Leben das Gleiche machen müsste.« Wird dieser Gegensatz nicht durch das Vorurteil erzeugt, Kinderlose könnten ihr Leben mehr genießen als Eltern? Claudia hält dagegen: »Natürlich kann ich länger und häufiger verreisen, aber dafür habe ich auch keine Kinder. Ich kriege keine selbstgemachten, klebrigen Bildchen zu Weihnachten und werde nicht mit großen Kinderaugen angeguckt, ich verzichte also auch auf etwas.«

Zwischen Verzichten und Vermissen unterscheidet auch Maria: »Für mich war ganz klar: Meine Tochter war der Mittelpunkt meines Lebens, da habe ich natürlich keine großen Reisen mehr gemacht, bin mehr zu meinen Eltern in die Berge gefahren. Ich habe aber in dieser Hinsicht nicht so viel vermisst.« Auch nicht im Alltag? »Im Alltag war ich ganz gut organisiert, mit Hilfe von Nachbarn und durch den Kindergarten. Mir war es aber auch immer sehr wichtig, Freundinnen ohne Kinder zu haben und den Kontakt mit ihnen zu pflegen. Ich wollte nie ein Leben führen, in dem man sich nur als Mutter definiert. So habe ich mich auch bewusst dafür entschieden, nur dieses eine Kind zu bekommen. Ich bin der Meinung, mit einem einzelnen Kind kann man die Vorteile eines ›normalen‹ Erwachsenenlebens ohne Kind und die eines Lebens mit Kind ganz gut verbinden.«

Claudia erinnert sich an die gemeinsame Anfangszeit: »Wir haben mit unserer Arbeit in Marias Wohnung begonnen. Das bot sich so an, weil die Wohnung relativ groß war – ein Arrangement, das für alle ganz angenehm war. Denn dadurch bekam ich auch ein gutes Verhältnis zu Marias Tochter. Ich wurde so etwas wie ihre Tante, ich habe Schulkatastrophen und Liebeskummer miterlebt. Wenn Maria nicht da war, hat sie mir alles erzählt.« Und Maria ergänzt: »Für mich war es auch angenehm, dass jemand aufpassen konnte, wenn ich mal weg musste.« Claudia legt allerdings Wert auf die Feststellung: »Ich war natürlich immer in der glücklichen Lage, dass ich auch wieder gehen konnte.« Insgesamt hat sie durch die Beziehung zu Marias Tochter viel gewonnen, »auch später, mit den ganzen Jugendlichen, die dann ins Haus kamen«. Durch sie hat Claudia ganz mühelos Kontakt zu einer neuen Generation bekommen, samt Insider-Kenntnissen über angesagte Discos und Klamottenläden.

Claudia hat sich in ihrer Lebensgestaltung bewusst von bestehenden Rollenvorstellungen abgesetzt, indem sie keine Familie gründete. Wie haben das ihre Eltern empfunden, gab es da nicht bestimmte Erwartungen? »Meine Mutter hat einmal gesagt: ›Wenn ich deine Generation gewesen wäre, hätte ich es genauso gemacht wie du!‹ Sie war sehr daran interessiert, neue Dinge auszuprobieren.«

Maria ist eher in die Fußstapfen ihrer Mutter getreten, indem sie früh ein Kind bekommen hat. Doch trotzdem ist ihr Leben mit dem der Mutter überhaupt nicht vergleichbar: »Meine Mutter war Hausfrau und hat nie einen Beruf erlernt. Von daher musste ich mir ganz mühsam Vorbilder suchen, weil man da, wo ich herkomme, sehr konservativ und bäuerlich lebt. Ich hatte zwar kein schwieriges Verhältnis zu meiner Mutter, aber es war für mich klar, dass sie nicht mein Vorbild ist.« Für Marias Mutter, die auf dem Land lebte, war es schwer zu akzeptieren, dass der Vater von Marias Kind nicht nur sehr viel älter, sondern auch noch verheiratet war. »Meine Mutter hat sicher darunter gelitten. Sie musste das ja in unserem Dorf rechtfertigen.« Als der Enkel getauft wurde, war sie glücklich. Wenigstens eine der Erwartungen, die die Umgebung an Mutter und Kind stellte, war erfüllt worden! »Meine Kindheit war sehr schön, aber das Leben, das ich jetzt lebe, habe ich mir selber ausgesucht«, sagt Maria. »Zwei von uns drei Schwestern haben das Dorf verlassen, die dritte Schwester ist in unserem Heimatort geblieben und führt das Leben der Eltern fort.«

Vom Land und aus dem Verbund der Großfamilie wegzugehen, brachte Maria allerdings neben der Freiheit ein neues Problem ein, das für junge Eltern durchaus typisch ist: »Ich kannte dieses Problem der Kinderversorgung überhaupt nicht. Es war ja immer jemand da, der sich um die Kinder kümmern konnte. In Berlin suchte ich dann sofort nach Leuten, die auch Kinder hatten. So sind Freundschaften zu Menschen entstanden, mit denen ich unter anderen Umständen nie zusammengekommen wäre.« Im Nachhinein findet Maria es sehr wichtig, die Alltagsprobleme, die durch Kinder entstehen, mit anderen zu teilen.

Ich möchte in diesem Gespräch gern noch einmal aufs Geld zurückkommen, obwohl meine beiden Gesprächspartnerinnen mir ja schon versichert haben, dass dies Thema nicht von entscheidender Wichtigkeit war. »Für mich hat es wirklich keine Rolle gespielt, denn der Vater hat sich finanziell um das Kind gekümmert und ich hatte genügend Zeit, es zu pflegen«, sagt Maria. Sie weiß, dass das nicht die typische Situation der allein erziehenden Mütter ist, legt aber auch Wert darauf, dass sie immer relativ bescheiden gelebt hat. »So viel kostet ein kleines Kind ja nun wirklich nicht. Ich behaupte: Ich hätte mich und das Kind auch allein durchgebracht. Das wäre sicher um vieles schwieriger gewesen, aber der Kostenfaktor ist nicht das Entscheidende.«

Claudia betont ebenfalls: »Bei mir waren es auch andere Dinge, die nicht gepasst haben. Ich hatte immer so viele Sachen vor, dass ich mir nicht vorstellen konnte, sie aufzuschieben. Entscheidend war für mich die Aufbruchsstimmung, die bei Frauen in den 70er Jahren herrschte. Geprägt hat mich das typische Rollenverhalten jener Zeit, aber mit 14 oder 15 Jahren hatte ich plötzlich entdeckt, dass es tausend Möglichkeiten gab, was man machen konnte. Das wollte ich voll ausschöpfen. Ich habe das Gefühl genossen, von niemandem abhängig zu sein.« Wahrscheinlich hätte Claudia »das mit einem Kind« ohne Drama hingekriegt, wie sie heute meint, »aber es war nie wirklich ein Thema. Der Großteil meiner Freundinnen und Freunde hatte damals keine Kinder, Maria war eher eine Ausnahme.« Die meisten Freundinnen, die dann mit 30 Jahren Kinder bekommen haben, seien aus Berlin »in ihre Dörfer« zurückgegangen, erzählt Maria. »Es hat mich als Berliner Pflanze fast ein bisschen beleidigt, wenn jemand behauptete, man könne in Berlin keine Kinder großziehen, wo ich doch das lebende Gegenbeispiel bin!« Die Kinderfrage wurde damals ziemlich kontrovers diskutiert: »Diejenigen, die eigene Kinder ablehnten, fanden die anderen total spießig. Wer wiederum Kinder wollte, warf den Kinderlosen vor, sich vor gesellschaftlicher Verantwortung zu drücken. Mittlerweile treffen wir uns wieder und erkennen an, dass es verschiedene Wege gibt. Aber damals hatte ich schon das Gefühl, einige hätten sich von unseren Lebensvorstellungen verabschiedet und seien ins Reihenhaus zurückgegangen, wo wir mehrheitlich herkamen. Für mich stellte sich dagegen genau in dieser Zeit ein anderes Thema neu: Endlich anfangen, richtig zu arbeiten, nicht immer nur jobben.«

«Als ich 1977 mein Kind bekommen habe, war es noch durchaus legitim, sich Zeit zu nehmen und die ersten Jahre mit dem Kind zu Hause zu bleiben«, ergänzt Maria. »Zehn Jahre später wurde so etwas schon eher als Schmarotzertum empfunden. Die Frauen, die heute kleine Kinder haben, müssen sich vor ihren Freundinnen schon rechtfertigen, wenn sie länger als ein Jahr mit dem Kind zu Hause bleiben.«

Zwei Berufe und ein Kind müssen unter einen Familien-Hut gebracht werden. Immer mehr Paare entscheiden sich unter diesen Umständen gegen eigene Kinder. Jetzt bekommen die Politiker schon Angst, dass die Deutschen aussterben. »Es muss immer ein persönlicher Entschluss sein, ein Kind zu wollen. Der Staat sollte die Möglichkeit dafür schaffen. Aber nur in finanziellen Kategorien zu denken, finde ich vollkommen absurd«, meint Claudia. »Natürlich verursachen Kinder Kosten. Aber dafür hast du sie auch! Das Wesentliche ist doch, ob man Spaß an ihnen hat.« Man könne den Preis für ein Kind schlicht und einfach nicht aufrechnen gegen die Bereicherung, die ein Leben mit ihnen verspricht. Claudia ist es dagegen sehr wichtig, mehr über Erziehung zu reden und Wertkonzepte für die Kinder zu entwickeln, die zukünftig geboren werden. »Die Diskussion muss darum gehen, wie Menschen mit Kindern leben können, auch als Alleinerziehende. Ich habe gar nichts dagegen, das mit zu finanzieren.«

Welchen Einfluss hatten die Partner der beiden Übersetzerinnen in der Kinderfrage? »Der Vater meiner Tochter hat eine wichtige Rolle in meinem Leben gespielt. Aber es war von vornherein klar, dass die konkrete Erziehung und Planung in meinen Händen liegen würde. Ich habe mir das Recht ausbedungen, in wichtigen Fragen die Entscheidung zu treffen, und hatte dadurch natürlich viel Verantwortung«, sagt Maria. Auch Claudias Partner waren Nachwuchs gegenüber aufgeschlossen: »Mein letzter Freund war ganz wild auf Kinder und versuchte, mich zu überreden. Das hat aber nicht geklappt. Mein jetziger Freund hat bereits ein Kind. Er ist ein sehr liebevoller Typ und hätte sicher kein Problem damit, noch eins zu bekommen.«

Maria hat im Lauf der Jahre viel über die Weiche nachgedacht, die sie damals für ihr Leben gestellt hat. »Als ich schwanger wurde, stand für mich fest: Kinder kriegen ist etwas ganz Natürliches, und so gut wie die anderen schaffe ich das auch. Ich habe kurz darüber nachgedacht und mich dann spontan dazu entschlossen.« Maria räumt allerdings ein: »Wenn ich mir wirklich klar gemacht hätte, was auf mich zukommt, dann hätte ich mich wahrscheinlich gegen ein Kind entschieden. Ich hätte das nie gewagt.« Sollte man also lieber nicht vorher nachdenken? Maria: »Die ganzen Diskussionen sind der Lust, ein Kind zu kriegen, nicht förderlich. Es wird immer alles schwierig dargestellt. Natürlich stimmt das, wenn man nur an die Nächte denkt, in denen sie Durchfall oder andere Krankheiten haben. Auf der anderen Seite kommt aber von Kindern auch so viel zurück!«

Noch mehr als die Arbeit habe ihr das Gefühl der Verantwortung für das Kind zu schaffen gemacht. Das sei zeitweise wirklich belastend gewesen. Doch so rational könne man Pro und Contra eben nicht gegeneinander abwägen. »Es ist eine gefühlsmäßige Erfahrung, ein Kind zu haben, und dieser Aspekt fehlt in vielen Debatten.« Claudia erinnert sich: »Wir haben in den 70er und 80er Jahren viel darüber diskutiert, ob wir Kinder wollen oder nicht. Aber die Entscheidungen waren nicht das Ergebnis dieser Diskussionen. Du bist schwanger und kannst es dir dann vorstellen, ein Kind im Arm zu haben. Leben ist überhaupt nicht vollkommen planbar. Es gibt immer wieder Mädchen, die werden mit 19 Jahren ungewollt schwanger, bekommen das Kind und alles läuft gut. Andere haben das genau geplant, und es läuft schlechter. Ich selbst war zweimal schwanger, hatte aber das Gefühl, es würde nicht passen.«

Die beiden Frauen, die viel aus dem Spanischen übersetzen und vor allem im Süden unterwegs waren, finden, dass in Deutschland im Umgang mit Kindern die selbstverständliche Ebene fehlt. »Ich höre oft genervte Eltern in der U-Bahn ihre Kinder anschreien. Warum haben diese Leute Kinder? Deutschland ist schon ein kinderunfreundliches Land. Das hat wohl damit zu tun, dass hier alles nach Plan laufen muss, und den stören Kinder oft«, meint Claudia. Aber Maria, die Mutter, muss zugeben: »Ich werde heute auch manchmal wahnsinnig, wenn ein Kind in der U-Bahn fast auf meinem Schoß sitzt, während ich die Zeitung lesen will.« Trotzdem: Ein Leben ohne die kleinen Nervensägen wäre ärmer. »Ich fürchte mich vor einer Gesellschaft, in der es noch mehr alte Leute und immer weniger Kinder gibt«, sagt Maria.

Haben die beiden nie Probleme mit der Frage gehabt, ob man überhaupt Kinder in diese Welt setzen dürfe, in der die Menschen der Umwelt zusetzen und immer wieder neue Kriege beginnen? Nein, für beide wäre das eher ein Ansporn, weiter an der Verbesserung dieser Welt mitzuwirken. Maria betont: »Mir war schon klar, dass meine Tochter nicht in eine perfekte Welt hineingeboren wird. Aber ich wollte sie dafür stark machen, in dieser imperfekten Welt zu leben.« Claudia wird noch viel grundsätzlicher: »Das Allerwichtigste ist aus meiner Sicht, dass eine Frau mit sich selbst im Reinen ist, egal, welche Entscheidung sie in ihrem Leben in der Kinderfrage getroffen hat.« Diesen Eindruck vermitteln die beiden Übersetzerinnen.

Fortpflanzung folgt?
Das schwierige Thema Kinderwunsch

»Kinder machen des Lebens Mühsal süß,
aber das Unglück um so bitterer.
Sie vermehren die Sorgen des Lebens,
aber lindern den Gedanken an den Tod.«

(Francis Bacon)

Erwartungen – eigene und fremde

»Ich will nicht bloß ein Erfahrungs-Plus konsumieren«

Nathalie T. ist 25 Jahre alt und studiert augenblicklich Betriebswirtschaft in Berlin. Sie ist seit einem Jahr mit ihrem Freund zusammen, lebt jedoch in ihrer eigenen Wohnung. Sie finanziert sich ihr Studium, indem sie in ihrem erlernten Beruf als Ton-Ingenieurin jobbt. Nathalie ist die typische gebildete Großstädterin, von der Familiensoziologe Günter Burkart sagt, ihr Rollenbild sei wenig »traditional«, ihre Familienorientierung gering. Kommen Kinder in ihrem Lebensplan vor?

»Ich wünsche mir Kinder«, sagt Nathalie. »Wenn ich an meine Zukunft denke, sehe ich mich mit Kindern.« Das sei aber längst noch nicht aktuell, betont die Studentin, und müsse aus verschiedenen Gründen noch warten: Da ist zuerst das Studium, das sie abschließen möchte. »Ich habe den Wunsch, mich zuerst selbst zu entwickeln, weiter zu kommen. Aber ich bin ziemlich sicher: Irgendwann werde ich so einen kleinen Störenfried haben!« Wovon macht sie das abhängig? Es geht dabei nicht unbedingt um finanzielle Dinge. Nathalie wünscht sich Kinder erst in dem Moment, »in dem ich eine innere Ruhe, eine Art Mitte gefunden habe. Heute ist mir dafür noch zu viel Unsicherheit in meinem Leben.«

Wie sieht es mit ihrem Freundeskreis aus, haben die anderen schon Kinder? »Es gibt schon einige, die ernsthaft darüber nachdenken und andere, die bereits Kinder bekommen haben«, sagt Nathalie. »Aber diese Entscheidung ist heute bedeutungsvoller geworden, man denkt länger darüber nach. Das ist wohl nicht nur bei mir so, sondern eine Entwicklung in der gesamten westlichen

Welt.« Nur in seltenen Fällen sei die materielle Seite für die Entscheidung wichtig. »Es geht eher um Zeit und Freizeit, um die Entwicklung der eigenen Persönlichkeit und um die Wahrnehmung von Unsicherheit, auch in der Paarbeziehung. Die wenigsten legen sich da auf längere Sicht fest.«

Für Nathalie ist der Wunsch nach einem Kind fest an eine funktionierende Paarbeziehung geknüpft, in der die neue Aufgabe gemeinsam »gestemmt« wird: »In diesem Punkt bin ich konservativ. Ich muss das Gefühl haben: Das ist der Vater, den ich für mein Kind möchte. Das heißt nicht, dass ich mit diesem Mann zwangsläufig mein ganzes Leben verbringen muss. Aber ich kann mir im Moment nicht vorstellen, ein Kind allein zu erziehen.« Sie hätte Angst davor, zu sehr zu »klammern« und auch davor, zu starken Ehrgeiz als Mutter zu entwickeln, ihr Leben also zu sehr auf die Erziehung zu reduzieren. »Ich glaube, dass ein Kind einen zweiten Erwachsenen braucht, für die Einführung ins Leben, und auch, um sich abgrenzen zu können.« Mit ihrem jetzigen Freund zusammen kann sie sich das gut vorstellen. Im Moment allerdings fühlt sie sich dazu noch nicht bereit und sie glaubt, bei ihm sei es ähnlich.

Reden die beiden über Kinder? »Natürlich spinnen wir so ein bisschen herum, wie schön unser Kind mal sein wird! Aber wir reden auch deshalb oft darüber, weil wir uns im Augenblick viel mit unseren Eltern und deren Erziehung auseinander setzen.« Daraus ergibt sich einerseits fast eine Abneigung gegen das Thema, »andererseits sieht man dann auf der Straße wieder Mütter mit ganz niedlichen Kindern und entwickelt eigene Wünsche«. Was Nathalie schwierig findet, sind die Ängste, die sich um das Kind ranken und das Nachdenken über Erziehungsfragen. »Diese Übervorsicht macht alles so kompliziert. Vielleicht ist das eine typisch deutsche Marotte, in den südlichen Ländern habe ich eine solche Haltung Kindern gegenüber nämlich kaum erlebt.«

Bedenken hat Nathalie auch, wenn sie an ihre berufliche Entwicklung denkt. Schließlich finanziert sie ihr Studium aus der eigenen Tasche und hat schon eine Ausbildung hinter sich – das sind große Investitionen. Macht sie sich Gedanken, was daraus werden könnte? Nathalie wirkt zielstrebig und scheint genau zu wissen, was sie will. »Ich kann mir kaum vorstellen, meinen Ehrgeiz und mein Streben zu reduzieren«, sagt sie. »Denn das ist bei mir ganz stark. Ich lege viel Wert auf meine eigene Entwicklung und brauche Zeit dafür. Durch meinen Vater, der eine eigene Firma besitzt, habe ich auch schon früh mitbekommen, wie problematisch eine schwangere Mitarbeiterin für einen Betrieb sein kann.« Wann ist also der richtige Zeitpunkt, wann schadet das Kinderkriegen der beruflichen Entfaltung am wenigsten? »Mitten in der Unizeit möchte ich nicht schwanger werden und auch nicht gleich danach, die Berufspraxis ist schließlich wichtig. Andererseits will ich keine ›alte Mutter‹ sein, die schon 40 ist, wenn ihr Kind in den Kindergarten kommt.«

Wichtig ist Nathalie jedenfalls, sich die Betreuungsarbeit mit ihrem Partner zu teilen. »Unendliche Zugeständnisse würde ich in dieser Hinsicht nicht machen.« Als voraus denkender Mensch hält es Nathalie aber auch für möglich, dass ihre Einstellung zur Karriere sich später einmal ändern könnte: »Vielleicht habe ich irgendwann genug davon, die Arbeit zum Zentrum meines Lebens zu machen. Ich denke, der Wunsch nach einem Kind, wird mit dem Zeitpunkt zusammenfallen, an dem ich meine Autonomie aufgeben möchte – um als ›Belohnung‹ ein Kind zu bekommen.«

Wenn ihre beste Freundin heute verkünden würde, sie höre mit dem Beruf auf und widme mich ganz ihrer Familie, wäre das für Nathalie überhaupt kein Problem: »Das ist doch das Schönste, was passieren kann, wenn sie ihre Erfüllung darin findet! Da halte ich es nicht so sehr mit der feministischen Ideologie der 70er Jahre!« Eine undogmatische Weltsicht, in der viele Lebensformen vorkommen dürfen. Für sich selbst macht sie allerdings eine strikte Einschränkung: »Hätte ich diesen Wunsch, käme mir das verdächtig vor. Ich würde mich fragen: Nathalie, wolltest du das wirklich? Denn mein Leben soll mehr sein als nur Familie und Nest-Bau.«

Mit diesen zwiespältigen Gefühlen empfindet sie sich als typische Vertreterin ihrer Generation. »Das Grundgefühl ist eine große Unsicherheit: Abitur zu machen beinhaltet nicht mehr die Gewissheit, später auch einen guten Job zu finden. Und auch in den Beziehungen gibt es keine festen Regeln mehr. Man muss die Komplexität verarbeiten und sich bewusst entscheiden, was man im Leben machen will. Die Leute, die ich kenne, gehen nicht mehr von der stabilen Ehe und Familie aus. Deshalb wird auch die Frage wichtiger, wie man sich selbst verwirklichen kann. Die meisten sagen zwar, dass sie Kinder haben wollen, schieben es aber nach hinten und warten auf eine stabilere Situation – beruflich wie beziehungstechnisch. Man will sich auch in der Partnerschaft möglichst lange ein Türchen offen halten.«

Auch wenn Nathalie sich ein Kind nur in einer festen Beziehung vorstellen kann und Wert darauf legt, das Thema immer wieder mit dem Partner zu diskutieren, sagt sie deutlich: »In letzter Instanz wird es meine Entscheidung sein, ob ich ein Kind bekomme. Als Frau brauche ich den Mann dafür ja nicht unbedingt. Ich glaube, unter dieser biologischen Tatsache leiden werdende Väter manchmal. Schwangerschaft und Geburt spielen sich eben nicht in ihrem Körper ab.‹

Die Schwangerschaft stellt Nathalie sich »toll« vor. Das ist etwas, was sie gerne erleben möchte. »Wenn ich aber Erzählungen über Geburten höre, dann ist das nichts, was ich mir wünsche.« Doch sie macht sich Mut: »Dieses Verfahren ist ja von der Natur vorgesehen, um neues Leben in die Welt zu setzen. Das ist gewissermaßen eine evolutionstechnische Aufgabe.« Vom Kreißsaal hat sie keine romantischen Vorstellungen, »aber ich will das sowieso nicht einfach als Erfahrungs-Plus konsumieren«. Diese Hoffnung auf neue Erfahrungen bleibt dem Leben mit dem Kind vorbehalten.

Wenn sie von den Bereicherungen spricht, die sie sich vom Leben mit Kindern erhofft, kommt die sonst eher nüchterne Studentin ins Schwärmen. »Ich finde den Gedanken geradezu toll, dass neue Menschen die Welt betreten, die ich begleiten darf. Dass ich die Aufgabe habe, sie ins Leben ›einzuführen‹ für sie Verantwortung zu übernehmen. Da entsteht etwas, das man selbst ›gemacht‹ hat, worauf man wahrscheinlich sehr stolz ist und das wertvoll ist wie sonst nichts.« Der Gedanke, Kindern Liebe, Wärme, Geborgenheit und Anerkennung zu schenken, ist für Nathalie beglückend. »Ich freue mich einfach darauf.« »Ganz eigennützig« möchte sie auch »von der klugen Art profitieren, mit der Kinder in die Welt schauen. Ich denke einfach, dass Kinder mir und meinem Leben viel schenken werden, viel Lachen und einfach ein ›beglücktes Sein‹!«

Nathalie ist ziemlich sicher, dass bei ihren Wunsch nach diesen Erfahrungen auch die eigene Herkunftsfamilie eine Rolle spielt:

Ihr Vater, der aus dem Libanon kommt und Großfamilien gewöhnt ist, wollte eigentlich viele Kinder, »aber ich bin das Einzelkind, die Prinzessin.«

Sie spürt einen Erwartungsdruck ihrer Eltern, die sich Enkel von ihrer einzigen Tochter wünschen. »Aber diese Erwartungen liegen nicht offen auf dem Tisch. Ich gestehe es mir nicht gern ein, aber der Wunsch nach Kindern ist auch mit dem Bedürfnis verbunden, sie meinen Eltern zu präsentieren und damit ihren Erwartungen nachzukommen. Außerdem sollen meine Kinder die Chance haben, meine Eltern noch als Großeltern zu erleben.«

Auch ein Leben ohne eigene Kinder könnte sich Nathalie vorstellen. »Ich kenne viele Frauen um die 40, die keine Kinder haben und ein interessantes Leben führen. Ich würde sicher dabei nicht eingehen!«

Mit der Frage, wie es wäre, kein Kind bekommen zu können, hat sie sich auch deshalb beschäftigt, weil ihre Mutter als medizinisch-technische Assistentin mit der Untersuchung von Spermien von Männern zu tun hat, deren Kinderwunsch sich nicht erfüllte. »Ich würde in diesem Fall eine Adoption in Betracht ziehen und wahrscheinlich auch von den Möglichkeiten der modernen Fortpflanzungsmedizin Gebrauch machen. Die betroffenen Menschen gehen mit dieser Technik viel normaler um als Politiker, die über das Thema grundsätzlich diskutieren. Jeder sollte das für sich entscheiden. Auch wenn lesbische Frauen Kinder kriegen, finde ich das sehr schön. All das ist Teil der zunehmenden Individualisierung.« Die heutigen Wahlmöglichkeiten hält Nathalie jedenfalls für einen großen Fortschritt: »Auch ungewollt Kinderlose sind wahrscheinlich in einer Gesellschaft glücklicher, die keine festen Rollenzuweisungen mehr kennt.«

Den Erwartungen der Umwelt trotzen – so oder so

Nathalie kann sich vorstellen, ein Kind zu bekommen, wenn sich dafür die richtige Lebenssituation ergibt. Doch sie macht sich Gedanken über ihre Motive und hat sich selbst im Verdacht, als »brave Tochter« *auch* Erwartungen ihrer Eltern erfüllen zu wollen. Fast alle meine Gesprächspartner bestätigten mir, dass der Wunsch der Eltern nach einem Enkel zumindest unausgesprochen im Raum stand, seitdem die Kinder ihre Ausbildung abgeschlossen hatten und in einer festen Partnerschaft lebten. Obwohl der Druck heute nicht mehr so stark ist und die Winke wesentlich subtiler sind, gilt weiterhin: Wer ganz offen sagt, dass er oder sie keine Kinder will, muss sich immer noch von traditionellen Erwartungen und Rollenzuweisungen absetzen.

Die Psychoanalytikerin Jeanne Safer, Autorin des Buches »Kinderlos glücklich? Wenn Frauen keine Mütter sind«, hat das am eigenen Leib erfahren. Sie selbst hat sich, als gewollt Kinderlose, die für sie unangenehme Frage gestellt: »Was für eine Art Frau war ich überhaupt?« Und sie sagt offen, eine »innere Stimme« melde sich bei ihr, eine Stimme, die bezweifle, ob mit einer Frau, die keine Mutter ist, denn alles stimmen könne: »Mit einer Frau, die keinen Mann hat, mag ja noch alles in Ordnung sein, aber der Terminus technicus für eine Frau, die keine Kinder hat, lautet immer noch ›unfruchtbar‹, was impliziert, dass sie innerlich leer und ohne Leben ist.« Männer neigen bisher weniger dazu, ihre Erfahrungen in Ratgeber-Büchern schriftlich niederzulegen. Dass auch bewusste Nicht-Väter schwache Stunden kennen, in denen sie an der Richtigkeit ihrer Entscheidung zweifeln und in denen ihr Selbstbewusstsein angesichts der echten oder vermeintlichen Angriffe der Umwelt dahinschmilzt, ist aber trotzdem anzunehmen. Denn eine Ausgangsbedingung teilt der Nicht-Vater mit der Nicht-Mutter: Er ist Sohn von Eltern, sein erstes männliches Rollenvorbild war höchstwahrscheinlich sein Vater. Sich gegen ein so starkes Rollenbild zu stellen, erfordert Selbstbewusstsein.

Noch dazu lernen Männer und Frauen, die sich bewusst für Kinderlosigkeit entschieden haben, im Verlauf des gesamten »fruchtbaren« Teils ihrer Erwachsenenbiografie mit großer Wahrscheinlichkeit immer wieder jene Menschen kennen, die sich nichts auf der Welt sehnlicher wünschen als ein Kind. Solche, die nach vielen gescheiterten Beziehungen verzweifelt nach dem richtigen Partner für dieses Vorhaben suchen. Oder solche, die alle Möglichkeiten der modernen Fortpflanzungsmedizin ausschöpfen. Die schließlich – unter großem Verwaltungsaufwand oder nach Reisen in ferne Länder – ein Kind adoptieren. Oder die zeitlebens mit der Wunde der ungewollten Kinderlosigkeit leben. Wer sich freiwillig und bewusst für ein Leben ohne eigene Kinder entscheidet, wird bei all diesen Menschen nicht unbedingt mit Verständnis rechnen können.

Als »Egoisten« werden Kinderlose auch von vielen anderen betrachtet: Sie verprassten ihr ganzes Geld alleine, schlügen sich die Nächte in der Disco statt am Gitterbettchen um die Ohren, plünderten die Rentenkassen, ohne für Nachfolger zu sorgen, die in sie einzahlen. Dagegen muss man sich wehren. Man muss deutlich sagen, dass ein Berufsleben üblicherweise nicht nur im Nehmen besteht: Wer würde ernsthaft bestreiten, dass in Erwerbsarbeit bisweilen Nützliches für die Gemeinschaft geleistet wird? Wer könnte leugnen, dass Arbeitnehmer (und Arbeitgeber) die Kranken- und Rentenkassen füllen?

Zudem kommt das Egoismus-Argument erstaunlicherweise meist von Personen, die behaupten, das Leben mit Kindern mache großen Spaß. Wer an seinen Spaß denkt, denkt dabei doch auch an sich! Und müsste die Kinderlosen eher bedauern, weil sie sich diesen Spaß versagen.

Die 27-jährige Christiane etwa, die gerade ihren Magister in Ethnologie gemacht hat und jetzt an einem Forschungsprojekt mitwirkt, mag Kinder, sie spielt gern mit ihnen, hatte immer ein »Händchen« für die kleineren Geschwister ihrer Freunde und war als Babysitterin ausgesprochen beliebt. Im Moment ist sie allerdings der Meinung, dass sie auf eigene Kinder verzichten sollte, weil sie nicht alles haben kann: in der Welt herumreisen und einem Kind ein festes Zuhause bieten. »Doch darauf hätte mein Kind ein Recht.«

Natürlich kann sich die Meinung der jungen Wissenschaftlerin noch ändern. Wichtig ist in diesem Zusammenhang jedoch: Ihre Entscheidung gegen Kinder hat einen Grund nicht nur im eigenen Freiheitsbedürfnis; sie hat ebenso mit ihrem anspruchsvollen Konzept von »schöner Kindheit« zu tun. Christiane will kein Kind, weil sie nicht bereit ist, ihm das zu geben, was es ihrer Ansicht nach fordern könnte. Welche Erwartungen andere Erwachsene in dieser Hinsicht an sie haben, ist ihr dagegen ziemlich egal.

Auch die Künstlerin Doro, inzwischen Mitte 50, hat sich gegen Kinder entschieden. Sie nennt, wenn sie nach der Entwicklung dieser Entscheidung gefragt wird, ein genaues Datum, einen schönen Sommertag in ihrem 37. Lebensjahr. Als Verheiratete, bei der die »biologische Uhr tickte«, hatte sie einige Zeit zuvor die Pille abgesetzt. Sie wollte es darauf ankommen lassen. Wann, wenn nicht jetzt? Einen Teil ihres Arbeitszimmers in der geräumigen Altbauwohnung hätte man als Kinderzimmer abtrennen können; beruflich war sie an keinen festen Rhythmus gebunden, also flexibel. Dann ließ ihre Periode auf sich warten, deshalb kaufte sie sich in der Apotheke einen Schwangerschaftstest. Dieser Test war es, der in ihrem Fall eindeutige Gefühle auslöste: Nie in ihrem ganzen Leben, das weiß sie noch heute ganz genau, hat sie eine solche Erleichterung empfunden, wie bei der Auswertung des Teststreifens aus der Apotheke: Negativ! »Wenn eine Frau eine solche Erleichterung empfindet, weil sie nicht schwanger ist, und das, obwohl sie verheiratet ist und es von der Lebensplanung her höchste Zeit wäre, dann ist doch klar: Sie will kein Kind!« Diese Selbstdiagnose genügte Doro. Sie wusste seitdem, dass sie keinen wirklichen Kinderwunsch empfand.

Doro ist eine temperamentvolle Frau, und sie hat eine dezidierte Meinung: »Ich finde es wunderbar, wenn Frauen sich Kinder wünschen, weil sie gern mit einem Kind leben wollen. In mir kommen bei dieser Vorstellung aber viele Ängste hoch: Wer weiß zum Beispiel, was für ein Mensch das wird? Ich kenne Familien, in denen verkaufen Kinder das Tafelsilber, weil sie Geld für Drogen brauchen.« Dabei betont Doro, dass sie selbst ein sehr enges Verhältnis zu ihrer Mutter hatte. »Ein solches Verhältnis zu einer Tochter zu haben, wäre schon schön.« Und sie weiß, dass die wirklichen Prüfsteine für ihre klare Entscheidung im Alter auf sie zukommen: »Dann kein Kind zu haben, kann hart werden. Allein all die Dinge, die man vererben und weitergeben möchte. Wo ich doch so gern schenke!« Doch Doro wollte kein Kind, weil sie in einer bestimmten Lebenssituation klar erkannt hatte, das es nicht wirklich *ihr* Wunsch war. Sie wollte mit einem Kind nicht den Erwartungen anderer genügen.

Bewusste Kinderlosigkeit nur als Ausdruck von »Egoismus« zu deuten, greift sicher zu kurz. Sie kann, das sollte deutlich geworden sein, auch als Verzicht interpretiert werden. Dabei geht es oft um unscheinbare Situationen und winzige Dinge: Zum Alltag der Übersetzerin Claudia gehörte es, dass die kleine Tochter ihrer Kollegin Maria freudestrahlend mit einer neuen Bastelarbeit aus dem Kindergarten kam – und sie stolz ihrer Mutter überreichte.

Mini-Inszenierungen des Alltags, die in ihrem Leben nicht vorkamen.

Auch die Kinderlosen werfen der »Gegenseite« oft Egoismus vor. Munition liefert ihnen der evolutionstheoretische Ansatz. Wir seien alle »Überlebens-Maschinen«, schlicht und einfach darauf programmiert, unsere eigensüchtigen Gene weiterzugeben, wie es Richard Dawkins in seinem populärwissenschaftlichen Erfolgsbuch »The Selfish Gene« formuliert. So gesehen nehmen erwachsene Menschen die Opfer an Zeit, Geld und Nerven, die es kostet, kleine Rotznasen großzuziehen, nur deshalb auf sich, weil sie in ihrer Selbstverliebtheit (und bestenfalls auch in ihrer Verliebtheit in den Partner) nicht anders können, als ihre kostbaren Erbanlagen an die nächste Generation weiterzugeben. Das geschieht nicht aufgrund bewusster Überlegungen. Das Gefühl der Verliebtheit und der Spaß am Sex sind vielmehr biochemische Garanten dafür, den Fortbestand der Menschheit zu sichern. Auch wenn man diese Sichtweise nicht verabsolutieren sollte: Sie in die Überlegungen einzubeziehen, kann helfen, den ewig gleichen, künstlichen Gegensatz zwischen »egoistischen« Kinderlosen und »altruistisch-treusorgenden« Eltern aufzubrechen.

Die vielfältigen Erwartungen des sozialen Umfelds an das Kinderkriegen zu erfüllen, ist beinahe unmöglich und sollte deshalb gar nicht erst versucht werden. Es werden sich immer Leute finden, die meinen, dass Sie Ihr Kind zu früh oder zu spät bekommen haben, dass es kein Einzelkind bleiben sollte, dass man es nicht den ganzen Tag zur Tagesmutter geben darf, dass man doch nicht einem Kind zuliebe eine so vielversprechende Karriere aufgeben sollte, dass Sie es hoffnungslos verwöhnen, dass Sie zu hart mit ihm umgehen, dass Sie womöglich jemand sind, der besser überhaupt keine Kinder bekommen hätte, ehrgeizig, wie Sie sind ... Da bleibt, wenigstens bis die Kinder selbst ein Urteil haben, nur eine Instanz, die zählt: Sie selbst, und natürlich Ihr Partner.

Eine freie Entscheidung?

Die 37-jährige medizinisch-technische Assistentin Jutta R. aus München, seit ein paar Jahren mit dem Ingenieur Bernd verheiratet, denkt schon eine Weile darüber nach, ob sie es endlich wagen soll.

Geld ist genug da, die Wohnung ist groß genug und beruflich ist man fest etabliert. Aber gerade deswegen fällt die Entscheidung schwer: Zu zweit ist das Leben in der Großstadt München ganz angenehm, beide haben Spaß an ihrer Arbeit, kochen gern zusammen nach komplizierten Rezepten, fahren übers Wochenende ab und zu spontan nach Italien. Beide mögen ihren Arbeitsplatz, Jutta in der Forschung, ihr Mann in der Industrie, keiner von beiden hat Lust, beruflich große Abstriche zu machen. Jutta quält sich inzwischen fast mit dem Gedanken an »das Baby«. Denn sie verlangt von sich absolute Ehrlichkeit: Wäre ein Kind nicht in vielerlei Hinsicht ein Störenfried? Ist sie überhaupt bereit, das Risiko einer so großen Veränderung ihres bisherigen Lebens einzugehen? Vor allem aber quält sie die Unsicherheit, ob sie überhaupt in der Lage ist, ein Kind »richtig« zu erziehen, ihm mitzugeben, was es fürs Leben braucht. »Wenn ich allein die ganzen Ratgeber sehe, die in den Buchhandlungen liegen. Und dann die verzogenen Gören meiner Schwägerin! Es muss heute sehr schwer sein, ein Kind richtig zu beeinflussen.« Und doch fragt sie sich auf der anderen Seite auch: »Würden wir nicht etwas ganz Wichtiges verpassen, wenn wir kein Kind bekämen? Würden wir es später bereuen?« Und sie weiß: Die Entscheidung muss bald fallen, sonst ist sie zu alt für ein Kind.

Jutta und ihr Mann haben ein Problem, das für gut ausgebildete Paare Mitte 30 geradezu typisch ist. »In endlosen Versuchen der Seelenforschung, in Tagebuchblättern, in Gesprächen mit Freundinnen und erst recht mit dem Partner versuchen viele der neuen Frauen, ihrem Kinderwunsch auf die Spur zu kommen, die Möglichkeiten und die Barrieren zu prüfen«, so die Erlanger Soziologin Elisabeth Beck-Gernsheim in dem Buch »Das ganz normale Chaos der Liebe«, das sie zusammen mit ihrem Mann, dem Soziologen Ulrich Beck, verfasst hat. Sie beschreibt darin zugleich, dass vor allem viele Frauen unter dem Verlust an Spontaneität leiden, wenn die Biografie auch in ihren privatesten Elementen geplant werden muss. Jahre des Lebens können dann dadurch geprägt sein, dass als Hintergrundmusik immer die Frage aller Fragen mitläuft: Soll ich oder soll ich nicht? Es spricht viel dafür, dass es sich hier um ein hartnäckiges Paarthema handelt, das sich, einmal aufgetaucht, nicht leicht abwimmeln lässt. Zumal auch Bekannte und Verwandte das Paar immer wieder die Kinderfrage ins Gespräch bringen. Kann man darauf überhaupt eine vernünftige Antwort finden? Oder verschwindet die Frage nur, weil sie sich erledigt hat – so oder so?

Die Schwierigkeit, in Sachen Kind zu einer Entscheidung zu kommen, ist Teil eines größeren Zusammenhangs, nämlich der zunehmend individualisierten Lebensläufe. Die »Normalbiografie« ist zur »Wahlbiografie« geworden, diagnostizieren die Autoren Beck und Beck-Gernsheim. Doch die vermeintliche Freiheit entpuppt sich bei genauerem Hinsehen als neuer Zwang: Der moderne Mensch wird »der zur Wahlfreiheit verdammte Inszenator seines Lebenslaufs«. Jutta würde dem Soziologen-Paar seufzend zustimmen. Manchmal fragen sie und ihr Mann sich schon, ob sie als Regisseure dieser Inszenierung der eigenen Biografie überhaupt gewachsen sind.

Gespräch mit dem Soziologen und Familienforscher Günter Burkart

Günter Burkart lehrt an der Universität Lüneburg. Der Soziologieprofessor beschäftigt sich schon längere Zeit mit dem Thema »Entscheidung zur Elternschaft« und hat in den 90er Jahren dazu mehrere Studien veröffentlicht, die auf empirischen Daten aus zahlreichen Befragungen und Gesprächen mit Paaren basieren. Zuletzt arbeitete er an dem von Norbert Schneider herausgegebenen Buch »Elternschaft heute« mit. Ihn interessiert an diesem Thema nicht zuletzt die Frage, wie »frei« und rational wir eigentlich entscheiden, ob wir Kinder wollen oder nicht. Und er warnt als Sozialwissenschaftler davor, den modernen, gut ausgebildeten Großstädter in dieser Hinsicht zum Maß aller Dinge zu machen.

Herr Professor Burkart, im Unterschied zu einigen Ihrer Kollegen sehen Sie die Entscheidung für oder gegen die Elternschaft, die ein Paar trifft, nicht als durch und durch »rationale« Entscheidung an. Warum eigentlich nicht?
In der klassischen Soziologie, der ich mich zugehörig fühle, geht man davon aus, dass es viele soziale und biografische Hintergründe und Faktoren gibt, die unsere Entscheidung sehr stark beeinflus-

sen. Ich denke, es ist eine Illusion einiger moderner Theoretiker, zu glauben, heute seien wir so autonom und so rational, dass wir das alles im Griff hätten. Im Gegenteil könnte man vermuten, dass wir gegenwärtig sehr viel mehr Schwierigkeiten haben, autonom und rational zu entscheiden, es inzwischen also noch viel mehr Zwänge gibt. Aber die Vorstellung, autonom zu sein und zu entscheiden, gefällt uns eben. Deshalb sind diese Theorien auch beliebt.

Dass es mehr Zwänge geben soll als früher, erstaunt aber doch!
Es ist eher so, dass sich im Vergleich zu früher der Druck verlagert hat. Wenn Sie eine Hochschulausbildung haben, sind Sie heute fast gezwungen, die Entscheidung zur Elternschaft erst einmal zurückzustellen. Da haben Sie nicht wirklich die Wahl. In gewisser Weise kann man natürlich sagen, dass wir darüber letztlich selbst entscheiden: Wir müssen Handlungen unternehmen, die eine Art Entscheidung voraussetzen. Aber dass wir dabei wirklich frei abwägen könnten, ist meiner Ansicht nach eine Illusion.

Sind wir aber dafür nicht wesentlich freier in der Wahl unserer Beziehungen und auch in der Frage, ob wir heiraten wollen?
Dieser Eindruck entsteht, weil es in den 50er Jahren eine starke Standardisierung der Biografien gab, die vorher so nicht bestand. Die Mehrkindfamilie war das Normale. Geht man weiter in die Geschichte zurück, dann erkennt man eine große Vielfalt der Lebensentwürfe. Insofern ist die heutige Vielfalt auch eine Rückkehr zur Normalität. Es heiratet aber auch heute noch die große Mehrheit, allerdings später. Aber auch das kann eine Art Zwang sein, der sich ergeben hat: Die Ausbildung dauert länger, die moralischen Vorstellungen haben sich geändert. Die Vorstellung ist nun, dass man mit dem Heiraten warten sollte. Übertrieben gesagt ist heute die Frühehe moralisch geächtet. Man betrachtet Leute, die früh heiraten, mit einer gewissen Skepsis. Genau so ist es mit kinderreichen Familien. Normen haben sich also nicht einfach aufgelöst, zugunsten einer Wahlfreiheit, sondern es entstehen auch ständig neue Normen.

Gelten die neuen Normen für alle Schichten?
Der Trend zur Spätehe und zu kleineren Familien hat sich heute
insgesamt in allen Bevölkerungsschichten durchgesetzt. Die größte
Veränderung hat sich aber bei den Akademikern ergeben. Bei ihnen
ist zum Beispiel die Kinderlosigkeit gewaltig angestiegen.

Sind die gebildeten Schichten in dieser Hinsicht Trendsetter?
Natürlich sind sie Meinungsmacher. Trotzdem ist die Tendenz
zur Paarbildung weiter sehr stark. Im Grunde sind Kinderlosigkeit und Singletum nicht zum Modell geworden. Ironischerweise
könnte man sogar sagen: Nicht einmal bei den Akademikern
selbst. Denn hier ist zwar die Zahl der Kinderlosen und der
Singles in den letzten Jahren gestiegen, aber sie sind trotzdem
nicht das Ideal geworden. Im Gegenteil: Singles sind keine
Trendsetter, sondern eher die Problemkinder unserer Gesellschaft. Zugespitzt sieht man das in den Romanen des französischen Schriftstellers Michel Houellebecq, der immer wieder die Bindungslosigkeit der modernen Menschen und die
Marktförmigkeit der Beziehungen kritisiert. Es fehlt an stabilen
Wertbindungen: Wenn man Kinder hat, ist die Chance größer,
dass man sich darauf verpflichtet, auch als Paar.

*Was wäre aber dann eine wirklich rationale Entscheidung für
oder gegen Kinder?*
Zunächst setzt das eine Wahl zwischen zwei Möglichkeiten voraus.
In der Menschheitsgeschichte gehörte das Kinderkriegen immer
zum Lebensentwurf, den die Kultur für die Menschen gemacht
hat, es war vorgegeben. Das ist auch heute im Großen und Ganzen noch so. Die meisten können sich nach wie vor ein erfülltes
Leben nicht ohne Einbettung in den Generationsverlauf vorstellen. Alle haben ein gewisses Problem damit, wenn die Generationenfolge mit ihnen endet, weil sie keine Nachkommen haben.
Wir können davon ausgehen, dass in unserer Kultur nach wie vor
eine starke »Familienorientierung« herrscht. Allerdings hat sich
in den letzten 30 Jahren die Kinderlosigkeit deutlich erhöht. Aber
dass man hier vom »Vereinbarkeitsproblem« zwischen Kindern
und Karriere spricht, zeigt ja, dass es dabei wirklich ein Problem
gibt: Eigentlich will man zwei Werte verwirklichen, es besteht also
eher ein Dilemma oder eine Ambivalenzsituation. Und in einer

solchen Situation kann man sich nicht mehr rational entscheiden, also Vor- und Nachteile wirklich im Sinne einer Kosten-Nutzen-Kalkulation abwägen. Über Kinder und Karriere kann man nicht in Kostenbegriffen entscheiden. Es gibt hier eher einen ständigen Kampf zwischen zwei Lebensentwürfen. Das geschieht nicht nüchtern und rational, sondern führt oft zu starken inneren Kämpfen, auch Auseinandersetzungen mit dem Partner oder der Umwelt. Kaum jemand entscheidet sich heute mit 20 Jahren endgültig für einen Lebensentwurf ohne Kinder. Oft stellt er sich einfach ein: Man bekommt ein Kind, oder es ist irgendwann zu spät dazu.

Bei den Frauen lassen sich drei Grundtypen biografischer Verläufe unterscheiden: Frühe Mutterschaft und Existenz als Hausfrau und Mutter, späte Mutterschaft und Dasein als erwerbstätige Mutter, Kinderlosigkeit und Erwerbstätigkeit. An erster Stelle steht also die »Vereinbarkeitsproblematik«, das Verhältnis von Familie und Erwerbsarbeit.

Müsste es unter diesen Umständen nicht leichter sein, sich mit ungewollter Kinderlosigkeit abzufinden? Wo es doch Alternativen zur Familiengründung gibt und ohnehin keiner und keine wirklich frei entscheidet, ob er oder sie Kinder will?
Nein, denn ungewollte Kinderlosigkeit ist ja das Gegenteil von selbstbestimmtem Lebensentwurf. Und wir leben in einer Kultur, die uns ständig suggeriert, dass wir die Herren und Herrinnen unseres Lebens sind: Es ist eine Norm geworden, dass wir uns um unser eigenes Leben kümmern. Wir sind dazu verpflichtet und haben auch den Glauben, dass wir unser Leben selbst steuern können. Dieser Glaube ist seit den 80er Jahren stärker geworden. Doch es ist die Frage, ob das der Wirklichkeit entspricht.

Tatsächlich können wir aber doch viele Lebensbereiche individuell gestalten und planen. Kann sich da nicht jeder das für ihn Passende zusammenstellen?
Gegen den Begriff der »Bastelbiografie«, den Soziologen in diesem Zusammenhang geprägt haben, habe ich starke Vorbehalte. Der lässt das Leben als einen Warenkorb von Möglichkeiten erscheinen, in den man nur hineinzugreifen braucht. Tatsächlich gibt es eine Fülle von Einschränkungen. Wir können nicht einfach mit

15 Jahren studieren oder mit 40 noch einmal zur Schule gehen. Auch die Möglichkeiten zum Kinderkriegen beschränken sich vor allem für die Frauen auf einen bestimmten Altersbereich. Außerdem sind wir stark abhängig von Möglichkeiten, die uns von außen vorgegeben werden: Wer kann schon über seine Berufskarriere ganz frei entscheiden? Man hat oft nur die Wahl, ein ungeliebtes Angebot aufzugreifen oder nicht, man kann also annehmen oder ablehnen.

Als Soziologe muss ich mir die Strukturen anschauen, in denen Menschen leben: Beruf, Bildung, Art und Stabilität der Paarbeziehung, Einschätzung der näheren Zukunft. Hinzu kommen die Normen, die durch das Herkunftsmilieu und durch die eigene Zugehörigkeit zu einem bestimmten sozialen Umfeld geprägt sind, sowie die Werte, die für einen Menschen wichtig sind. All das bestimmt die Entscheidung in wichtigen Lebensfragen. »Basteln« heißt oft nur der Versuch, die vorgegebenen Angebote ein wenig in die gewünschte Richtung zu verändern.

Welche Normierungen schränken bei der Familienplanung das »Basteln« ein?
Zuerst einmal natürlich, dass man dazu einen Partner braucht: Das Bild der individualisierten Frau, die sich unabhängig vom Partner für ein Kind entscheidet, entspricht nicht in nennenswertem Umfang der Wirklichkeit. Die meisten trauen sich das nur in einer stabilen Beziehung zu. Dann müssen beruflich und finanziell die Möglichkeiten dazu da sein. Früher gab es in dieser Hinsicht eine stabilere Situation und es war selbstverständlicher, Kinder zu bekommen. Das heißt aber nicht, dass heute weniger Zwänge vorhanden wären. Insofern kann man auch sagen, dass in der Theorie der frei gewählten »Bastelbiografie« ein ungewollter Zynismus steckt. Aus der Theorie kann leicht eine Norm werden, die Forderung: Du sollst dein Leben frei gestalten! Die klassische Soziologie hat demgegenüber eher die Möglichkeit geboten, Lebenswege als Folge von Bedingungen zu deuten, die der Einzelne nicht beeinflussen kann. Das entlastet von nachträglichen Vorwürfen und Selbstvorwürfen.

Bestehen die Zwänge für beide Geschlechter gleichermaßen?
Den Frauen wird zugemutet, Kind und Karriere zu vereinbaren.

Für die Männer ist dafür in der Regel die Option, allein erziehender Vater zu werden, verbaut. Dieses kulturelle Skript ist für die Männer immer noch nicht geschrieben, auch wenn in den Medien häufig das Gegenteil behauptet wird.

Demnach folgen wir vorwiegend herrschenden Wertvorstellungen. Aber wir haben doch alle das Gefühl, uns selbst zu entscheiden! Ist das nur eine Illusion?

In einer offenen, individualisierten Gesellschaft muss der Einzelne ja tatsächlich viel selbst entscheiden. Die Dinge erscheinen deshalb zu Recht als beeinflussbar. Wenn ich allerdings als Soziologe eine Menge lauter »Einzelner« von außen betrachte und in verschiedene Gruppen einteile, dann sehe ich Regelmäßigkeiten, dann sehe ich Gesetzmäßigkeiten, die aus vielen unterschiedlichen Individuen eine große Gruppe mit vielen Gemeinsamkeiten machen, in der die individuellen Unterschiede zweitrangig werden. Ich finde es wichtig, die soziologischen Einflüsse auf das eigene Leben zu erkennen. Das wird heute sogar noch wichtiger: Denn wenn darüber nachgedacht wird, was unsere Entscheidungsfreiheit einengt, kommen solche Anstöße ja zunehmend aus der Biologie. Als würden nur die Gene unser Leben bestimmen. Doch für meine »Entscheidungen«, was aus meinem Leben wird, sind doch die gesellschaftlichen und kulturellen Bedingungen weit wichtiger!

Das »Projekt Kind« in Ost und West

Dass der »reproduktive Lebenslauf« von Frauen bestimmten Mustern gehorcht, zu diesem Ergebnis kommt auch die Studie »frauen leben«, die im Auftrag der Bundeszentrale für gesundheitliche Aufklärung (BzgA) unter der Leitung des Sozialwissenschaftlichen Frauenforschungsinstituts in Freiburg durchgeführt wurde. Die Wissenschaftler haben dafür insgesamt 1 468 Frauen aus Leipzig, Hamburg und Freiburg und der ländlichen Umgebung dieser Städte nach ihren Partnerschaften, Verhütungsgewohnheiten, Kindern und Kinderwünschen befragt. Dabei zeigte sich, dass zwischen Ost und West auch zehn Jahre nach der Wiedervereinigung noch große Unterschiede in Sachen Kinderwunsch bestehen: Fast alle

35–44-jährigen Frauen aus Leipzig und Umgebung, ob verheiratet oder ledig, hatten zum Befragungszeitpunkt mindestens ein Kind, von den Hamburgerinnen und Freiburgerinnen waren dagegen sogar 20 Prozent der Verheirateten kinderlos. *Wenn* die West-Frauen allerdings Mütter sind, haben sie im Durchschnitt mehr Kinder. Das gilt ganz besonders für die Gruppe der gut ausgebildeten Städterinnen, die offensichtlich häufiger dem Prinzip des Entweder-Oder frönen: Entweder voller Einsatz im Beruf und dafür keine Kinder oder Entscheidung für die Familie, dann aber »richtig«. Manchmal auch – wenn schon, denn schon – mit drei oder vier Kindern. Vereinfacht gesagt: Wenngleich Ost-Frauen und West-Frauen im Schnitt etwa gleich viel Kinder haben, so verteilt sich der Nachwuchs doch anders: Im Westen haben Frauen häufig mehrere, andere dafür gar keine Kinder. Im Osten sind fast alle Frauen ab einem bestimmten Alter Mütter, dafür oft von Einzelkindern.

Nur zwischen West und Ost zu unterscheiden, wäre allerdings zu ungenau: »Innerhalb der alten Bundesländer sind die Unterschiede zwischen Frauen mit niedriger und Frauen mit hoher Bildung fast so groß wie die zwischen Ost und West«, heißt es in der Studie. Außerdem spielt es in den alten Bundesländern offensichtlich eine große Rolle, ob die Frauen auf dem Land oder in der Stadt wohnen. Sei es, dass man auf dem Land dem Nachwuchs gegenüber insgesamt aufgeschlossener ist, sei es, dass Menschen aufs Land ziehen, wenn sie vorhaben, eine Familie zu gründen: Auf dem Land gibt es deutlich mehr Kinder. Bei Frauen, die ihre prägenden Jahre vor der Wende in der DDR erlebten, spielen Bildungsunterschiede und Wohnort für den Kinderwunsch dagegen insgesamt eine deutlich geringere Rolle. Kinder gehören eher dazu, und zwar für Frauen aus allen Schichten, aber ein bis zwei von ihnen reichen.

Ein weiterer wichtiger Unterschied zum Westen: Frauen machten die Realisierung ihres Kinderwunsches nicht so sehr vom Leben in einer gut funktionierenden Partnerschaft abhängig. Man ging zu DDR-Zeiten allgemein davon aus – und konnte davon ausgehen! –, dass die Finanzierung und Betreuung der Kinder auch für Alleinerziehende gesichert waren. So waren es in der DDR auch eher Frauen mit einem oder zwei Kindern, die sich bei einer späteren Schwangerschaft für eine Abtreibung entschieden, während in der alten Bundesrepublik typischerweise Ledige ohne Kinder und ganz junge Mädchen diesen Weg wählten. Nach der Wende hat sich das »reproduktive Verhalten« der Frauen in den neuen Bundesländern erkennbar geändert: Die Angst vor Arbeitslosigkeit, aber auch das Bedürfnis, andere Freiheiten auszuleben, lassen das »Projekt Kind« in den Hintergrund treten, vor allem für Singles. Es wird allerdings von den Frauen eher aufgeschoben als aufgehoben: »Eher begegnen sie dem Problem damit, dass sie das erste Kind später bekommen und die Kinderzahl beschränken.« Vor allem der erste Punkt avanciert damit zum gesamtdeutschen Trend.

Dagegen sind die unterschiedlichen Erwartungen an den Partner unverändert: Während die typische gebildete West-Frau sich wünscht, dass der Partner nach der Geburt eines Kindes beruflich kürzer tritt und man sich die Familienarbeit teilt, wünschen sich akademische Mütter im Osten deutlich seltener, dass der Partner sein Engagement im Job reduziert. In diesem Punkt scheinen sie realistischer zu sein: Tatsächlich tritt nämlich nach der Geburt des ersten Kindes bei vielen Familien ein »Traditionalisierungsschub« ein, den vor allem die Frauen mit guter Ausbildung sich überhaupt nicht gewünscht haben. Wie gehabt hantieren sie, sobald sie Mütter geworden sind, häufiger mit Kochtopf und Staubsauger, während die Väter sich, oft sogar intensiver als zuvor, ihrem Beruf widmen.

Selbstverständlich gibt es Ausnahmen jenseits der Statistik. Die 50-jährige Iris etwa findet sich »untypisch für den damaligen Osten«, denn sie wollte eigentlich nie ein Kind. Iris war schon Ende 20, als sie mit einem deutlich älteren Mann zusammen war, der seinerseits gerne ein Kind wollte. Obwohl sie es »darauf ankommen ließen«, klappte es nicht. Die Beziehung litt Schaden, nicht zuletzt infolge der Untersuchungen, die sie in der Fruchtbarkeits-Sprechstunde der Charité über sich ergehen ließen. Eine kurze Beziehung zu einem jüngeren Mann folgte. Ergebnis: schwanger! Und nun die Frage: Soll ich dieses Kind bekommen? Will ich es – notfalls alleine – großziehen? Sie hat sich dafür entschieden. Später hat sie einen anderen Mann geheiratet. Ihr Ehemann wurde damit zum sozialen und durch eine Adoption auch zum rechtlichen Vater der Tochter, die mittlerweile 19 Jahre alt ist. »Das war die beste Entscheidung meines Lebens«, sagt Iris, wenn sie heute an diesen Beginn ihrer Schwangerschaft zurückdenkt. Doch sie korrigiert sich gleich: »Eigentlich war es gar kein eigener Entschluss. Es passierte, und ich habe es passieren lassen.«

Wie bewusst sind die Entscheidungen, die Menschen für oder gegen ein Kind treffen? In der Studie »frauen leben« wird mit Bedacht zwischen zu diesem Zeitpunkt gewollten, prinzipiell gewollten und »zugelassenen« Schwangerschaften unterschieden. Der Studie zufolge sind heute 25 Prozent aller Schwangerschaften in Deutschland ungewollt, 33 Prozent zumindest »ungeplant«, also zu diesem Zeitpunkt vielleicht nicht optimal passend. Welches Verhältnis zwischen Eltern und Kindern, welche Freude am Kind sich daraus später entwickelt, ist nicht vorherzusagen.

Ein Kind notfalls auch ohne Partner haben und großziehen zu wollen, ist immer noch das Lebensmodell einer Minderheit. Meist ist am Anfang »Familie« geplant, und erst nach einiger Zeit bleibt ein Elternteil allein erziehend zurück. Bei Maja dagegen war die Sache fast von Anfang an klar, jedenfalls vom dritten Monat ihrer Schwangerschaft an. Ihr damaliger Freund wollte kein Kind. Doch sie wusste plötzlich sehr genau, dass sie es nun, mit fast dreißig, unbedingt wollte, auch ohne ihn. Dabei lebte sie als Schauspielerin von ausgesprochen unregelmäßigen Aufträgen bei Kinder- und Jugendtheatern und kellnerte nebenbei. Die Beziehung blieb eine Fernbeziehung, der Vater schickte regelmäßig Geld. Und zwei Jahre später war Maja wieder von ihm schwanger, diesmal war das »Projekt Kind« ausgesprochen geplant: Nie hatte Maja ein Einzelkind gewollt, und erst recht wollte sie ihrem Ältesten nicht zumuten, einziger Lebenspartner seiner allein erziehenden Mutter zu sein. Dass die dreiköpfige Familie über Jahre nur mit Unterstützung der Sozialhilfe leben konnte, nahm sie in Kauf. Inzwischen hat sich das geändert, denn Maja hat einen festen Job.

Die 54-jährige Milena erzählt: »Ich wollte eigentlich kein Kind, als ich mit 28 Jahren schwanger wurde. Doch inzwischen betrachte ich es als den großen Wurf meines Lebens!« Später hat sie sich ein zweites Kind gewünscht, mit einem Mann, den sie liebte, der aber anderweitig gebunden war. Sie hätte das Kind allein erziehen müssen. Es hat nicht geklappt. »Heute betrachte ich auch das als ein Glück.«

Eine gewisse Rolle spielt beim Kinderkriegen also nach wie

vor jene Instanz, die einige als Zufall, andere als Schicksal bezeichnen. Möglich, dass sich durch einen solchen »Zufall« ein unbewusster Wunsch Bahn bricht. Dass sich einige Bereiche des Lebens der vollkommenden Beherrschung durch unseren Willen entziehen, kann sich als Glück herausstellen – muss es aber nicht.

Wir zwei und ein Kind?

Warum Paare keine Kinder wollen

Dass Kinder kleine Quälgeister sein können, die die Wonnen partnerschaftlicher Zweisamkeit empfindlich stören und auf die man folglich lieber verzichtet, um nicht auf ganz andere Genüsse verzichten zu müssen, ist keine Erkenntnis, die dem Pillen-Zeitalter vorbehalten geblieben wäre. »Man will eine fruchtlose Ehe, in der man ungestört genießen kann«, hatte schon Jean-Jacques Rousseau in seinem »Emile« angemerkt, allerdings mit durchaus kritischem Unterton: »Das rührende Schauspiel einer heranwachsenden Familie fesselt den Ehemann nicht mehr und flößt dem Fremden keine Ehrfurcht mehr ein«, bedauerte der Verfechter des »Zurück-zur-Natur«-Gedankens. Heute ist das anders, heute darf man sich zu seiner Lebensform durchaus mit dem Argument bekennen, sie verspreche mehr Genuss.

In ihrem bereits erwähnten Buch »Kinderlos glücklich?« tut das die Psychoanalytikerin Jeanne Safer mit Verve. Dabei gibt sie ihrer eigenen Geschichte viel Raum: Die besonders innige Beziehung zu ihrem Mann ist für sie der Haupteinwand gegen Kinder – wie übrigens auch für einige der kinderlosen Frauen, die sie für ihr Buch interviewt hat. »Ich war mir vor allem bewusst, dass Kinder meine Ehe grundlegend verändern würden. Bis sie aufs College gingen, hätten wir nicht mehr viel Zeit für ungestörte Zweisamkeit, die mein Leben wie kaum etwas anderes bereicherte. Wann würde Rick mir das nächste Mal ein Buch vorlesen oder mit mir essen gehen? Wie oft würden wir einen Nachmittag im Bett verbringen können?« Kinder, so befürchten manche Paare, könnten ihnen die ungestörte Zweisamkeit rauben, das ausgeruhte und ununterbrochene Miteinander-Leben, Miteinander-Reisen, Miteinander-Diskutieren und Miteinander-Schmusen.

Wenn Safer fortfährt, ein Kind könne auch das Ende der gemeinsamen Schaumbäder bedeuten, »mitsamt dem albernen Badespielzeug, mit dem wir spielten wie Kinder, die wunderbarerweise in erwachsenen Körpern steckten«, so wird aber auch deutlich: Hier befürchtet eine erwachsene Frau, ausgerechnet die eigenen Kinder könnten sie der Möglichkeit berauben, die kindlichen Anteile ihrer Persönlichkeit auszuleben. Diese Befürchtung ist tatsächlich nicht ganz von der Hand zu weisen. Zwar wird sich nicht nur das Badespielzeug im Haushalt beträchtlich vermehren, wenn mit dem Baby ein neuer Badegast in der Wohnung Einzug hält. Doch von nun an ist es *Pflicht*, beim Baden zu spielen. Nebenbei sollte der erziehungsberechtigte Bademeister auch noch ein Auge darauf haben, dass sein winziger Mitspieler sich nicht verletzt oder gar unter Wasser abtaucht, und diese Verantwortung wird er auch nicht los, wenn nebenan das Telefon klingelt oder ein etwas älteres, aber ebenfalls noch stark betreuungsbedürftiges Familienmitglied zum Beispiel den Dreisatz erklärt haben möchte.

Safer lässt keinen Zweifel daran, dass sie an eigene frühkindliche Zweisamkeit anknüpft, wenn sie sich das Allein-zu-zweit-Sein mit ihrem Liebsten wünscht. Dabei fällt allerdings auf: Sie spricht ausschließlich von ihrem Vater, wenn sie erzählt, wie schön Zweisamkeit in der Kindheit war, und von ihrer Mutter, wenn sie erklärt, warum sie kein Kind möchte. Das unattraktive erwachsene Realitätsprinzip der Sauberkeit, der Strenge und der Ordnung hält im Leben Einzug in Gestalt des weiblichen Teils des Elternpaares. Die Mutter ist die »untadelige Hausfrau mit den glänzenden sauberen Böden«, die »exzellente Köchin«, die darüber hinaus der Familie rund um die Uhr zur Verfügung steht. Mit anderen Worten: Die Mutter, die sie beschreibt, ist das Klischee der amerikanischen Hausfrau der 50er Jahre. Ein Klischee, gegen das sie sich absetzt, indem sie selbst nicht Mutter wird. Gegen das man sich aber auch absetzen könnte, indem man eine andere Art von Muttertyp verkörpert. Schließlich geht mit der Geburt des ersten Kindes keineswegs die Verpflichtung zum Kauf einer Kittelschürze einher.

Doch auch wenn es so klischeehaft nicht kommen muss, eines ist richtig: Kinder bedeuten ein gut Teil Häuslichkeit. Selbst wenn sie mehrere Stunden am Tag professionell betreut werden und das Berufsleben der Eltern nicht behindern: Sie brauchen mehr Schlaf als die Eltern, und der will bewacht sein. Also verbringt man die Mehrzahl der Abende zu Hause – und stellt vielleicht sogar die Lieblingsmusik leise. Kinder eignen sich nicht für Theater-, Restaurant- oder Kinobesuche. Man geht abends nicht mehr spontan aus, jedenfalls nicht zu zweit, sondern plant das gemeinsame Weggehen generalstabsmäßig. Kinder passen, wenn überhaupt, dann nur in »kinderfreundliche« Cafés. Also meidet man die verrauchten, die edlen, die lauten und die leisen. Vor allem wenn um einen herum unzählige Kinderlose ihr Erwachsenenleben fortführen, als wäre nichts geschehen, sind das einschneidende Veränderungen. Ob man ihnen gewachsen ist, will reiflich überlegt sein. Für viele moderne Paare ist es Gegenstand endloser Zweier-Gespräche.

Babytalk. Gespräch mit dem Autor Peter Lund

Der 35-jährige Peter Lund hat sich als Autor einiger Musical-Libretti einen Namen gemacht, von denen »Das Wunder von Neukölln« über die Hauptstadt hinaus Kultstatus erreicht hat. In »Babytalk«, das ebenfalls in der »Neuköllner Oper« in Berlin erstmals auf die Bühne kam, geht es genau um das Thema des vorliegenden Buches: Charlotte und Robert, beide Mitte 30, sind seit Jahren ein Paar. Sie haben einträgliche Berufe und eine große Wohnung – und sie diskutieren neuerdings über das Kinderkriegen, das »letzte echte Teamwork der Menschheit«. Sollen sie oder sollen sie nicht? Die biologische Uhr tickt. Doch abwechselnd bekommen sie die große Angst vor Pampers und vor Hausarrest.

Das Stück führt ein Baby im Namen, das aber nie auftritt. Wie kommt es, dass man über ein nicht vorhandenes Kind so viel reden kann? »Es geht dabei eigentlich um die Beziehung der beiden«, sagt Peter Lund, »um Paarprobleme von modernen Großstadtmenschen in den 30ern«. Über das Kinderkriegen könne man ja eigentlich überhaupt nicht reden, ergänzt der Theatermann. »Meine Eltern haben nach der Vorstellung zum Beispiel gesagt:

Darüber haben wir früher kein Wort verloren.« Wenn man Kinder kriegt, werde das Reden überflüssig. »Das ist etwas so Klares: Kinder passen nie und finden doch immer ihren Platz. Wenn das Kind kommt, hört der Babytalk auf.« Auf der anderen Seite seien wir aber eine kinderlose Gesellschaft, meint der Autor. »In ihr leben hedonistische Mittdreißiger, die eine ewige Jugend haben. Wir treten gewissermaßen mit 18 in unser Endstadium ein und verlassen es möglichst mit 68, und nicht einmal dann. Nachwuchs ist in der gesellschaftlichen Wahrnehmung nicht mehr existent.« In seiner eigenen Umgebung bekommen aber plötzlich viele Paare Kinder, »und das geht auch ohne Probleme«. Ein widersprüchlicher Befund? »Kinder zu haben ist für jeden Einzelnen toll, aber es ist andererseits extrem unschick. Kinder kommen in der öffentlichen Wahrnehmung nicht mehr vor. Wir sind eine Gesellschaft, die nicht mehr bemerkt, dass sie Kinder braucht und dass in ihr mehrere Generationen gleichzeitig leben.«

Was ist eigentlich das Problem seiner Helden Robert und Charlotte? »Das Grundproblem solcher modernen Paare scheint mir das Spannungsfeld von Hingabe und Man-selbst-Bleiben zu sein, Liebe als Erfüllung und Bedrohung. Alle Probleme, die sie haben, lassen sich in diesem Spannungsfeld zwischen Bewahren und Etwas-Neues-Probieren beschreiben.« Bei den Berufen der beiden habe er gängige Klischees bewusst umgedreht: Sie ist die erfolgreiche, quirlige Rechtsanwältin, er der eher gemütliche, relativ desinteressierte Grundschullehrer. »Trotzdem gibt es die Klischees: Sie ist schwanger, er geht fremd. Das Stück funktioniert eigentlich wie eine Versuchsanordnung: Wenn er das Kind will, will sie nicht, und umgekehrt. Die Wünsche und die Bedenken sind immer gleichgewichtig verteilt.« Eine Grundungleichheit kommt allerdings dadurch ins Spiel, dass Charlotte das Kind erwartet und bei einer Fehlgeburt verliert.

Das Stück hinterfragt keine Sekunde, ob man überhaupt Kinder bekommen soll. »Ich finde: Wer das in Frage stellt, der kann ja gleich abtreten«, sagt Lund ganz dezidiert. Und er ergänzt: »Ich persönlich bin schwul, deshalb stellt sich die Kinderfrage für mich nicht direkt und konkret. Dadurch beurteile ich die Lage vielleicht eher im Überblick. Ich sehe viele allein erziehende Mütter oder wechselnde Partnerschaften, und Kinder passen erstaunlich gut in diese neuen Lebensformen hinein.«

Welche Rolle spielen Kinder für Peter Lund persönlich? »Um mich her fängt es ja wie gesagt gerade an, Kinder zu regnen. Außerdem betreue ich regelmäßig meine fünfjährige Patentochter, so dass ich durchaus etwas vom Leben mit Kindern erfahre.«

Dann erzählt er vom Film eines befreundeten Regisseurs, in dem ein schwules Paar zwei Jungen adoptiert. »Erst wird nur das totale Familienglück gezeigt. Dann fängt es allerdings ein bisschen an zu bröckeln. Es sind genau die Themen, die sich eher stellen, wenn man Kinder hat: Kinder bringen die Quasi-Moral wieder auf den Tisch. Plötzlich fragen sich die Erwachsenen, ob sie nackt schlafen dürfen, wo doch die Kinder am Sonntag morgen ins Bett der Eltern kommen. Da kommt viel von der eigenen Erziehung wieder durch. Der Film ist eine ziemlich gute Analyse. Es geht dabei weniger um das Schwulsein, als darum, wie sich das Frei-und-jung-Sein mit dem Kinderkriegen verträgt. In dieser Auseinandersetzung befindet sich wahrscheinlich fast jeder ab einem bestimmten Alter, weil es ja im Prinzip eine menschliche Verantwortung ist, sich zu reproduzieren.«

Aktivitäten wie die »Childfree«-Bewegung in den USA, in der sich bewusst Kinderlose zusammengeschlossen haben, die sich dagegen wehren, Steuern für Schulen und Kindergärten zu bezahlen, hält Lund in Anbetracht dieser Verantwortung für falsch. »So kann ich nicht denken, da bin ich konventionell. Man kann sich ja nicht selbst als Abschluss betrachten, das ist in meinen Augen eine völlig kranke Wahrnehmung. Jeder kann für sich persönlich die Entscheidung treffen, dass es mit ihm zu Ende sein soll. Aber es muss in einer Gesellschaft möglich sein, Kinder zu kriegen und mit ihnen – gemessen an den materiellen Maßstäben, die in der Gesellschaft existieren – auch gut leben zu können.«

Hält Lund den »Babytalk«, den seine Theaterhelden so ausdauernd vorführen, für sinnlos? »Die Kopfebene ist immer möglich, aber sie ist nicht durchzuhalten. Wir müssen sie ständig mit unserem Urtrieb und unseren Gefühlen abgleichen – denn die kommen irgendwann garantiert ins Spiel. Spätestens in dem Moment, in dem ein Kind gezeugt wird, passiert etwas Irrationales.« Das findet der Autor aber keinesfalls beunruhigend: »Wenn das Kind da ist, funktioniert ja meist alles ganz gut.«

Wird Elternschaft schick?

Entgegen der Diagnose von Musical-Texter Peter Lund, verkündete der *Spiegel* im Sommer 2001: »Es ist schick geworden, Mutter zu sein.« Einer der Beweise für den neuen In-Status der Mutterschaft, den das Magazin vorzubringen hatte: »Schwangere tragen gern und ungeniert kurze T-Shirts, um den runden Bauch stolz vorzuzeigen, anstatt ihn, wie früher, unter kaftanartigen Gewändern zu verstecken.« Die modische Diagnose ist richtig: Schwangere zeigen derzeit Figur – und als Schwangere der 80er, die nur die Wahl zwischen Latzhose und »kaftanartigem Gewand« kannte, kann man sie nur darum beneiden. Doch der Schluss, dass deshalb auch die Mutterschaft »in« sei, scheint trotzdem gewagt.

Mag sein: Schwangerschaft ist schick. Nicht so sicher ist dagegen, ob es auch angesagt ist, die lieben Kleinen – und seien sie noch so adrett von einem schwedischen Bekleidungshaus eingekleidet – auch im cool designten Café, beim Hairstylisten oder nur für eine längere U-Bahn-Fahrt dabei zu haben. Peter Lund kennt sich in der Szene aus und weiß: Ins Theater kommen junge Eltern eher selten, und wenn, dann nie spontan. Ähnliche Befürchtungen äußerte die schwangere Journalistin Almut Siegert in der Zeitschrift *Max* »Nicht ein Kind zu haben macht mir manchmal Angst – eher sind es die Nebenwirkungen, die einen für Single-Freunde und kinderlose Bekannte ins Aus katapultieren: Eltern von Säuglingen und Kleinkindern kennen nie irgendwelche Kinofilme, neue Bars sowieso nicht.«

Ausgehen will überlegt sein: Schließlich kostet der Babysitter nicht wenig, und die Ausdauer beim Feiern am Samstagabend, wenn die Berufstätigen »DINKS« (»Double Income No Kids«) das Wochenende genießen, lässt doch merklich nach, wenn schon am Sonntagmorgen um fünf ein reizendes Goldengelchen im Türrahmen des Elternschlafzimmers steht. »Wenn wir länger bleiben, zahlen wir das morgen teuer«, klagte neulich die Mutter eines Einjährigen, als sie schon um elf die Geburtstagsparty eines guten Freundes verließ. Noch vor kurzer Zeit wäre sie im Anschluss an das Geburtstagsfest tanzen gegangen. Geschockt von der Veränderung, die da in ihrem Leben vor sich ging, hat sie kürzlich ihre eigene Mutter gefragt, ob das bei ihr auch schon so war.

Die kann sich an solche Einschränkungen nicht erinnern. Wenn man ab und zu einmal ins Theater gehen wollte, kam damals, in den 60ern, die Oma, und die wohnte nebenan. Partys waren seltener als Familienfeste; in irgendwelche Lokale ging ohnehin kein »vernünftiger« verheirateter Mensch mit Familie. Und Familie hatten ja praktisch alle. Kinder, nicht Bars gehörten zum Straßenbild. Im Jahr 1950 wurde in Deutschland noch etwa ein Viertel der Bevölkerung von Kindern und Jugendlichen unter 15 Jahren gestellt, heute sind es nur noch 15 Prozent. Wenn es so weitergeht und keine Trendwende eintritt, werden im Jahr 2030 nur noch zehn Prozent aller Deutschen unter 15 Jahre alt sein.

Wenn Kinder heute eher unschick sind, dann unter anderem auch deswegen, weil sie nicht in den »angesagten«, typisch großstädtischen Lebensstil passen wollen. Das wird – Hochrechnungen zufolge, die natürlich immer Spekulationen sind – dazu führen, dass in 30 Jahren 40 Prozent der Deutschen über 60 Jahre alt sein werden. Wer wird dann die Clubs füllen und am Bartresen lehnen? Doch wir wollen nicht übertreiben: Auch moderne Großstädter verkehren nicht ununterbrochen in Edel-Restaurants oder warten in der Business-Lounge der Lufthansa auf ihren nächsten Geschäftsflug nach Boston oder Kuala Lumpur. Es gibt sie, die Großstädter mit Kindern, die Cafés mit Spielecke, die mit Kinderwagen vollgestellten Busse und die jungen Eltern auf den Spielplätzen. Und manche von ihnen waren auch als kinderlose Paare eher häuslich. »Seit unser Sohn auf der Welt ist, war ich mit meiner Freundin noch nicht wieder im Kino«, erzählt Julian H., Vater eines vier Monate alten Jungen. Doch er fügt gleich hinzu: »Wenn ich recht überlege, haben wir das aber in den letzten Jahren auch nicht so oft gemacht. In dem Punkt hat sich also wenig geändert.« Die beiden freuen sich aber darüber, dass die Freunde immer noch anrufen und fragen, ob sie mitkommen wollen zum Tanzen. Das gibt ihnen das Gefühl, weiter »dazuzugehören«.

»Urmutter« der Kinderlosigkeit – Simone de Beauvoir

Sie waren für viele Intellektuelle das Traumpaar der 50er Jahre: Simone de Beauvoir, die große Schriftstellerin und Feministin, und Jean-Paul Sartre, der unerschrocken-engagierte Philosoph der Freiheit. Die beiden waren seit ihrer Studienzeit ein Paar, doch sie haben sich bis zuletzt mit »Sie« angeredet, haben nie zusammen in einer Wohnung gelebt und über die Beziehungen, die sie »nebenher« eingingen, offen miteinander gesprochen.

Sie hatten keine Kinder. Die Beauvoir wurde zum Idol zahlreicher junger Mädchen der 50er und 60er Jahre – auch wenn diese Mädchen wenig später nicht nur verliebt, sondern im Gegensatz zur Beauvoir auch verlobt und verheiratet waren, und dabei auf Mutterfreuden nicht verzichteten. Im zweiten Band ihrer Autobiografie aus dem Jahr 1960, der auf Deutsch den Titel »In den besten Jahren« trägt, erklärt sie auf zwei knappen Seiten die Gründe für ihre Kinderlosigkeit. Auch heute lohnt es sich noch, ihre Argumente anzuhören.

»Man hat mich so häufig darüber befragt, dass ich meine Haltung erklären will«, leitet die Schriftstellerin ihre Selbstbekenntnisse in Sachen Kinderlosigkeit ein. Auch heute gilt noch immer: Freiwillig Kinderlose müssen ihre Entscheidung erläutern – vor allem die Frauen. Simone de Beauvoir beteuert, was Frauen wohl immer beteuern müssen, wenn sie begründen, warum sie keine Kinder wollen: »Ich habe keinen Vorbehalt gegen die Mutterschaft.« Sie versichert sogar, sie sei häufig von Kindern fasziniert. Früher, als sie noch in ihren Cousin Jacques verliebt gewesen sei, habe sie sich auch immer vorgestellt, später mit ihm eine Familie zu gründen.

Und sie fährt fort: »Wenn ich mich jetzt von diesem Projekt abwandte, so geschah das vor allem, weil mein Glück zu kompakt war, als dass irgendeine Neuerung mich hätte verlocken können.« Die Beziehung zu ihrem Lebensgefährten Jean-Paul Sartre sei so eng gewesen, dass kein Kind sie noch enger hätte machen müssen. Das klingt ein bisschen wie die Schilderung der Zweisamkeit, die Jeanne Safer als Begründung für ihr kinderloses Glücklichsein geliefert hatte. Auch Beauvoir und Sartre waren miteinander wunschlos glücklich: »Ich wünschte nicht, dass die Existenz Sartres sich in der eines anderen reflektieren oder verlängern möge: er genügte sich, er genügte mir. Und ich genügte mir: Ich träumte keineswegs davon, mich in einem Fleisch wiederzufinden, das von mir abstammte.« Schon hier gibt es also den Aspekt, der das Thema auch heute noch maßgeblich bestimmt: Ein Paar will kein Kind, weil es seine Zweisamkeit in Gefahr sieht, weil es sich selbst genügt, weil es sich nicht als »Mittel« zur Produktion eines Dritten verstehen kann und will. Mönche und Nonnen, die Prototypen der freiwillig Kinderlosen der Vergangenheit, verzichteten zugleich auch auf Paarbeziehungen und legten ein Keuschheitsgelübde ab. Eines der wesentlichen Ziele der Ehe wiederum war die Sicherung der Nachkommenschaft. Nun trat erstmals ein prominentes Paar auf den Plan, das sich öffentlich zur frei gewählten Kinderlosigkeit bekannte und dessen Lebensstil als wegweisend empfunden wurde. Die »folgenlose« Zweisamkeit wurde modern – zumindest theoretisch und beschränkt auf die Kreise der Intellektuellen und Künstler.

Ein weiteres Argument Beauvoirs gegen Kinder entsprang ihrer eigenen Familiengeschichte. Die erwachsene Simone spürte so wenig Verbindung zu ihren Eltern und deren Lebensweise, dass sie fürchtete, auch ihre eigenen Kinder würden eines Tages Fremde für sie sein. Gleichgültigkeit oder sogar Feindseligkeit drohten für die Zukunft, »so viel Abneigung hatte ich gegen das Familienleben«. Der Kontakt zwischen den Generationen war nach ihrer Auffassung nicht mehr primär biologisch vermittelt. Für die passionierte Lehrerin stellt er sich eher in einem frei gewählten Schüler-Lehrer-Verhältnis her.

Tatsächlich bezeichneten Sartre und Beauvoir den Kreis ihrer engeren, oft jüngeren Freunde auch als ihre »Familie«. Hier ergeben sich interessante Parallelen zur modernen Familienforschung, die herausstellt, dass der Kinderwunsch von Frauen um so ausgeprägter ist, je besser sie sich mit ihrer eigenen Herkunftsfamilie, besonders mit ihrer Mutter, verstehen!

Letztes und möglicherweise wichtigstes Argument: Der Beruf, den die Beauvoir schon früh für sich erwählte, forderte den ganzen Einsatz, forderte Zeit und Freiheit. Ein Kind war als »Projekt« nicht so wichtig wie das Schreiben. »Durch die Literatur, so dachte ich, rechtfertigt man die Welt, indem man etwas Neues schafft, in der Reinheit des Imaginären, und gleichzeitig rettet man seine eigene Existenz. Indem man Kinder kriegt, erhöht man ohne Sinn und Zweck die Zahl der Lebewesen, die auf Erden sind, ohne Rechtfertigung.« Vom Stichwort »Reinheit« ist es nur ein kleiner Schritt zu der Gruppe der kinderlosen Frauen, von deren »Ausnahme«-Biografie wir schon sprachen: Bei Ordensfrauen wundere sich keiner darüber, dass sie ihrer Berufung alles andere opfern, dass sie auf eigene Kinder verzichten, weil sie für alle Menschen beten, so fährt die Beauvoir folgerichtig fort. Auch ihre Berufung habe keine Ablenkungen geduldet. Kurz: Kinder passten nicht in das Leben, das die engagierte Feministin und Existenzialistin für sich entworfen hatte. Ihr Weg war der einer Kinderlosen. Dass sie sich damit gegen den üblichen Lebensentwurf der Frauen stellte, war die Sicht der anderen. »Ich habe nicht den Eindruck gehabt, die Mutterschaft zurückzuweisen; sie war nicht mein Los; indem ich ohne Kind blieb, erfüllte ich meine natürliche Bestimmung.«

Übrigens hat Simone de Beauvoir im Jahr 1980, kurz nach dem Tod von Sartre, die 33 Jahre jüngere Sylvie Lebon adoptiert, eine Philosophiestudentin, die ihr »ein wenig das Gefühl einer Reinkarnation« verlieh. Sie bestand allerdings in Interviews immer wieder darauf, dass sie mit Sylvie keine typische Mutter-Tochter-Beziehung verbinde: »Absolut nicht! Die Mutter-Tochter-Beziehungen sind meistens katastrophal ...« Und sie betonte noch kurz vor ihrem Tod, das Gespenst der Einsamkeit, das man Frauen immer wieder vor Augen führe, die bewusst die Familie zum Lebensmittelpunkt wählen, sei nicht die schlimmste aller Horrorvisionen. Wirklich schlimm sei es, im Leben niemals Zeit für sich selbst zu finden.

In »Das andere Geschlecht«, einer der späteren »Bibeln« des Feminismus, äußerte sich Simone de Beauvoir über das Thema allgemeiner. Hier hielt sie ihre grundsätzlichen, theoretischen Vorbehalte gegenüber der Mutterschaft fest, die stark von der existenzialistischen Philosophie beeinflusst waren: Die Schwangere, »von der Natur umgarnt, ist nichts weiter als Pflanze, als Tier, als Kolloidreserve, eine Brutglucke, ein Ei«. Sie »stellt einem anderen die Sorge anheim, ihr Leben zu rechtfertigen, während das einzig authentische Verhalten darin besteht, es frei auf sich zu nehmen«. Das Kinderkriegen sei dabei den kreativen Lebensleistungen keineswegs gleichzustellen. Damit will die Beauvoir aber weniger die Frauen kritisieren, die ihre Existenz durch die einfache biologische ›Leistung‹ der Mutterschaft legitimieren wollen. Sie kritisiert vor allem die Gesellschaft, die die Frauen auf dieses Wirkungsfeld beschränken möchte: »Wollte man die Frau in ihr Muttertum einzwängen, dann hieße dies, ihre Situation zu verewigen. Heute stellt sie die Forderung nach Teilnahme an der

Bewegung, in der die Menschheit sich zu rechtfertigen sucht, indem sie sich überschreitet.« Kurzum: Die Frau »kann sich nur damit abfinden, Leben zu schenken, wenn das Leben einen Sinn hat«. Da dieser Sinn nach existenzialistischer Anschauung aber nicht vorgegeben ist – etwa von einer Religion –, da das Leben vom Menschen verlangt, entworfen und gestaltet zu werden, muss die moderne Frau darauf bestehen, die Gesellschaft mit zu gestalten, in die sie Kinder setzen möchte: »Es ist nicht das Gleiche, ob sie Kanonenfutter, Sklaven, Opfer oder freie Menschen zur Welt bringt.«

Kinder zu haben kann nach Auffassung Beauvoirs für Frauen nur in einer Gesellschaft attraktiv sein, die das Kind »zum größten Teil der Obhut der Allgemeinheit anvertraut«, während seine Mutter zugleich auch als »Bäurin, Chemikerin oder Schriftstellerin« tätig ist. Auch für das Kind wäre diese Ordnung der Dinge von Vorteil: »Die Frau mit dem reichsten Innenleben wird dem Kind am meisten zukommen lassen und am wenigsten von ihm verlangen.« Der wirkliche Missstand besteht deshalb für sie in der »sozialen Lücke« der Kinderbetreuung, die es für die Mutter zur Herkulesarbeit macht, Familie und Beruf unter einen Hut zu bringen. Leider ist diese Kritik, besonders in Deutschland, bis heute aktuell geblieben.

Streitpunkt Kinderwunsch:
Einer will, der andere nicht

Simone de Beauvoir war sich offensichtlich mit ihrem Partner Jean-Paul Sartre einig. Für unzählige Paare ist das Kinderthema aber ein langjähriger Streitpunkt. Die italienische Journalistin Oriana Fallaci malt sich noch weiter erschwerte Bedingungen aus: »Ich kenne eine utopische Geschichte über einen Planeten, wo man zu siebt sein muss, um sich zu vermehren«, erzählt sie in ihrem »Brief an ein nie geborenes Kind«: »Aber es ist sehr schwer, dass sich sieben zusammenfinden, und es ist noch schwerer, dass sie sich einig werden, weil die Schwangerschaft und nicht nur die Empfängnis alle sieben mit einbezieht. Darum stirbt auch die Gattung aus, und der Planet entvölkert sich.«

Im realen Leben brauchen Kinder »nur« zwei Erzeuger. Aber selbst unter diesen vereinfachten Umständen ist es nicht sehr wahrscheinlich, dass beide genau zum gleichen Zeitpunkt dasselbe wollen. Zumindest ist es heute nicht mehr so wahrscheinlich, weil Standards für »typische« biografische Abläufe ihre universelle Gültigkeit längst verloren haben. Günter Burkart nennt das Problem mit der unnachahmlichen Präzision und Trockenheit soziologischer Fachtermini beim Namen: »Biografisches Synchronisationsproblem der Abstimmung zweier individueller Lebensläufe«. Meist, so zeigen die Untersuchungen quer durch alle Schichten, wollen die Männer etwas später. Der typische Altersabstand der Ehepaare unserer Großeltern-Generation, bei denen der Mann bekanntlich immer ein paar Jahre älter zu sein hatte, könnte hier eine späte Rechtfertigung finden.

Doch der Trend geht, wie mehrfach erwähnt, zumindest bei gut ausgebildeten Frauen auch zur »älteren Mutter«. Burkart hat untersucht, wie Paare angesichts einer ungeplanten Schwangerschaft, die ein Partner begrüßt, der andere aber nicht, zu einer Lösung finden. »Bei den von uns analysierten Entscheidungsprozessen zwischen Mann und Frau gab es in der Regel, wenn die Sache unklar war oder wenn beide unterschiedliche Vorstellungen hatten, weder eine Auseinandersetzung im Sinne rationaler Argumentation oder eines Aushandlungsprozesses noch ein Streitgespräch oder einen Machtkampf.« Statt dessen versucht es derjenige Partner, der das Kind lieber möchte, meist mit Einfühlungsvermögen und Bestärkung einer positiven Sicht, nach dem Motto: »Das schaffen wir!«

Das mag in einer stabilen, langjährigen Paarbeziehung ein typischer Ablauf sein, der in die Gründung einer Familie mündet. Manchmal bleibt ein Kinderwunsch aber definitiv unerfüllt, weil einer der Partner entschieden und dauerhaft dagegen ist. Einfühlungsvermögen und diplomatische Vorstöße verfangen in solchen Fällen nicht. Und mitunter nehmen die »Verhandlungen« über das Thema eine erstaunliche Wendung.

»Kind oder kein Kind, bei uns hat jeder seinen Kopf durchgesetzt«

Die Medizinstudentin und ausgebildete Hebamme Susanne K. (30) und der Wirtschaftsingenieur Ralf H. (38) sind inzwischen seit sechs Jahren ein Paar. Er wollte nie Kinder, sie hat sich immer vorgestellt, einmal Kinder zu bekommen, und das nicht zu spät. Schließlich wurde sie von einem anderen Mann schwanger und bekam Zwillinge. Susanne und Ralf sind weiterhin ein Paar, wohnen aber nicht zusammen. Ihre Zwillinge sind inzwischen anderthalb Jahre alt. Unser Gespräch findet in Susannes Wohnung statt. Als die Tür aufgeht, hat jeder ein Kind auf dem Arm. Familienidylle?

Am Küchentisch müssen die beiden noch einmal ganz von vorn anfangen. Wie kam es zu der vertrackten Geschichte? Ralf erzählt: »Ich hatte noch nie den Wunsch, Kinder in die Welt zu setzen. In meinen früheren Beziehungen war das auch nie ein Thema. Aber nach zwei, drei Jahren mit Susanne wurde es dann doch ein ernsthafteres Problem: Sie wollte, ich nicht.« Susanne schiebt ein: »Wir haben eine Weile drum gestritten.«

»Wir haben uns dann fast getrennt. Susanne ist ausgezogen«, setzt Ralf die Erzählung fort. »Aber wir kamen ziemlich schnell wieder zusammen, wir konnten doch nicht voneinander lassen. Das Kinderthema hatte sich aber nicht erledigt. Ich habe mich schließlich sterilisieren lassen, meine Entscheidung war endgültig. Susanne hat gesagt: Dann muss ich sehen, von wem ich das Kind bekomme! Aber das habe ich für Spinnerei gehalten und nicht ernst genommen. Ich hatte zu dieser Zeit viel Stress im Beruf und wenig Zeit. Ich habe wohl nicht alles mitgekriegt, was da so lief. Ein halbes Jahr später hat sie mir dann eröffnet, sie sei schwanger!« Noch jetzt, eine ganze Weile später, kann man Ralf anmerken, wie schockierend das für ihn war. Doch das lässt Susanne nicht gelten: »Ich habe ein halbes Jahr dafür Anlauf genommen. Und davon habe ich dir auch erzählt! Aus heiterem Himmel kam das also nicht. Mich wundert, dass du meine Ankündigungen so wenig ernst genommen hast!«

»Stimmt, ich habe es einfach nicht ernst genommen!«, gibt Ralf zu. »Es war für mich eine verrückte Idee. Ich merkte schon, dass es dir ernst ist mit dem Wunsch nach einem Kind, aber ich glaubte nicht, du würdest ein Projekt dieser Art wirklich durchziehen. Schließlich gehören ja auch zwei dazu: Und ich hätte nicht gedacht, dass du einen Mann finden würdest, der so etwas mit sich machen lässt! Das war schon eine ganz schöne Nummer. Als es passiert war, musste ich immer wieder neu darüber nachdenken, was das nun für mich bedeutet.«

Kurz darauf eröffnete Susanne ihm, dass sie Zwillinge erwarte. »Das war dann auch schon fast egal! Ich habe mich schließlich irgendwie damit arrangiert. Das größte Problem war für mich nicht einmal, dass sie mit einem fremden Mann ins Bett gegangen ist, um ein Kind zu kriegen. Übrigens war das auch von seiner Seite bewusst geplant. Er wollte gern Vater werden. Aber mein Leben würde sich verändern, ich würde Freiheiten verlieren – diese Umstellung war einschneidend.«

Wie sind die Aufgaben und die Rollen denn nun verteilt? »Ralf ist sehr beliebt bei den Kindern«, erzählt Susanne. Thomas, der Vater der Kinder, kümmere sich ebenfalls viel um sie, »er hat sich ja auch Kinder gewünscht«. Jedes zweite Wochenende und an zwei Abenden in der Woche sind sie bei Thomas, aber auch sonst kann sich Susanne auf ihn verlassen, zum Beispiel, wenn die Kinder krank sind und getrennt werden müssen, weil es sonst einfach für einen zu viel wird.

Ralf gibt zu: »Thomas ist ein ganz sympathischer Zeitgenosse. Und es spricht für ihn, dass er wegen der Kinder nach Berlin gezogen ist.« Er selbst kommt immer wieder mal abends nach der Arbeit bei Susanne und den Kindern vorbei, »wir machen auch zusammen Urlaub, aber ich brauche meine Freiheiten. Daran habe ich mich im Laufe der Jahre gewöhnt. Ich übernehme nicht besonders viel Verantwortung für die Kinder, ich helfe durchaus, plane das aber nicht eigens ein. Lieber bezahle ich ab und zu mal einen Babysitter, damit Susanne frei hat und wir zusammen etwas unternehmen können«, fährt Ralf fort

Aber natürlich veränderte sich auch sein Leben durch die Kinder erheblich: »Die Schwierigkeit, die wir im Moment haben, besteht in dem veränderten Rhythmus. Die Kinder liegen um acht Uhr im Bett, Susanne nicht viel später. Da kann abends nicht mehr sehr viel Erwachsenenleben stattfinden.« Susanne kann nur ergänzen: »Und dann motze ich morgens beim Frühstück noch eine halbe Stunde herum, weil ich gerne möchte, dass wir wieder zusammenziehen!« »Das steht im Moment nicht an«, betont Ralf. Aber er stellt zugleich auch fest, dass er sich »mit vielem erstaunlich gut arrangieren« könne. Und er will auch nicht ganz ausschließen, dass alle vier irgendwann zusammenziehen werden. »Die Kinder werden ja auch älter und selbständiger. Man wird sie nicht immer den ganzen Tag um die Ohren haben.«

Mich interessiert, ob es für die Beziehung auch eine Entlastung ist, dass die Entscheidung für oder gegen Kinder jetzt nicht mehr im Raum steht. »Also, von meiner Seite schon!«, antwortet Susanne spontan. Darauf Ralf: »Was, du willst noch mehr Kinder?« »Nein, ich meine: Aus meiner Sicht ist es eine Entlastung.« Ralf entspannt sich, nicht ohne noch zu ergänzen: »Im Spaß sagt sie manchmal, dass sie noch mehr Kinder will.«

Ich stelle mir vor, dass die Stimmung nicht immer so heiter und unbeschwert war zwischen diesen beiden. Was war besonders schwierig? Für Susanne war es eindeutig die Zeit der Schwangerschaft. »Ich hatte es ja darauf angelegt, ein Kind zu kriegen und ich bin nicht davon ausgegangen, dass die Beziehung zu Ralf das aushält. Auch als die Babys auf der Welt waren, war ich da keineswegs sicher. Ich habe mich darauf eingestellt, es allein schaffen zu müssen. Das war keine einfache Zeit.« Auch für Ralf war diese Schwangerschaft ein ziemlicher Brocken: »Wenn man kein Kind will, und dann steht die eigene Freundin mit ihrem dicken Bauch vor einem ...« Ihm fehlen die Worte. »Diese ganzen körperlichen Veränderungen, die mit der Schwangerschaft einhergehen, sind nicht einfach zu verkraften!«

Aber die Liebe war stärker? » Man kann's auch anders sagen«, meint Ralf. »In unserer Beziehung hat eigentlich jeder seinen Kopf durchgesetzt. Ich wollte keine Kinder und habe mich sterilisieren lassen, Susanne wollte Kinder und hat sie nun. Wir haben beide unsere Lebenseinstellung beibehalten.« Ein bisschen Bewunderung für Susannes Sturheit schwingt mit, wenn er schließlich feststellt: »Das verbindet auch!«

In Susannes Umgebung hatten nicht alle so viel Verständnis. »Ich habe schon öfter zu hören gekriegt, wie gemein ich mich den beiden Männern gegenüber verhalte. Da sind Sätze gefallen wie: ›Warte nur ab, am Ende sitzt du ganz allein da!‹ Meine Eltern haben sich aber gefreut, Oma und Opa zu werden. Mein

Vater ist ein Alt-68er, der alle möglichen Modelle gelebt hat, und nun überlegt, ob dies nicht auch ein gutes Modell sein kann. Meine Mutter hat darüber weniger Worte verloren, ihr Freund findet es allerdings sehr schlimm.« »Warum eigentlich?«, will Ralf wissen. »Er findet, ich hätte mich von dir trennen sollen, einen sauberen Schnitt machen.«

Auch in Ralfs Freundeskreis hat es viel Skepsis gegeben. »Aber die Tendenz war: Da es nun einmal passiert ist, schaut halt mal, wie ihr damit klar kommt! Ich habe ja eigentlich auch die bessere Karte gezogen.«

Susanne und der leibliche Vater der Kinder haben das gemeinsame Sorgerecht. »Ich denke, wir zwei sind in der Lage, unsere Differenzen bezüglich der Kinder miteinander zu klären«, sagt Susanne.

Nachdem wir schon eine ganze Weile miteinander geredet haben und die Zwillinge längst sanft entschlummert sind, will ich aber doch noch wissen: Wo liegt nun eigentlich der Kern für die Meinungsverschiedenheit in der Kinderfrage? »Ich mag Kinder gern«, sagt Ralf, »aber ich möchte nicht die Verantwortung und die permanente Fürsorge für sie übernehmen. Das empfinde ich als belastend und einschränkend. Ich möchte nach der Arbeit und am Wochenende nicht so stark festgelegt sein. Auch die Form des Reisens ändert sich ja mit Kindern.« Er betont schließlich noch: »Das Geld ist nicht der Grund.«

Susanne hat die leidvolle Erfahrung gemacht: »Über Gründe und Gegengründe kann man endlos sprechen. Die Grundlage für die Entscheidung ist aber nicht rational. Ich finde, das Tollste ist zu sehen, wie sich Kinder entwickeln. Natürlich vermisse ich auch viele Dinge, die ich mit kleinen Kindern nicht machen kann. Aber der große Unterschied zwischen uns ist und bleibt, dass Ralf sich keine Kinder wünscht!«

Wenn die Einstellung sich ändert

Die 29-jährige Studentin Stefanie S. aus Landau in der Pfalz steht kurz vor ihrem ersten Staatsexamen als Sonderschul-Pädagogin. Sie hat eine besondere Beziehung zu Kindern und ist seit sechs Jahren mit ihrem Freund zusammen, einem 34-jährigen Tontechniker, der, ähnlich wie Ralf, schon früh wusste, dass er keine Kinder wollte.

Stefanie hat sich zu dem Gespräch bereit erklärt, weil sie glaubt, dass die unterschiedlichen Wünsche in einer so zentralen Frage heute viele Paare belasten, aber auch, weil sich in ihrer Beziehung in der letzten Zeit erstaunliche Veränderungen ergeben haben.

»Für mich war immer klar, dass ich einmal Kinder haben werde, schon seit ich klein war«, erzählt die Frau mit der positiven Ausstrahlung. Doch als ihr Freund und sie sich kennen lernten, erzählte er ihr ziemlich bald, dass er sich schon vor ein paar Jahren hatte sterilisieren lassen. »Am Anfang war das für mich überhaupt kein Problem: Wenn man sich kennen lernt, steht das ja nicht im Vordergrund!« Mit der Zeit aber gab es bei Stefanie »etwa halbjährlich kleine Krisen, weil ich mir mit der Zeit, als die Beziehung immer besser lief, ein gemeinsames Kind doch gut vorstellen konnte«. Dazu kommt, dass ihr Freund nicht gern über solche Probleme redet, sondern eher der Typ ist, der alles mit sich selber ausmacht. Das heißt nicht, dass das Thema ihn nicht gehörig beschäftigt hätte. »Vor einem Jahr hat er sich dann selbst einen Termin gesetzt: Er wollte sich noch einmal genau überlegen, ob er nicht doch mit einem Kind leben kann. Er fuhr mit einem Freund für fünf Wochen nach Alaska, auch mit dem Hintergedanken, in dieser Zeit alles noch einmal zu überdenken.« Was war das Ergebnis dieses Nachdenkens? »Er sagte, es sei nach wie vor nicht sein größter Wunsch, ein Kind zu haben. Inzwischen könne er es sich aber doch vorstellen, weil er wüsste, ich wäre nicht glücklich, wenn ich mit 35 oder 36 immer noch kein Kind hätte. Das wäre für unsere Beziehung nicht gut. Er ist also bereit, sich wieder operieren zu lassen, um die Sterilisation rückgängig zu machen.« Für Stefanie ist dies eine enorme Veränderung, man merkt es ihr an. Sie ist stolz auf ihren Freund, der ihr und der Beziehung zuliebe zu einem solchen Umdenken bereit war und auch einen erneuten chirurgischen Eingriff nicht scheut. »Die Wahrscheinlichkeit dafür, dass seine Fruchtbarkeit wiederhergestellt wird, liegt nach ärztlichen Angaben nur bei 80 Prozent. Die Chance für eine Schwangerschaft beträgt dann nur 60 Prozent. Trotzdem ist es ein Riesenschritt!« Wurde dieser Schritt aus Angst getan, die Freundin zu verlieren? »Es war sicher auch eine Wandlung in ihm selbst. Ihm ist klar, dass er so große Reisen, wie er sie früher unternommen hat, vielleicht erst wieder in Jahrzehnten machen wird. Doch er hat festgestellt, dass ihm diese Reisen inzwischen auch nicht mehr so wichtig sind.«

Stefanie hatte vor dieser Entscheidung ihres Freundes überlegt, später einmal ein Pflegekind aufzunehmen. Auch an die Möglichkeit einer Samenspende hat sie gedacht: »Mir war von Anfang an klar, dass ich Kinder haben möchte, ob mit ihm als Vater oder ohne ihn.«

Ihn schreckte die Vorstellung, einmal biologischer Vater eines Kindes zu werden. »Er wollte die Verantwortung nicht übernehmen.« Außerdem scheute er nach Stefanies Ansicht die Abhängigkeit, sei es beim Reisen oder in finanzieller Hinsicht. »Ihm ist dann aber klar geworden, dass er ohnehin Verantwortung übernimmt, auch für mich. Denn wenn wir zusammen blieben und ich kriegte auf anderem Weg ein Kind, hätte er doch die gleiche Verantwortung wie für ein eigenes. Die beruflichen und finanziellen Nachteile durch das Kind hätten wir schließlich gemeinsam getragen – etwa, wenn ich mein Referendariat nicht machen oder keine ganze Stelle übernehmen könnte. Wir waren uns ja immer einig, dass ich den Erziehungsurlaub nehmen würde. Alle Entscheidungen für das Kind wollten wir aber zusammen treffen: Welche Kindertagesstätte und welche Schule das Kind besuchen, vielleicht sogar, welche Schuhe es tragen sollte. Diese gegenseitige Verantwortung, die ohnehin besteht, ist ihm wohl stärker zu Bewusstsein gekommen. Ich glaube nicht, dass wir mit der Aufgabenteilung Probleme bekommen würden.« Und eines steht für Stefanie ohnehin fest: »Meine Babysitter-Kinder mögen ihn alle sehr. Ich glaube, er wird ein guter Vater.«

Wenn es aber aus medizinischen Gründen nicht so ausgeht? »Es wird auf jeden Fall noch eine Weile dauern: Der Eingriff selbst, die Wartezeit danach, die reduzierten Chancen, all das ist mir bewusst. Wenn es nicht funktioniert, wird uns schon etwas einfallen. Ich glaube, ich würde keine Zeugung im Reagenzglas machen lassen, das ginge mir zu weit. Wir hätten aber bessere Aussichten auf ein Adoptivkind: Wenn der Mann sterilisiert ist, hat man praktisch keine Chancen, eines zu bekommen. Auch ein Pflegekind kann ich mir vorstellen. Wenn das alles nicht klappt, dann hat es eben nicht sein sollen!« Das Wichtigste ist für Stefanie jetzt sowieso, dass ihr Freund es sich überhaupt vorstellen kann, mit ihr ein Kind zu haben. »Meine eigenen Gene weiterzugeben, spielt dagegen als Motiv keine große Rolle.« Doch sie fügt lächelnd hinzu: »Aber ich hätte schon sehr gerne ein eigenes Kind, nicht zuletzt wegen der Schwangerschaft. Ich würde das wirklich sehr gern erleben, wenigstens einmal. Schwangere Frauen haben etwas Besonderes, mit dem dicken Bauch und dieser Unangreifbarkeit! Das ist etwas, das ich nicht missen möchte.«

Stefanie kennt von ihren verschiedenen Jobs viele Mütter, davon sind einige auch Freundinnen geworden. Wenn das Thema in erreichbare Nähe rückt, so hat das mit ihrem Freund, aber auch »mit dieser 30-Jahres-Grenze zu tun, die ich eigentlich schon immer im Kopf hatte. So langsam wäre es an der Zeit!«

Warum möchte Stefanie unbedingt mit Kindern leben? »Zum einen, weil ich ein sehr geselliger Mensch bin und gern Leute um mich habe. Ich bin auf dem Land aufgewachsen, wo wir immer eine riesige Gruppe von Kindern waren, und ich fühle mich in großen Familien sehr wohl. Dann möchte ich gern die ganze kindliche Entwicklung einmal von vorn miterleben, alle Altersstufen und Lernprozesse. Ein wenig fürchte ich mich auch davor, im Alter ohne Kinder zu sein. Ich stelle es mir schön vor, Weihnachten zusammen zu verbringen und nicht allein dazustehen. Es muss als alter Mensch beruhigend sein zu sehen, dass das Leben weitergeht.«

Ich möchte auch von ihr wissen: Spielt der Druck der eigenen Familie eine Rolle? »Bis jetzt noch nicht, denn ich stecke ja noch im Studium, das meine Eltern mit finanzieren. Sie standen bisher eher auf dem Standpunkt: Komm mir bloß nicht mit einem Kind an!« Die Mutter ihres Freundes hat jedoch Probleme damit, dass er so jung die Entscheidung gegen ein Kind getroffen hat.

Mich interessiert, ob ihr Freund selbst heute diesen Schritt bereut, den er ja mit einer neuen Operation rückgängig machen muss. »Nein«, wehrt Stefanie ab, »ich glaube, die Sterilisation war nötig, es war ein Entwicklungsschritt.« Doch sie schränkt sogleich ein: »Das heißt: Ich kann das nur vermuten, denn er macht in dieser Hinsicht viel mit sich selbst aus.« Ihr war jedenfalls immer wichtig, ihn nicht unter Druck zu setzen. »Wirklichen Streit über das Thema gab es nie. Ich konnte ihm ja weder seine Einstellung in dieser Sache noch seine Entscheidung vorwerfen. Da war eher eine Art Traurigkeit darüber, dass es bei uns nicht so einfach geht wie bei anderen Paaren. Deshalb finde ich: Man sollte Männern sagen, was für eine große Entscheidung es ist, sich sterilisieren zu lassen; eine Entscheidung mit weit reichenden Konsequenzen.«

Doch auch ohne solche Eingriffe bekommen die Menschen heute immer später und weniger Kinder. Stefanie hat sich darüber viele Gedanken gemacht, weil sie Kinder mag, weil sie ihren Partner mag und weil sie einen Beruf mit Kindern ansteuert: »Ich glaube, es hat viel damit zu tun, dass man sich nicht mehr traut, Verantwortung zu übernehmen. Ein ganz wichtiger Punkt ist natürlich auch das Geld: Es ist heute so unvorstellbar teuer, ein Kind großzuziehen. Hinzu kommt das Scheitern vieler Beziehungen sowie die Angst der über 35-Jährigen – und inzwischen auch der viel Jüngeren! – vor Risikoschwangerschaften und Behinderungen des Kindes.«

Vieles davon sollte man ihrer Ansicht nach lockerer nehmen. Die angehende Pädagogin strahlt Zuversicht und Lebenslust aus. Mag sein, dass genau das auch bei ihrem Partner nicht ohne Wirkung blieb.

Fragen und Anregungen

- Leben Sie mit einem Partner/einer Partnerin zusammen, mit dem/der Sie sich vorstellen könnten, ein Kind zu bekommen?
- Welche Vorstellungen haben Sie von Ihren Rollen als Mutter bzw. Vater?
- Stellen Sie sich vor, Sie wären 70 Jahre alt und blickten auf ihr Leben zurück: Welche Erfahrungen möchten Sie bis dahin gemacht, was möchten Sie erreicht haben? Was gehört für Sie zur Vorstellung von einem »erfüllten« Leben?
- Welche Ihrer Lebensziele würden durch ein Kind beeinträchtigt? Welche Einschränkungen würden Sie hinnehmen, welche nicht?
- Wie groß ist Ihr Bedürfnis, Ihr Leben zu planen und wie wichtig ist Ihnen Unabhängigkeit?
- Welche Impulse für Ihr Leben erhoffen Sie von einem Kind?
- Fühlen Sie sich durch Nachfragen von Eltern oder Freunden, wann es in puncto Nachwuchs denn »so weit sei«, bedrängt?
- Sprechen Sie mit ihren Eltern und möglichst vielen anderen Menschen, die Kinder haben, über deren Erfahrungen!

Vom Leben mit Kindern: Langjähriger Alltag

> *»Es war nicht bloß Verantwortung, was der Mann bei dem Anblick des Kindes fühlte, sondern auch Lust, es zu verteidigen, und Wildheit: die Empfindung, auf beiden Beinen dazustehen und auf einmal stark geworden zu sein.«*
>
> (Peter Handke, Kindergeschichte)

Einleben in eine neue Rolle

Schwangerschaft und Geburt: Gemischte Gefühle

Täglich geschieht es in aller Welt 950 000 Mal: Eine Eizelle verschmilzt mit einer von etwa 200 Millionen Samenzellen, die bis zu 72 Stunden zuvor in den Körper der künftigen Mutter gelangt sind. Zwei Zellkerne verbinden sich und werden zum Ausgangspunkt eines neuen menschlichen Lebens. Einfacher gesagt: Eine Frau wird schwanger. Stefanie nennt es »dieses Schwangerschafts-Dings« und sie möchte es gern erleben. Für viele Frauen ist das ein wichtiges Motiv. Sie möchten diese Möglichkeit, die ihnen von der Biologie her gegeben ist, in ihrem Leben Wirklichkeit werden lassen. Manche von ihnen betrachten sie sogar als stichhaltigen Beweis ihrer Weiblichkeit. Schwangerschaft, Entbindung und Stillen sind körperliche Erfahrungen, in denen sich Möglichkeiten weiblicher Sexualität entfalten. Diesen körperlichen Ausnahmezustand zu erleben, ist verlockend.

Lust auf die Erfahrung der Schwangerschaft ist natürlich kein hinreichender Grund, um ein Kind in die Welt zu setzen. Aber es ist sinnvoll, sich darüber Gedanken zu machen, ob der biologische Weg zum leiblichen Kind etwas ist, das man unbedingt erleben will, notgedrungen auf sich nimmt oder wegen großer Ängste eigentlich lieber vermeiden möchte. Sich eine Schwangerschaft vorstellen zu können, ist schließlich die Voraussetzung dafür, der Verwirklichung des Kinderwunsches einen Schritt näher zu treten.

Die 28-jährige Teresa M. und ihr 29-jähriger Freund Julian H. haben diese Erfahrung vor kurzem gemacht. Vor vier Monaten kam ihr kleiner Sohn Benedikt auf die Welt. Sehr zufrieden sitzen die beiden auf ihrem gemütlichen Sofa, während das Baby auf einem Fell zu ihren Füßen schlummert. Alles wirkt hier entspannt, ausgesprochen harmonisch und wenig gestresst. »Dicke Augenringe vor Erschöpfung können wir nicht vorweisen«, sagt Julian.

Teresa hat eine ganz und gar unkomplizierte Schwangerschaft erlebt, und auch bei Benedikts Geburt lief alles »fast bilderbuchmäßig«, wie Julian sich gern erinnert. Eine wahre »Mutmacher-Geschichte«, die auch im großen Freundeskreis des Paares als solche empfunden wird. Dort sind die beiden nämlich Pioniere in Sachen Elternschaft.

»In den ersten drei Monaten der Schwangerschaft war ich von Müdigkeit befallen, aber das hörte danach schlagartig auf«, erzählt Teresa. Einzige weitere Auffälligkeit: Die Schwangere bestimmte mit plötzlich auftretenden Abneigungen gegen bestimmte Nahrungsmittel, aber auch mit ihrer neuen Vorliebe für Hühnersuppe aus der Dose und Spaghetti Bolognese den Speiseplan des Paares. Für begrenzte Zeit war das zu ertragen, wie Julian findet. Ratgeber in Sachen Schwangerschaft haben die beiden ausgebildeten Physiotherapeuten nicht gelesen, dafür hat Teresa sich im Internet informiert und mit anderen Schwangeren ausgetauscht. Dort hat sie auch wöchentlich den passenden Entwicklungsbericht »abgerufen«. Jeden Donnerstag bekam der werdende Vater von ihr eine E-Mail, der er entnehmen konnte, wie weit sich sein Sprössling in der aktuellen Schwangerschaftswoche entwickelt hatte und worauf er jetzt in der Beziehung zur werdenden Mutter besonders achten musste. Auch sonst versuchte sie ihn so stark wie möglich ins Geschehen einzubeziehen. »Wir haben jeden Abend eine Spieluhr auf meinen Bauch gelegt, und ich wollte gern, dass Julian die Bewegungen des Babys spürt und mit ihm spricht. Damit habe ich ihn vielleicht manchmal genervt«, erzählt Teresa. Den Geburtsvorbereitungskurs haben sie – wie die meisten Paare – gemeinsam besucht.

Trotzdem waren sie unsicher, ob das wirklich Wehen waren, was sich genau am Morgen des errechneten Geburtstermins bei Teresa bemerkbar machte. Genau so unkompliziert wie die ganze Schwangerschaft war die Geburt. Julian erzählt: »Keiner kann's glauben, aber exakt am Stichtag ist unser Sohn auf die Welt gekommen, und zwar mittags kurz vor eins.« Anstatt zur Arbeit fuhr Julian mit Teresa ins Krankenhaus, wo sie gleich an den Wehenschreiber angeschlossen wurde. Teresa hatte noch keine schlimmen Schmerzen, und eigentlich wollte sie mit dem Arzt nur perspektivisch und ganz allgemein über eine Periduralanästhesie sprechen, die den Geburtsschmerz durch eine Spritze in den Wirbelkanal ausschaltet. Denn Teresa hatte sich vorgenommen, keine unnötigen Qualen zu erdulden. »Der Arzt guckte ein wenig verwundert, als ich meine Frage stellte, und sagte dann: ›Wenn, dann müssen Sie sich jetzt sofort dafür entscheiden!‹« So weit war es also schon? Dabei hatten die werdenden Eltern damit gerechnet, sich die Wartezeit noch durch das mitgebrachte Kartenspiel zu vertreiben. Doch plötzlich ging alles ganz schnell: Die Wehen wurden heftiger, Teresa wollte sich hinlegen und bekam ein Schmerzmittel. »Dann kamen ganz schnell die Presswehen. Sie waren nicht schmerzhaft, aber sie zwangen mich jedes Mal dazu, laut zu brüllen. So habe ich den Druck lauthals von mir gegeben.« Wie hat Julian das Schreien empfunden? »Einerseits dachte ich natürlich: ›Oh mein Gott, das müssen ja schlimme Schmerzen sein!‹ Andererseits musste ich mich auch zusammenreißen, um nicht loszulachen. Das war schon ein ganz ordentliches Brüllen – aber ich wusste ja, warum das so war.« Julian spürte, dass in diesen Schreien nichts Beunruhigendes lag. Außerdem befand er sich »in einem Dauerzustand der Freude«, seit er wusste, dass es nun endlich so weit sein würde. Kurz darauf kam auch schon der Kopf des Kindes. »Es hatte die Augen offen und guckte so, als frage es sich: ›Wo bin ich denn hier gelandet?‹«, erinnert sich Julian. Vor lauter Verblüffung vergaßen Hebamme und Vater, nach dem Geschlecht des Babys zu schauen. Julian durchtrennte die Nabelschnur, ohne diesem Akt eine spezielle symbolische Bedeutung beizumessen. »Wie soll es denn heißen?«, fragte die Hebamme. Um eine Antwort auf diese Frage zu bekommen, musste sie das Neugeborene allerdings noch einmal »auspacken«. Es war ein Junge. Während der Zeit, die alle drei anschließend noch im Kreißsaal verbrachten, schlief der junge Vater auf seinem Hocker kurz ein: »Ich war erschöpft, obwohl ich doch eigentlich nichts geleistet hatte!« Auch abends war er für ganz großes Feiern mit seinen Freunden zu müde. Teresa fühlte sich zunächst nicht erschöpft. Sie sagte sich: »Andere Leute laufen Marathon, das ist anstrengender!« Die Müdigkeit kam später.

Die ersten zwei Wochen verbrachten sie zu dritt zu Hause, gut betreut von einer ambulant tätigen Hebamme. Julian hatte frei genommen, und weil Teresa mit dem Stillen sehr beschäftigt war, empfand sie die Unterstützung als ausgesprochen nötig. Außerdem war es einfach schön, dass jemand einkaufte, kochte und für Gemütlichkeit sorgte. »An Julians erstem Arbeitstag gab es ein totales Chaos. Ich hatte das Gefühl, mit all dem gar nicht allein fertig werden zu können. Und das Baby schrie viel mehr als sonst.« Dieser Zustand der Überforderung änderte sich allerdings schnell, auch dank der tatkräftigen Mithilfe einer Freundin.

Julian ging ohnehin nur für sechs Wochen an seinen Arbeitsplatz im Krankenhaus zurück. Pünktlich nach Ablauf des gesetzlichen Mutterschutzes begann Teresa wieder mit der Arbeit. Julian hat jetzt Elternzeit. Doch das ist schon wieder ein anderes Thema.

Das Beispiel von Teresa und Julian ist ausgesprochen ermutigend. Schwangerschaft und Geburt sind aber für viele auch angstbesetzte Themen. Angst vor dem dicken Bauch, dem Verlust der guten Figur, der Veränderung durch die Hormone, den möglichen Komplikationen während der Schwangerschaft und während der Entbindung. Nicht zuletzt auch Angst vor den Schmerzen und vor der Bewährungsprobe am Tag X, der die Schwangere um keinen Preis entgehen kann.

Wunderbar deutlich bringt das Robert auf den Punkt, der männliche Held des schon erwähnten Musicals »Babytalk«, der in einem entsetzlichen Albtraum selbst die Schwangerschaft erlebt, der seine Lebensgefährtin Charlotte mit so ambivalenten Gefühlen gegenübersteht: »Drei Monate kotzen, zwei Monate abhängig von Nachos und Zitroneneis und in den letzten vier Wochen hat mein Körper zwei Quadratmeter zusätzliche Bauchdecke produziert, die sich nie mehr zurückbilden und nach der Entbindung beim Joggen rhythmisch gegen meine Kniegelenke schlagen wird. Schwapp, schwapp, schwapp.« »Du siehst aus wie jeder schwangere Mann«, tröstet ebenso witzig wie wohlwollend, aber letztlich wenig überzeugend die Lebensgefährtin. Eher sachlich, aber auch nicht unbedingt ermutigender kommentiert die amerikanische Feministin Shulamith Firestone, was da mit dem weiblichen Körper passiert: »Schwangerschaft ist die zeitweilige Deformation des menschlichen Körpers für die Arterhaltung.«

Die Sorgen um Schwangerschaftsstreifen, Hängebusen und

mangelnde Erfolge bei der Rückbildungsgymnastik wirken dabei noch wie der reine Luxus im Vergleich zu den Ängsten, die sich um die Entbindung selbst ranken. Die Müttersterblichkeit hat zwar in den Industrienationen im letzten Jahrhundert dank der Verbesserungen in Hygiene und medizinischer Betreuung rapide abgenommen. Es ist eine Seltenheit geworden, dass eine Frau während der Schwangerschaft oder unter der Geburt stirbt. Aber die verbleibenden 40 Todesfälle pro 400 000 Geburten sind nach wie vor ein Faktum. Problematisch ist vor allem, dass die Gefahr, Blutungen, Herz-Kreislauf-Komplikationen, Blutdruckkrisen oder eine Embolie zu erleiden, mit dem Alter der Frau wächst. Denn die Mütter werden älter: Im Jahr 1961 lag das durchschnittliche Alter der »Erstgebärenden« bei zarten 24 Jahren und neun Monaten, im Jahr 1999 ist es auf 28 Jahre und neun Monate gestiegen. 1983 bekam die Altersgruppe der 35–39-Jährigen nur sechs Prozent der Kinder, im Jahr 1996 waren es schon zwölf, Tendenz steigend. Gesund, fit und sportlich zu sein, vermindert zwar das Risiko für viele dieser Komplikationen, doch das Alter der Mutter bleibt ein Risikofaktor, auch was die Gefahr von Missbildungen und genetischen Veränderungen betrifft. Seit Frauen ab 35 Jahren routinemäßig die Methoden der Pränataldiagnostik angeboten werden, ist ihnen dieser altersbedingte Risikozuwachs schmerzlich bewusst. In der griffigen Frage »How late can you wait?« wird das Problem inzwischen in den USA auf den Punkt gebracht.

Insgesamt sind die Risiken und Gefahren rund um die Geburt heute aber – zumindest in den reichen, medizinisch gut versorgten Industrienationen – so gering wie nie zuvor in der Menschheitsgeschichte. Viel größer als diese Risiken ist die Wahrscheinlichkeit, durch zu konkrete Vorstellungen von Schwangerschaft und Geburt enttäuscht zu werden. So entwickeln nicht wenige Frauen den Ehrgeiz, durch eigene Leistung eine möglichst »natürliche«, glatte Geburt zu erleben. Eine Frau, die eine Entbindung ohne Schmerzmittel erleben will, bittet dann vielleicht doch um eine Anästhesie – und empfindet das als Niederlage.

Die 25-jährige Studentin Lena war sehr enttäuscht, dass ihre Tochter per Kaiserschnitt das Licht der Welt erblickte: Sie fühlte sich um ein Erlebnis betrogen, das andere Frauen ihr in leuchtenden Farben geschildert hatten. Mit dem Stillen kann es ähnlich gehen: Nicht jede Frau empfindet es letztendlich als großes sinnliches Erlebnis, manche sogar als Hinderungsgrund dafür, das Kind einmal für einen halben Tag vertrauensvoll in andere Hände zu geben. Selbst Teresa, die heute Beruf und Stillen so reibungslos in Einklang bringt, hatte sich vor der Entbindung überlegt: »Wenn das zu stressig wird, höre ich mit dem Stillen auf, schließlich gibt es Ersatzprodukte, die auch Julian dem Baby geben könnte!«

Schwangerschaft, Geburt und Stillzeit *können* wunderbare Lebensphasen sein. Die Erzählungen anderer Frauen, anderer Paare können insofern einen Anreiz bilden. Eine Garantie oder ein Anrecht auf gute Erfahrungen gibt es nicht. Sicher ist dagegen: Wer ein Kind in die Welt setzt, hat ein Geschöpf mit eigenem Willen und unvorhersehbarem Charakter geschaffen. Mit der Frage, ob ich ein Kind will, steht deshalb nicht weniger als das Problem an, ob ich mit einem solchen Wesen leben will, das all seinen unvorhersehbaren Kräften zum Trotz über Jahre von mir, meinem Willen und meinen – ebenfalls unvorhersehbaren – Kräften abhängig sein wird. Dies ist das eigentliche Wagnis, das sich mit dem Kinderkriegen verbindet. Ausschlaggebend kann nur sein, ob man mit einem Kind Jahre und Jahrzehnte verbringen will, ob man mit ihm leben und ob man für dieses Leben wirklich Verantwortung übernehmen möchte. Dann erst beginnt das eigentliche Abenteuer.

»Wir sind ziemlich unbedarft an die Sache herangegangen«

Lena E. ist 25 Jahre alt und studiert Slawistik in Berlin. Lotta ist gerade sechs Wochen alt und ihr erstes Kind. Erst vor kurzem ist sie mit Manu, ihrem Freund, der ebenfalls noch studiert, in eine gemeinsame Wohnung im Bezirk Prenzlauer Berg gezogen. An dem heißen Sommertag, den wir für unser Gespräch nutzen, sind in dem Altbauviertel viele Kinderwagen zu sehen, je zur Hälfte von Frauen und Männern geschoben. Die Mütter und Väter sehen allerdings alle deutlich älter aus als Lena. Auch in ihrem Freundeskreis ist die junge Mutter Pionierin. Da liegt die Frage nahe, wie sie sich in dieser Rolle fühlt. Um sie zu beantworten, muss Lena erst einmal von Büchern und Meinungen reden: »Mir fällt auf, dass man umzingelt ist von tausend schlauen Ratgeberbüchern und Vorstellungen, die über den richtigen Umgang mit dem Baby existieren. Allein das Stillen, das ja angeblich die Erfüllung sein soll! Wenn ich Leuten erzähle, dass ich das sechs Monate lang machen und dann zufüttern will, stoße ich schon auf Unverständnis. Und dass ich Lottchen mit einem Jahr in eine Kinderkrippe geben will, versteht ebenfalls nicht jeder.«

Dabei hat sich ohnedies genug geändert. Nach und nach fallen Lena, während wir mit dem Kinderwagen ein schattiges Café ansteuern, eine Menge Veränderungen ein: »Neu ist: Da knallt etwas 24 Stunden am Tag in dein Leben hinein. Hätte mir das vorher jemand erzählt, ich hätte es nicht geglaubt. Dabei habe ich noch großes Glück mit meinem Kind: Es ist lieb und gesund, hat keine Schmerzen und schläft viel.« Ein großes Glück ist auch, dass die kleine Lotta zwei Omas in Berlin hat. »Außerdem haben wir viele Freunde, die in der Nähe wohnen. Ich bin überhaupt nicht unzufrieden und vermisse bisher nicht so viel. Gestern war ich das erste Mal im Kino. Aber in der Nachmittagsvorstellung, weil Lotta abends unruhiger ist!«

Und was ist in der Partnerschaft anders geworden? »Mit Kind verbringt man einerseits viel mehr Zeit zusammen, auf der anderen Seite – als Paar – aber viel weniger. Das Kind steht automatisch im Mittelpunkt – schließlich freut sich niemand so sehr über alle kleinen Fortschritte wie die Eltern.« Lena und ihr Freund Manu sind erst drei Monate vor der Geburt von Lotta zusammengezogen, obwohl sie schon fünf Jahre ein Paar sind. So ganz hat sich Lena noch nicht an das Zusammenleben gewöhnt. »Ich brauche immer einen Ausgleich zu dieser Dreisamkeit«, betont die Studentin. Sie selbst ist in einer Westberliner Wohngemeinschaft aufgewachsen. »Dort lebten fünf Kinder und zehn Erwachsene zusammen und wir hatten viele verschiedene Bezugspersonen. Es gab einen festen Kern, und die anderen Kinder waren für mich wie Geschwister. Leibliche Geschwister habe ich aber nicht.« Manu kommt dagegen aus dem Osten der Stadt, aus einer »klassischen« Familie mit drei Kindern und traditioneller Rollenverteilung.

Haben sich die beiden früher schon ausgemalt, einmal gemeinsam Kinder zu bekommen? »Ja, Kinder kamen bei uns beiden in der Zukunftsplanung vor.«

Zu Lenas Idealbild von ihrem künftigen Leben gehörte auch immer, nicht zu viel Energie für den Beruf aufzuwenden. Bei ihrem Freund ist das schwieriger: In den Ingenieurberufen ist es heute kaum möglich, Teilzeitstellen zu bekommen. »Noch studiert er ja, und genießt es, so viel von der ersten Zeit unseres Kindes mitzubekommen.« Ein Vorteil der frühen Familiengründung, zweifelsohne.

Wenn sie von der Zukunft träumt, sieht Lena neben einem interessanten Teilzeitjob und einem zweiten Kind auch eine ganz andere Lebensform vor sich: »Ich finde eine Kleinfamilie zu eng. Kinder sollten mehrere Bezugspersonen haben. Mein Traum wäre eine Wohngemeinschaft oder ein Hausprojekt, in dem jede Familie ihre Wohnung hat, es aber gemeinsame Räume und einen Hof gibt. In so einer großen Lebensgemeinschaft könnte man sich auch die Kinderbetreuung teilen.«

Was hat sich bei Lena durch das Kind noch geändert? »Ich bin früher oft nach Russland gefahren, das werde ich jetzt erst mal nicht mehr tun. Statt dessen fahren wir im Urlaub an die Ostsee! Aber nicht mehr im Zelt, wie früher. Wir müssen nun ein Haus mieten, das macht den Urlaub natürlich teurer.«

Was sie schön findet, ist die neue Verbindung zu Frauen, die älter und schon Mütter sind, auch die zu anderen Generationen: »Da ist plötzlich eine Art Solidarität. Sogar mit der Frau meines Vaters, mit der ich vorher gar nicht so viel Kontakt hatte. Rein körperlich ist da viel gemeinsame Erfahrung. Ich glaube, auch für meine Mutter ist es toll, dass ich jetzt ein Kind habe. Allerdings kommen auch die verschiedenen Konzepte der Kindererziehung zum Vorschein: Manus Mutter fragt zum Beispiel immer: ›Wann ist sie wieder dran?‹ Dass sie meinte, wann Lotta wieder trinken sollte, habe ich am Anfang gar nicht verstanden, weil ich ja immer nach Bedarf stille.«

Schön sind neben der neuen Verbindung zu Frauen auch die vielen neuen Bekanntschaften: »Ja, die Baby-Infrastruktur! Ich kannte am Anfang hier niemanden. Aber seit ich im Schwangerschaftsgymnastik-Kurs war, hat sich das schlagartig geändert. Und auch jetzt mache ich laufend neue Bekanntschaften. Ein Arbeitskollege hat schon zu Manu gesagt: ›Pass nur auf, bald sitzen auf deinem Sofa Leute, die du auf der Straße niemals angucken würdest. Aber sie haben ein Kind!‹ Mit einem Kind findet man schnell Kontakt, aber es geht fast immer nur um das naheliegende Thema. Früher habe ich immer behauptet, ich würde als Mutter nicht diesen ›Penaten-Gesprächen‹ verfallen. Nun bestätigen sich doch viele Klischees. Aber ich habe auch schöne Erlebnisse: Neulich traf ich zum Beispiel meinen ehemaligen Chef vom Deutsch-Russischen-Austauschdienst auf der Straße. Er hat ebenfalls ein kleines Kind. Da kann man die verschiedenen Ebenen ins Gespräch bringen!«

Von der Zukunft noch einmal zurück zu den Anfängen, zu Lottchens Geburt: Lena hatte einen Kaiserschnitt. Wie waren diese Erfahrungen? »Der Kaiserschnitt war hart! Ich kam mir so betrogen vor. Alle hatten gesagt: Klar, das ist schmerzhaft, aber man kriegt schließlich etwas dafür: die tolle Erfahrung. Ich hatte so eine ideale Vorstellung von der Geburt, dann hatte ich 16 Stunden Wehen und kam mir wie ein Versager vor. Ich hatte das Gefühl: Ich will doch alles für mein Kind tun, kann es aber nicht. Es war schon ein Schock. Dabei sind wir immer gewissenhaft und anständig zu den Geburtsvorbereitungskursen gegangen.« Nein, sie habe keine Angst gehabt, sei eigentlich vollkommen unbefangen in die Sache hineingegangen, habe nicht viel darüber gelesen und sich auch über ihre zukünftige Figur keine Gedanken gemacht. »Ich finde aber, es wird ein zu großer Kult um Schwangerschaft und Geburt, Stillen und Babynahrung betrieben. Wenn alles ein wenig sachlicher wäre und nicht so dogmatisch, wäre es wahrscheinlich leichter.«

Worin liegt nun nach ihrer Erfahrung die Bereicherung durch Kinder? »Die Kinder fangen irgendwann an, den Eltern ihre Welt noch einmal vorzuführen. Sie zwingen sie zur Auseinandersetzung. Irgendwo bricht immer ein Konflikt auf, der die Eltern zwingt, sich mit der eigenen Persönlichkeit und dem eigenen Leben auseinandersetzen. Kinder ermöglichen einem den direkten Kontakt mit der nächsten Generation, dadurch bleibt man ein Stück zeitgemäßer. Sie sind eine Bereicherung, auch wenn sie erwachsen sind.« Lena kennt aber auch viele, so sagt sie, die keine eigenen Kinder wollen, »dafür tolle Tanten und Onkel oder Nenntanten und Nennonkel sind. Manche leben auch mit Kindern zusammen. So kann man diese Vorteile auch genießen.« Während sie die weinende Lotta aus dem Kinderwagen nimmt und zum Stillen anlegt, muss Lena aber unbedingt noch hinzufügen, sie verstehe schon, »wenn gerade Frauen davor zurückschrecken, ein Kind zu bekommen, weil sie Angst haben, all diese Erwartungen an eine gute Mutter, die trotzdem eine spannende und beruflich erfolgreiche Gesprächspartnerin bleiben soll, nicht zu erfüllen. Besonders, wenn man schon etwas älter ist und gründlicher darüber nachdenkt, als ich es getan habe!«

Die Freunde sind alle noch nicht so weit. Keiner von ihnen hat bisher ein Kind. »Meine Schwangerschaft war aber für viele ein Signal: Oh Gott, jetzt werden wir erwachsen und vieles wird sich ändern!« Die meisten Paare mit Kindern, die im Berliner Bezirk Prenzlauer Berg wohnen, sind älter als Lena und Manu, und viele haben deutlich mehr Geld. »Sie haben natürlich Autos und schickere Babysachen. Ich bekomme im Moment Sozialhilfe, weil ich im Studium beurlaubt bin. Dadurch ist mein Vater nicht mehr unterhaltspflichtig, und Manu muss, weil wir zusammen wohnen und deshalb eine ›eheähnliche Gemeinschaft‹ sind, 200 Mark von seinem Studenten-Gehalt an mich zahlen. Außerdem bekomme ich 600 Mark Erziehungsgeld. Für mich ist das viel Geld, für eine Frau, die schon mal gearbeitet hat, sieht das natürlich anders aus. Wir sind wahrscheinlich auch deshalb unbedarfter an die Sache herangegangen, weil wir noch im Studium stecken und die Unterstützung unserer Eltern uns finanziell absichert.« Für Lena ist der Gang zum Sozialamt schließlich ein Übergangszustand. »Was ich so erschreckend finde, ist aber, wie viele Mütter mit kleinen Kindern ich auf dem Sozialamt treffe.«

Lena ist froh, dass sie so jung Mutter wurde. »Ich glaube, das hat Vorteile. Wir haben noch nicht so feste Vorstellungen von unserem Leben. Wer älter ist, ist als Mensch schon fertiger. Den perfekten Zeitpunkt für ein Kind gibt es sowieso nicht, man findet immer etwas, das dagegen spricht. Wenn man erst einmal in einem Arbeitsrhythmus steckt, reiht sich wahrscheinlich ein Gegengrund an den anderen.« Ein Kind zu haben, darf nach ihrer Ansicht nicht bedeuten, sich auf lange Sicht in der Lebensgestaltung festzulegen. »Ich hoffe darauf, dass wir auch mit Kind in unserer Lebensplanung kreativ bleiben. In naher Zukunft muss ich noch einmal länger nach Russland reisen und Manu hat in seinem Studium gerade einen Schwerpunkt bei Kläranlagen. Die werden im Moment in Osteuropa benötigt. Mal sehen, was sich daraus ergibt…«

Wunsch und Wirklichkeit

»Ein Zukunftsgedanke des Heranwachsenden war es, später mit einem Kind zu leben. Dazu gehörte die Vorstellung von einer wortlosen Gemeinschaftlichkeit, von kurzen Blickwechseln, einem Sich-dazu-Hocken, einem unregelmäßigen Scheitel im Haar, von Nähe und Weite in glücklicher Einheit.« Der Wunsch, den der Dichter Peter Handke im allerersten Satz seines Buchs »Kindergeschichte« so wunderbar poetisch formuliert, wird ihm erfüllt. Die Wirklichkeit, die er über Jahre hinweg als allein erziehender Vater einer Tochter zu meistern hat ein wenig anders: handfester, schwieriger, aber auch bunter.

»Nun hänge ich da mittendrin«

Auch Jan G. meistert das Leben mit seinem Kind, allerdings gemeinsam mit seiner Frau. Der 36-jährige Geograf lebt seit acht Jahren mit seiner Frau Mareike zusammen, die er vor kurzem »aus formalen Gründen« geheiratet hat. »Wir haben wegen des Kindes geheiratet. Das war eine zweckmäßige Entscheidung, bar jeder Romantik. Trotzdem war die Dauer und Festigkeit unserer Beziehung Voraussetzung für unsere Ehe«, präzisiert er.

Jan G. arbeitet halbtags in einem Universitäts-Institut und widmet sich in der übrigen Zeit seinem Hobby, der Musik, und seinem Kind, das inzwischen zwei Jahre alt ist. Wir sprechen über Kinderwunsch und Wirklichkeit. »Bei diesem Thema kann ich mich echauffieren«, hatte mich der temperamentvolle Geowissenschaftler schon vor unserem Treffen gewarnt. Nun, beim Gespräch im Café, folgt die Erklärung nach. »Eigentlich wollte ich nie ein Kind, aber nun hänge ich da mittendrin.« Wie kam es dazu? »Mareike wollte immer Kinder, und das war über fünf Jahre hinweg ein stetiges Damoklesschwert über unserer Beziehung. Wir haben uns darüber gestritten und das Thema immer wieder vertagt.« Schließlich standen die beiden, nicht zuletzt wegen des leidigen Kinderthemas, kurz vor der Trennung. »Und da ist es halt passiert. Sie war plötzlich schwanger und hat ganz klar gesagt, sie möchte das Kind haben, ob

71

mit mir oder ohne mich. Da habe ich gesagt: Gut, dann machen wir das jetzt zusammen.«

Manchmal sagen Männer Frauen nach, sie legten es heimtückisch darauf an, schwanger zu werden. Kam es ihm auch so vor? »Das kann ich so nicht sagen«, differenziert Jan, um aber gleich zu ergänzen: »Es war aber schon besonders auffällig, dass sie immer um den Zeitpunkt des Eisprungs herum eine besondere Leidenschaftlichkeit und Hingabe an den Tag legte. Wir haben rund um die kritischen Tage herum Kondome benutzt. Ich habe meistens, aber offensichtlich nicht immer, genau mitgezählt.« Hinzu kam, dass seine Freundin ausgerechnet zu dem Zeitpunkt schwanger wurde, als sich bei Jan eine schwere Krankheit bemerkbar machte: Ihm wurde Hepatitis C diagnostiziert. Es stand ihm eine einjährige Therapie bevor, die nicht selten mit starken körperlichen und seelischen Nebenwirkungen verbunden und dadurch sehr belastend ist. Dazu kamen bei Mareike Komplikationen während der Schwangerschaft: »In der sechsten Woche bekam sie Blutungen, der Frauenarzt sagte zu ihr: ›Wenn Sie das Kind nicht wollen, gehen Sie jetzt nach Hause, dann sind Sie es heute Nachmittag los. Wenn Sie es wollen, legen Sie sich eine Woche hin.‹ Sie entschied sich für das Kind und hatte dann eine Risikoschwangerschaft. Beide Ereignisse zusammen bewirkten, dass dies die schlimmste Zeit meines Lebens wurde.«

Dann kam das Kind. Wie war das Leben in der ersten Zeit? Was hat sich verändert? »Die ersten Monate waren belastend, ich hatte Depressionen und sah, dass meine Ängste sich erfüllten, vor allem, was die Verfügung über die eigene Zeit betraf. Und das, obwohl unser Sohn von Anfang an wirklich pflegeleicht und angenehm war. Wenn überhaupt ein Kind, dann habe ich mir ihn verdient!« Hat dieser Umstand seine Meinung über Kinder nicht zu ändern vermocht? Jan widerspricht heftig: »Nein! Ich liebe mein Kind über alles auf der Welt – und das ist das Schönste und Wichtigste überhaupt. Ich spüre aber auch ganz deutlich die Belastungen.«

Als belastend empfindet der junge Vater ganz unterschiedliche Dinge. Zunächst das Grundsätzliche: »Da ist zum einen die Umweltentwicklung, die mich vor die Frage stellt, ob man heutzutage Kinder in die Welt setzen darf. Ich bin Geowissenschaftler und in dieser Richtung ausgebildet, mein Pessimismus ist also nicht unbegründet.« Doch es kommen andere, persönlichere Dinge hinzu: »Ich bin Pollenallergiker, und die Gefahr ist recht groß, dass ich meinem Kind diese Disposition in die Wiege lege. Außerdem ist meine Leberkrankheit nicht heilbar.« Am wichtigsten ist und bleibt aber, dass Jan eigentlich einen anderen Plan für sein Leben im Kopf hatte: »Ich wollte immer ein spaßerfülltes Leben haben, keine Verantwortung für ein Kind übernehmen. Ich komme inzwischen kaum mehr dazu Musik zu machen, was mir sehr wichtig ist. Außerdem habe ich eine Promotionszulassung an der Uni und möchte mit meiner Dissertation weiterkommen. Gleichzeitig muss ich genug Geld verdienen. Und ich sehe für Jahrzehnte meine Verantwortung, zum Beispiel für eine gute Ausbildung meines Sohnes. Viele Wege, die ich mir eigentlich offen halten wollte, sind jedenfalls durch die Familiensituation verbaut.« Jans Leben hat sich, über die praktische Verantwortung für das Kind hinaus, grundlegend verändert. Sogar die Gedanken an den Tod sind andere geworden: »Früher konnte ich denken, na gut, dann ist es halt vorbei. Heute besorgt mich die Frage: Was wird dann aus Ben?« Eine Sorge, die viele Eltern teilen.

Aber es gibt auch spezielle charakterliche Probleme, die in Jans Augen dagegen sprechen, Vater zu werden. Selbstkritisch sagt er: »Ich kann sehr jähzornig sein und bin schwer zu ertragen, wenn ich Aggressionen habe. Ich bin reizbar und auch nicht sonderlich belastbar, wenn ich zum Beispiel nicht genug Schlaf bekomme. Da hat unser Sohn schon einiges mitbekommen, das bedaure ich sehr. Ich arbeite zwar daran und habe auch das Gefühl, es wird besser, aber von heute auf morgen kann ich mich nicht ändern.« Jan spricht immer wieder mit seiner Frau Mareike darüber. »Aber sie will es nicht mehr hören, wenn ich wieder in so einem Loch stecke. Sie hat ja aus Frauensicht gedacht: Er wird das Kind sehen, und alles wird gut!« Auch weil diese Erwartung auf ihm lastete, sei der Anfang mit dem Kind schwierig gewesen, überlegt Jan rückblickend. Meint er, dass bei Frauen leichter spontan positive Gefühle entstehen, wenn sie so ein süßes kleines Wesen in der Wiege liegen sehen? »Nein, nicht unbedingt: Es gibt ja auch die ungewollte Schwangerschaft, über die Frauen nicht hinwegkommen. Da ist eine Frau in unserem Bekanntenkreis, die wollte in den Journalismus und hat noch lange an ihren eingeschränkten Möglichkeiten geknabbert, als das Kind schon da war.« Umgekehrt gibt es aber heute nach seiner Erfahrung ebenso viele »hundertprozentige Väter wie Mütter«; Menschen, »für die ein Kind die Erfüllung ihres Lebens ist«. Jan findet es wunderbar, wenn solche Männer und Frauen sich finden: »Die ideale Kombination ist natürlich, wenn beide das Gleiche wollen.« Wünschen sich beide kein Kind, kann seiner Erfahrung nach aber ein Problem mit dem Bekanntenkreis entstehen, »wenn dort alle trächtig werden«. Die Erwartungen kommen dann nicht nur von der Elterngeneration, sondern auch aus dem Freundeskreis. Vor allem aber kann man – zumindest für eine Weile – nicht mehr so viele Gemeinsamkeiten für die Freizeitgestaltung finden. Betrachtet man die Sache so, dann haben Jan und Mareike zum richtigen Zeitpunkt ein Kind bekommen. Viele alte Freunde wurden ungefähr zur gleichen Zeit Eltern, und »herzliche neue Freunde« mit Kindern sind inzwischen dazugekommen. Das betrachtet Jan als großen Gewinn.

Wenn ich Jan von seinen Befürchtungen erzählen höre, gewinne ich den Eindruck, es sei auch viel Angst um das Kind dabei, vor Gefahren, die ihm drohen könnten. Das bestätigt er: »Ja, ich habe Angst davor, was ihm alles passieren könnte, vor Unfällen und Krankheiten. Ich wundere mich, dass manche meiner Bekannten das so locker wegstecken und etwa meinen: Ein Kind empfindet den Schmerz nicht so.«

Neben der Angst ist allerdings noch etwas anderes aufgetaucht, und das hat Jan wirklich überrascht: »Ich muss zugeben, dass durch das Kind ein ganzes Stück Hoffnung in mein Leben gekommen ist. Die neue Generation hat so viele neue Fähigkeiten das Leben zu bewältigen.« Er traut seinem kleinen Sohn schon jetzt eine Menge zu, das entlastet und stimmt optimistisch.

Wie geht es heute bei Jan und Mareike im Alltag zu, wie haben sie die Verantwortung geteilt? »Mareike macht gerade ihr Referendariat, sie wird Lehrerin. Sie ist zwar fertige Diplom-Handelslehrerin, wollte aber noch einen staatlichen Abschluss machen. Deshalb ist es derzeit finanziell etwas eng, später will sie aber ganztags arbeiten. Dann habe ich wieder mehr Freiheit und kann auch für mich in Ruhe das Richtige suchen. Und vielleicht auch wieder mehr zu meiner Musik kommen.« Im Augenblick teilen die beiden die Familienpflichten, und für Jan ist auch vollkommen klar: »Die Folgen so eines ›Unfalls‹

sollte man gemeinsam tragen, da fühle ich mich schon in der Verantwortung.«

Also doch, alles in allem, ein wenigstens in Maßen positives Fazit? Immerhin sind doch durch das Kind auch ein wenig Optimismus und neue Freunde in Jans Leben gekommen. Jans Bilanz: »Eines ist klar: Das Leben, wie ich es kannte, ist zu Ende. Das Kind war bisher die größte Veränderung in meinem Leben. Ich finde es erstaunlich, dass sich viele darüber vorher keine Gedanken machen.«

Was man von Kindern erwartet

Mit dem Kinderkriegen verbindet sich bei den meisten Menschen eine Menge hoher Erwartungen. Die Stuttgarter Kinder- und Jugend-Psychotherapeutin Barbara Friedrich hat in einem Beitrag für Klaus Vetters Buch »Kinder – zu welchem Preis?« zusammengestellt, inwiefern junge Mädchen, die früh schwanger werden, ein Kind als »Heilmittel« für eigene Probleme verwenden. Manches, was sie in den Gesprächen erfahren hat, gilt nur für die heute eher untypischen Teenager-Mütter. Ein Kind bietet diesen ganz jungen Frauen zunächst die Aussicht, sich vom eigenen Elternhaus zu lösen. Zugleich haben sie aber einen guten Grund, dem Berufsleben noch ein wenig fern zu bleiben, die Ausbildung noch ein bisschen hinauszuzögern. So können sie einerseits den eigenen Eltern sagen: »Behandelt mich nicht als Kind, schließlich habe ich schon selbst eines!«, und andererseits fordern, »Ihr müsst mich unterstützen! Ich habe schließlich für ein Kind zu sorgen!«

Andere Wünsche, die sich bei den ganz jungen Frauen mit ihren Babys verknüpfen, können aber auch »reifere« Erwachsene in sich erkennen. So kann ein Kind auch als eine Art Therapeutikum für die Beziehung zu den eigenen Eltern betrachtet werden, wie Friedrich betont. Manchmal versuchen junge Eltern, in der Beziehung zum eigenen Kind zu heilen, was in ihrer Kindheit verletzt wurde; oder wieder gutzumachen, was man selbst früher an Liebe, Fürsorge und Aufmerksamkeit entbehrte. Das Motiv, in der Erziehung einiges besser zu machen als die eigenen Erzieher, kennt wahrscheinlich jeder.

Ein Kind bietet zudem die Aussicht auf langjährigen Schutz vor

Einsamkeit und innerer Leere. In ihrer harmloseren Ausprägung kennen die meisten Erwachsenen diese Wunschvorstellung von gemeinsamen Weihnachtsfesten oder späteren Besuchen der erwachsenen Kinder.

Der Nachwuchs wird aber gerade von den jungen Frauen manchmal dazu benutzt, ein angeschlagenes Selbstbewusstsein zu »reparieren«, erklärt Friedrich. Sie signalisieren damit der Umwelt: Seht her, was ich geleistet habe!

Eine weitere Aussicht dürfte selbst viele Menschen, die schon mit beiden Beinen fest im Leben stehen, beim Gedanken an Nachwuchs beflügeln. Auch Väter sind dafür anfällig. Friedrich nennt sie »Restauration elterlicher Träume«: »Alle Eltern müssen sich mit ihren Grenzen auseinandersetzen und Abschied nehmen von ihren Kindheitsträumen, die von Macht, Schönheit und Stärke handelten. Das gewünschte, ersehnte Kind tritt nun an die Stelle, und alle elterlichen Träume gelten nun dem Kind: Es wird perfekt sein!« Das Kind soll können, was man selbst nicht geschafft hat: Es wird Geige spielen wie Jehudi Menuhin und aussehen wie Michelle Pfeiffer. Zumindest wird es Abitur machen, nachdem seine Eltern ihre Schulkarriere mit der zehnten Klasse beendet haben. Oder es wird wenigstens nie anfangen zu rauchen.

Nicht zuletzt wird ein Kind auch häufig als »Beziehungs-Stabilisator« angesehen. Bezieht man das nicht direkt auf die Qualität der Paarbeziehung, sondern zunächst einmal auf die Anstrengungen, die gemacht werden, um die Partnerschaft überhaupt zu erhalten, dann stimmt das sogar: Paare mit Kindern suchen im Konfliktfall eher Rat bei Paartherapeuten als Kinderlose.

Kein Zweifel, die Erwartungen, die hier aufgezählt wurden, erfüllen sich nicht automatisch. Die übersteigerten unter ihnen erfüllen sich nur in seltenen Ausnahmefällen. Mit anderen Worten: Solche Erwartungen sollten kein Grund sein, sich ein Kind zu wünschen. Auf der anderen Seite beruhigt uns Barbara Friedrich aber auch, was den möglichen Schaden solcher »Heilserwartungen« für das Kind betrifft: Sie schaden in den meisten Fällen nicht, so versichert die Psychotherapeutin aus langjähriger Erfahrung. Das tun sie nur »wenn das Kind unter der Last der aufgebürdeten Verantwortung seelisch verbogen wird«. Im Normalfall erfüllen Hoffnungen auf das Kind aber eine wichtige psychologische Funktion, so erläutert die Fachfrau: »Sie motivieren die Eltern, all die Einschränkungen auf sich zu nehmen, wie sie die Pflege eines Neugeborenen verlangt.« Mit anderen Worten: Eltern müssen ihre Kinder für einzigartig halten, um ihnen einen so großen Teil ihrer Lebensenergie zuzuwenden.

Zugleich müssen sie sich (und das Kind) aber langfristig vor Enttäuschungen schützen, indem sie solche Erwartungen und Hoffnungen nicht auf Dauer hegen. Manche Erwartungen, die früher in Kinder gesetzt wurden, haben sich inzwischen weitgehend erledigt: Keiner sieht in unserer Kultur Kinder noch ernsthaft als Beitrag zur direkten materiellen Altersversorgung an. Auch eine dauerhafte Lebensaufgabe, die vor allem Frauen früherer Generationen in der Familiengründung sahen, wird längst nicht mehr damit verbunden. Mutterschaft als Langzeit-Beruf wird von modernen Frauen eher als Bedrohung empfunden.

Erfahrene Eltern, deren Kinder schon älter oder gar erwachsen sind, sollten Nichteltern aber vor einer anderen Erwartung warnen, die in den letzten Jahrzehnten immer mehr aufgekommen ist: vor der Hoffnung, einen zukünftigen Freund oder eine zukünftige Freundin zu zeugen. Die Aussichten auf dauerhafte Gesellschaft, Freundschaft oder solide Partnerschaft mit dem eigenen Nachwuchs sind tatsächlich gering. Der Wunsch, diesen Menschen, die jahrelang den eigenen Alltag so überwiegend bestimmten, dauerhaft nahe zu bleiben, ist zwar nur allzu natürlich. Wirklich gleichberechtigte, freundschaftliche Lebens-Begleiter durch alle Höhen und Tiefen sind die eigenen Nachkommen aber meistens nicht. Im Gegenteil: Sich von der Eltern-Generation zu lösen, die sie jahrelang betreute, aber auch bevormundete, ist eine ihrer Lebensaufgaben.

Um nicht missverstanden zu werden: Zwischen Eltern und Kindern kann eine tiefe Verbundenheit herrschen, die man durchaus mit dem großen Wort Liebe beehren sollte. Hilfsbereitschaft ist oft selbstverständlich, manchmal entwickeln Kinder Gefühle der Dankbarkeit, vielleicht im Einzelfall sogar der Bewunderung. Liebesbeweise beider Seiten sind nichts Ungewöhnliches. Und es gibt den Wunsch, immer wieder Zeiten miteinander zu verbringen: Feste zu feiern, sich zu besuchen, miteinander zu verreisen. So weit, so schön. Doch es gibt bekanntlich Formen der Liebe, die die Freundschaft nicht einschließen, auch wenn die Betroffen vielleicht darunter leiden, keine dauerhaften Wegbegleiter werden zu können. Wunderschön hat das Wilhelm von Humboldt in einem Brief an seine Frau Karoline ausgedrückt: »Die dunkle Empfindung, dass man nicht gemacht ist, miteinander durchs Leben zu gehen, gibt dem Verhältnis zwischen Eltern und Kindern, ohne dass man es immer selbst merkt, eine eigene und wehmütige Stimmung.«

Kinder machen Eltern ihre Position in der Generationenfolge bewusst. Oft haben junge Väter und Mütter deshalb das Gefühl, sie seien durch das Kind erst richtig erwachsen geworden. Für kurze Zeit kann sich der Vater, der mit seinem Sohn auf den Fußballplatz geht, zwar durchaus als dessen »guter Kamerad« fühlen. Doch es kommen auch die Momente, in denen er Humboldts »wehmütige Stimmung« kennen lernt. Mit der Ankunft eines Kindes tritt schnell die Perspektive neuer Abschiede ins Leben: Mit drei geht der Kleine in den Kindergarten, mit sieben findet er seine Lehrerin toll, mit 16 verschwindet er für ein Schuljahr in die USA. Und wenn der »Kleine« selbst ein Kind bekommt, stehen sich keineswegs zwei gleichartige Väter gegenüber: Der eine von beiden ist schließlich gerade Großvater geworden. In der Generationenfolge »aufzurücken«, führt eben auch die eigene Vergänglichkeit vor Augen.

Alltag mit eigensinnigen Mitbewohnern

Doch langsam: Eine beträchtliche Menge Leben verbringen die beiden Generationen natürlich zusammen. Mit einem Kind leben Eltern heute meist 20 Jahre ihres Lebens in engster Haus- und Lebensgemeinschaft.

Auch das kann Probleme schaffen: Wir sind es im sonstigen Leben gewöhnt, uns die Menschen ausgesprochen kritisch auszuwählen, mit denen wir privat zusammen sein wollen: Wenn es in der Beziehung nicht mehr »stimmt«, ist Trennung die nahe liegende Lösung. Verwandtschaftsbeziehungen, die man sich nicht aussuchen kann, nehmen in ihrer Bedeutung vor allem im Leben der mobilen Städter immer mehr ab. Sogar die Mitbewohner einer Wohngemeinschaft werden meist einem kritischen Ausleseverfahren unterworfen. Unbekannte in die Welt zu setzen, denen man schon einen Blankoscheck für die Rund-

um-Versorgung ausstellt, ehe sie überhaupt das Licht der Welt
erblickt haben, ist in dieser Situation ein Wagnis, das seinesglei-
chen sucht, es ist, weit mehr als Bungee-Jumping oder Touren
auf den Mount Everest, das Abenteuer des modernen Menschen.

Natürlich kann es – wie bei anderen Abenteuern auch – geschehen, dass die Sache zu einer großartigen Erfahrung wird oder
dass zumindest alles glimpflich abgeht. Ganz ohne Schrammen
aber kommt keine(r) davon. Das wirklich pflegeleichte Kind findet sich in der realen Welt aus Fleisch und Blut nämlich eher
selten. Die niederländische Medienkooperative »Bilwet« hat
deshalb – durchaus in ironischer Absicht – eine Publikation zu
den Vorzügen eines neuen Markenprodukts, des »Elektrischen
Kindes«, entwickelt. In dem von Klaus Vetter herausgegebenen
Buch »Kinder – zu welchem Preis?« sind Auszüge daraus zu genießen. Das elektrische Kind wurde »speziell für die Ansprüche
berufstätiger Erwachsener entwickelt. Es ist besonders wider-
standsfähig, nervenschonend, pflegeleicht und lässt sich (je nach
Vorliebe und Lebensgewohnheiten) auf Tag- oder Nachtbetrieb
schalten.« Mit einem einfachen, für das elektrische Kind glücklicherweise schmerzfreien Schlag auf den Hinterkopf lässt sich
die Standby-Taste bedienen. Dies angenehme Wesen »hat fünf
Schwierigkeitsgrade, kann in drei Sprachen fröhlich sein und ist
das ideale Geschenk für alle, die Kinder wirklich lieben«. Angenehm menschlich nimmt sich angesichts dieser Techno-Visio-
nen »Konrad aus der Konservendose« aus, ein kindlicher Roman-
held, den Christine Nöstlinger in den 70er Jahren literarisch aus
der Taufe hob. Das verschrumpelte Etwas, das nach der Lieferung
durch das Versandhaus aus der Dose gezogen werden kann,
muss nur mit Nährlösung übergossen werden, um zum Schulkind
zu reifen, dessen Erziehung zudem so mustergültig ist, dass die
antiautoritär eingestellte Adoptivmutter sogar Mühe hat, ihn zu
ein wenig mehr Eigensinn zu bewegen.

Dass gerade dieser Eigensinn eines der Hauptprobleme sein
kann, die die minderjährigen Dauer-Mitbewohner ihren ruhe-
bedürftigen Erziehungsberechtigten schaffen, davon singt Stefanie Baumm in »101 Gründe, keine Kinder zu bekommen« ein
Liedchen mit zahlreichen Strophen. Von Drei-Monats-Koliken,
die das erotische Leben der Eltern behindern, über den Einzug

von Nutella in die ehemals kulinarisch hochstehende Küche und die beliebte Auto-Frage »Sind wir bald da?«, bis zur morgendlichen Weck-Tortur und den leidigen Hausaufgaben als Beigaben einer langen Schulkarriere zählt die leidgeprüfte Mehrfach-Mutter fast nur Dinge auf, die bei anderen Eltern hohen Wiedererkennungswert erreichen dürften: Diese Geschichten kommen offensichtlich alle aus dem »wirklichen Leben«. Sie sind erfrischend, tröstlich und stellenweise richtig lustig. Fazit der Autorin: Eins zu null für Gott, »in der Werbebranche wäre er bestimmt ein ganz Großer geworden«. Denn es ist dem Schöpfer gelungen, uns weiszumachen, Kinder seien ein Geschenk. In Wirklichkeit sind sie nach Ansicht der gestressten Mutter die »achte Plage«. Doch zu dumm, denn »der große alte Mann hat uns den Kinderwunsch geschenkt, die Sehnsucht nach Vermehrung. Der alte Lump. Das Leben hätte so schön sein können.« Spätestens hier verrät die schreibende Mutter: Das alles sind nur vorgebliche Warnungen. Zu verführerisch ist in Wirklichkeit der eingefleischte Wunsch nach dem Kind. Die »vollendeten Tatsachen«, die sich daraus ergeben können, sind manchmal wirklich zum An-die-Wand-Werfen. Sie jedoch, charmant und quirlig wie sie sind, grundsätzlich nicht zu mögen, ist fast unmöglich: Sie wickeln einen mit ihrem Charme doch immer wieder ein. Die Verfasserin der »101 Gründe, keine Kinder zu bekommen« gibt jedenfalls deutlich zu erkennen, dass sie das Leben mit ihrer chaotischen Familie nicht missen möchte.

»Alles geht langsamer und weniger perfekt«

Von dieser charmanten und gleichzeitig oft nervtötenden Kinder-Art können auch Ellen P. und Richard K., 32 und 33 Jahre alt, ein Liedchen singen. Ellen arbeitet als freie Kritikerin, ihr Mann ist Architekt und fest angestellt. Ihre Tochter Livia ist 19 Monate alt und schon morgens um halb acht quietschvergnügt. »Sonne, Mo, Dene«, ruft sie – und das ist als Befehl zu verstehen. Ihre Eltern allerdings würden um diese Uhrzeit eigentlich lieber frühstücken und Zeitung lesen, als ihrer gut anderthalbjährigen Tochter immer wieder neu Sonne, Mond und Sterne auf ein Blatt Papier zu malen – oder Bücher anzugucken oder auf dem

Bett herumzutoben. »Unsere Tochter ist das Tollste, was wir je zustande gebracht haben«, sagt Ellen. »Aber manchmal vermisse ich sie schon, die faulen Sonntage, an denen man zu zweit im Bett herumlümmeln konnte und sich ein langes Frühstück mit mehreren Zeitungen gönnte.« Die Ressourcen Zeit und Aufmerksamkeit sind seit der Geburt ihrer Tochter ganz neu verteilt. »Das war vielleicht die einschneidendste Veränderung durch das Kind, dieser radikal veränderte Rhythmus des Lebens. Darauf waren wir nicht richtig vorbereitet«, ergänzt ihr Mann Richard. »Unsere Vorstellung war in etwa: Das Leben läuft weiter wie bisher, nur das unser Kind immer dabei ist. Das war eine Illusion.«

Wie hat sich der Alltag verändert? »Die simpelsten Dinge sind kompliziert geworden«, gibt Ellen Auskunft. »Zum Beispiel das Einkaufen. Wenn man mit einem Kleinkind in Livias Alter länger als eine halbe Stunde das Haus verlassen will, muss man Vorbereitungen treffen wie für eine Expedition. Schnuller, Ersatzwindeln, Feuchttücher, Taschentücher, Essen, Trinken, manchmal auch noch Sandspielzeug für den Spielplatz. Wir gehen also schon mit einem voll gepackten Rucksack los. Bis wir beim Supermarkt angekommen sind, dauert es fast eine halbe Stunde, weil Livia selbst laufen will und alles anschauen und ausprobieren muss: Steine, Blumen, Hauseingänge, Fahrräder.« Nicht immer ist Ellen dabei gleich geduldig, wie sie zugibt.

»Im Supermarkt angekommen, muss ich gleichzeitig die nötigen Einkäufe erledigen und aufpassen, dass Livia keine zerbrechlichen Waren aus den Regalen zieht, um sie in ihren Kinder-Einkaufswagen zu laden. Wenn ich all diese Dinge, die sie gesammelt hat, zurücktrage, gibt es natürlich Geschrei – in einem vollen Supermarkt eine sehr effektive Methode der Erpressung. Meistens kaufe ich dann doch irgendetwas, das wir nicht brauchen, von dem sie aber nicht lassen will.« Wenn sie nicht einkaufen müssen, gehen Mutter und Tochter auf den Spielplatz. Der ist ebenso Treffpunkt für die Eltern wie für die Kinder. »Unterhalten kann ich mich aber nie ungestört. Livia spielt nicht ruhig im Sand, wie ich es mir früher von kleinen Kindern immer vorgestellt habe. Sie will rutschen und schaukeln, klettern und balancieren – alles Tätigkeiten, bei denen ich ihr assistieren muss.« Die Autorin Barbara Sichtermann hat in ihrem Buch »Vorsicht Kind« die Arbeit der Kinderbetreuung mit der eines Laborassistenten verglichen. Der Vergleich scheint treffend zu sein, hört man sich diese Beschreibung einer jungen Mutter an. Ellen bestätigt: »Man ist den ganzen Tag damit beschäftigt, die Bedürfnisse eines anderen Menschen zu erspüren und zu erfüllen. Alle Aufmerksamkeit ist fortwährend auf das Kind gerichtet, die eigenen Bedürfnisse – sofern sie denen des Kindes widersprechen – müssen unterdrückt werden.« Dieser fundamentale Widerspruch zwischen dem, was das Kind will und dem, was seine Betreuung will, ist nicht auflösbar. Und er durchzieht auch den Alltag: »Dann stehe ich also mit meinen vollen Einkaufstaschen im Hof, die Tiefkühlkost schmilzt, und wir haben noch vier Stockwerke vor uns, doch Livia will einfach nicht nach Hause«, berichtet Ellen. »Sie will den Briefkasten aufschließen, auf den Fahrrädern sitzen, ihren Buggy schieben oder die Katze suchen, auch bei strömendem Regen. Bitten helfen da nicht viel – eines ihrer ersten Wörter war ein deutliches ›Nein‹ –, und nur selten funktioniert es mit Bestechung. In den meisten Fällen hilft es nur, sich auf ihre Wünsche einzulassen und sich an der Art ihrer Welterkundung zu freuen. Dann sind die Erbsen eben geschmolzen, wenn wir oben ankommen, dafür ist aber das Kind zufrieden.« Aus den getauten Erbsen wird dann schnell ein Mittagessen gekocht und das Kind anschließend ins Bett gesteckt. Für anderthalb Stunden hat Ellen nun Ruhe – wenn auch nicht zur Entspannung. »Irgendetwas ist immer zu tun – Haushalt, Papierkram oder der letzte Feinschliff an einem Artikel.«

An den Nachmittagen unternehmen Mutter und Tochter meist etwas – oft gemeinsam mit Freundinnen, die auch Kinder haben. »Livia ist jetzt in einem Alter, in dem sie sich für andere Kinder interessiert und auch so etwas wie gemeinsames Spiel beginnt. Diese Nachmittage mit befreundeten Müttern sind sehr entlastend für mich: Ich biete dem Kind etwas und kann gleichzeitig auch selbst entspannen. Es kommt mir vor, als könnte ich, allein durch dieses Zusammensein mit anderen, auch die Verantwortung teilen.«

Findet der Nachmittag zu Hause statt, kann er lang werden. In diesem Alter sind Kinder nach Meinung aller erfahrenen Eltern besonders anstrengend, zumal, wenn sie wie Livia schon laufen können. Sie spielen noch nicht lange allein, wollen aber alles ausprobieren, nachmachen und überall dabeisein. »Man muss aufpassen wie ein Luchs«, weiß Ellens Mann. Andererseits belohnen die Kleinen ihre Erzieher gerade in diesem Alter durch ihre rasante Entwicklung und eine große Anschmiegsamkeit.

Wenn Richard abends nach Hause kommt, hat Livia meist schon gegessen und empfängt ihren Papa mit freudigem Gejauchze. Dann wird noch einmal gespielt und getobt, während Ellen sich endlich für ein paar Minuten aufs Sofa fallen lässt.

Wie gefällt Richard seine Rolle als »Feierabend-Papa«? »Einerseits freue ich mich natürlich riesig auf meine Tochter, andererseits würde ich nach einem Bürotag auch gern einfach mal nichts tun. Auch dem Job gegenüber habe ich immer ein schlechtes Gewissen. Es ist ein permanenter Spagat, bei dem beide Seiten zu kurz kommen: Arbeite ich so viel, wie es eigentlich nötig wäre, kommt meine Familie zu kurz – und umgekehrt. Ich habe das Gefühl, es niemandem recht machen zu können.« Ein Dilemma, das wahrscheinlich Tausende berufstätiger Eltern bestätigen können.

Glücklicherweise werden Kinder größer, selbstständiger und auch unabhängiger von den Hilfestellungen ihrer Erwachsenen. Und auch die Eltern reifen mit ihrer Aufgabe. Denn gerade beim ersten Kind ist die Unsicherheit groß, wie Ellen und Richard übereinstimmend darlegen: »Man weiß nie, ob man das Kind ausreichend fördert oder es vielmehr überfordert. Um das richtige Maß zu finden, bedarf es einiger Erfahrung mit dem Kind und einiges an Vertrauen – auf beiden Seiten. Man muss sich ja auch erst einmal kennen lernen. Kinder sind schließlich keine unbeschriebenen Blätter, wenn sie auf die Welt kommen, sondern haben von Anfang an charakterliche Dispositionen. Und sie teilen ihren Eltern schon mit, was sie brauchen, man muss nur genügend Fingerspitzengefühl haben, um diese Zeichen richtig zu deuten.« Das bedeutet in Ellens Augen auch, all die klugen Ratgeber, Broschüren und Tipps von Freunden, mit denen man schon zu Beginn der Schwangerschaft überhäuft wird, einfach mal zu vergessen und den Druck, den sie erzeugen abzuschütteln.

Inzwischen ist der Umgang zwischen Eltern und Kind viel entspannter. Livia kann laufen und ihr Wortschatz ist jetzt so groß, dass sie sagen kann, was sie möchte, und umgekehrt auch manchmal Einsicht zeigt. Dadurch ist vieles einfacher geworden. Seit ein paar Monaten wird sie außerdem mehrere Stunden am Tag von einer Tagesmutter betreut. Diese Zeit nutzt Ellen hauptsächlich für ihre Arbeit als freie Journalistin. Trotzdem lautet das Fazit der beiden Eltern: »Man muss sich darauf einstellen, dass man mit Kind die Hälfte dessen, was man sich vornimmt nicht schafft. Irgendetwas bleibt immer liegen. Alles geht langsamer und weniger perfekt, damit muss man leben lernen. Wenn man es schafft, diesen Umstand zu akzeptieren, so wird man – zumindest nach unserer Erfahrung – mit einem neugierigen und ausgeglichenen Kind belohnt.«

Finanzen, Ferien und andere Veränderungen

Bisher war nur am Rande von den materiellen Voraussetzungen für ein glückliches Familienleben die Rede. Auch wenn praktisch alle meine Gesprächspartner mir versicherten, das Materielle spiele nicht die Hauptrolle, müssen wir, wenigstens kurz, vom Geld sprechen. Denn mindestens eine Nebenrolle spielen die Finanzen immer, wenn Menschen überlegen, ob sie Eltern werden möchten.

Die Zeitschrift *Max* rechnete im Frühjahr 2001 vor, wie viel Geld ein Kind heute in Deutschland kostet. Die Ausgaben für Kost, Logis, Kleidung, Reisen, Telefon und Bildung der Kinder wurde bis zum 18. Lebensjahr auf rund 90 000 Euro beziffert. Das klingt präzise, ist aber äußerst knapp kalkuliert. Denn mit Ausbildung und Studium geht es oft danach erst so richtig zur Sache. Hinzu kommen die Einkommensverluste durch eingeschränkte Berufstätigkeit, so dass ein Kind nach Ansicht von *Max* mit rund 230 000 Euro zu Buche schlägt. Der Staat schießt – in Form von Kindergeld, Kinderfreibeträgen, Erziehungsgeld usw. – pro Kind maximal 50 000 Euro zu. So gesehen ist Kinderkriegen für die Eltern ein Verlustgeschäft. Viele schieben es deshalb erst einmal auf, bis sie wirtschaftlich auf festeren Beinen stehen.

Die Tatsache, dass man kein eigenes oder nur wenig Geld verdient, ist allerdings nicht in jedem Fall ein wirklich triftiger Grund, sich gegen ein Kind zu entscheiden. Die 49-jährige Übersetzerin Maria, die ihre Tochter weitgehend allein, wenn auch mit finanzieller Unterstützung des Vaters großgezogen hat, findet »die ganze Diskussion über das Geld, das Kinder kosten, ausgesprochen schädlich«. Sie lenke von den entscheidenden Fragen nur ab. Ihre kinderlose Kollegin Claudia sekundiert: »Die Werte haben sich in unserer materialistischen Gesellschaft verschoben, hin zur Konsumorientierung. Für mich persönlich war in keinem Moment Geld der Grund, mich gegen ein Kind zu entscheiden.«

Zu den finanziellen Nachteilen durch ein Kind kommen Benachteilungen anderer Art. »Als wir unser zweites Kind erwarteten, war es höchste Zeit, nach einer neuen Wohnung zu suchen«, sagt der 40-jährige Münchner Arzt Clemens R. »In unserer alten Dreizimmerwohnung wollten wir nicht bleiben. Wir haben uns eine Menge Wohnungen angeguckt. Aber die Vermieter hatten immer die Wahl, und sie nahmen immer die kinderlosen Paare, selbst wenn sie einen großen Hund mitbrachten.« Schließlich konnten die jungen Eltern mit Hilfe der Schwiegereltern in ein Reihenhaus im S-Bahn-Bereich ziehen – mit Schaukelgestell und Sandkiste im Garten. »Sehr kinderfreundlich und deshalb auch für uns stressarm. Aber manchmal trauere ich der Innenstadt mit ihrer Kneipenszene und dem Kino um die Ecke doch nach.«

Nicht nur das Wohnumfeld, auch die Einrichtung kann sich ändern, wenn sich die familiäre WG erweitert. Doch das stört Clemens weniger: »Das ganze Haus ist seit Jahren eine einzige Spielfläche. Das gefällt mir, denn es bedeutet Leben und Fröhlichkeit. Designermöbel mit empfindlichen Glasplatten wären da völlig fehl am Platz. Mein Bruder ist Architekt. Beim Betreten seiner edel eingerichteten Altbauwohnung habe ich bis vor kurzem regelmäßig Schweißausbrüche bekommen und fieberhaft überlegt: Wie halte ich meinen Kleinen davon ab, die Glasplatte des Couchtischs als Stütze bei seinen Gehversuchen zu missbrauchen?« Jetzt ist der Kleine sieben und lässt den Glastisch in Ruhe. Trotzdem geht er nicht so gerne zu seinem Onkel, denn da fehlen ihm die Spielsachen.

Einschneidender als der Verzicht auf Glasplatten – oder wenigstens auf picobello saubere Glasplatten – ist der Verzicht auf eine bestimmte Art der Mobilität. Lena fährt statt nach Russland bis auf weiteres an die Ostsee – und mietet dort eine Ferienwohnung. Maria verzichtete Jahre lang auf ihre Touren nach Südamerika. Clemens wandert zwar noch in den Alpen – aber die Touren sind deutlich kürzer geworden, und die Kindertrage lastete jahrelang schwer auf seinem Rücken.

Die Urlaubsabenteuer verändern sich, wenn aus einem Paar eine Familie wird. Das heißt aber noch lange nicht, dass immer nur Abstriche gemacht werden müssten. Neue Erlebnisfelder kommen hinzu. »Ich habe früher die Kröten und Blindschleichen auf dem Wanderweg überhaupt nicht wahrgenommen«, gibt Clemens zu. Heute setzt er seinem Sohn so eine nette kleine Kröte gern auf die Hand. »Und wir verbringen Stunden damit, am Gebirgsbach einen Staudamm zu bauen und gut abzudichten.«

Die 27-jährige Christiane stellt sich nicht zuletzt wegen der Reisen ihr Leben ohne Kinder vor. Sie ist, nachdem die Magisterprüfung geschafft war, zusammen mit ihrem Freund zu einem Forschungsaufenthalt nach Afrika aufgebrochen. Weitere Fernreisen sind geplant. »Die Leute, die sich Kinder wünschen, denken oft nur an die süßen kleinen Babys. Man muss sich aber gut überlegen, für welch lange Zeit Kinder einen unfrei machen. Durch sie ist man insgesamt gut 20 Jahre gebunden.« Christiane plant, weiter in der Welt herumzuziehen – zumindest will sie sich die Möglichkeit dazu offen halten. »Ein Kind hat Anspruch auf viele Dinge. Zum Beispiel auf eine geregelte Umgebung. Ich bin nicht bereit, die einem Menschen auf die Dauer zu geben. Ich möchte nur das geben, was ich auch entbehren kann. Ich hätte Angst, aggressiv zu reagieren, wenn mehr von mir verlangt wird. Und so etwas fordert ein Kind zwangsläufig.«

Viele junge Erwachsene wollen heute erst einmal ihre Mobilität genießen, ehe sie familienfreundlich sesshaft werden. Wenn es anders kommt, eröffnen sich jedoch oft neue Perspektiven. Jan G., der nie ein Kind wollte und einigen Freiheiten nachtrauert, gibt heute ohne Umschweife zu: »Manchmal ist das Leben mit meinem kleinen Sohn auch einfach schön.« Auch die neuen Freundschaften, die sich über das Kind ergeben haben, sind ihm wichtig. Dass er sich mit dem Familienleben arrangiert, dass er ihm sogar positive Seiten abgewinnen kann, ändert aber nichts an seiner grundsätzlich skeptischen Haltung in Sachen Nachwuchs. Die Parole »Augen zu und durch!« gilt nun einmal nicht für das Zusammenleben mit Kindern. Denn ob man sie bekommen will oder nicht, kann man – zumindest in den meisten Fällen – heute frei entscheiden.

»Er wollte auf keinen Fall ein Kind«

Sophia K. ist 43 Jahre alt, ihre Tochter Elena ist inzwischen zwölf. Sophia war von Anfang an allein für die Erziehung zuständig. Sie und Elena bilden also wie ein Fünftel aller deutschen Familien eine »Einelternfamilie«. Wenn von den Belastungen und praktischen Problemen die Rede ist, die das Leben mit Kind mit sich bringt, kann die gelernte Arzthelferin aus dem oberbayerischen Landkreis Starnberg mitreden.

»Als ich mit 30 schwanger wurde, kam das für mich ziemlich überraschend. Denn gleich zwei Ärzte hatten mir vorher mitgeteilt, ich könne keine Kinder bekommen.« Also nahm sie die Pille nicht mehr, auch nicht während ihrer Beziehung zu einem italienischen Piloten, mit dem sie sich nur wenige Male im Jahr traf. Nach einem gemeinsamen Urlaub zum Gletscher-Skifahren war sie schwanger.

»Die Entscheidung für das Kind war trotz der Ängste nicht schwer.« Ihr Freund, dem sie das gleich mitteilte, war wenig begeistert, er wollte auf keinen Fall ein Kind. »Das war unser letztes Gespräch. Eine Freundin hat ihn über die Geburt informiert, doch darauf hat er leider nicht reagiert.« Bei Sophia siegte der Stolz: »Wenn er sich so verhält, brauche ich seine Hilfe nicht, habe ich mir gedacht. Inzwischen verstehe ich, dass die Schwangerschaft für ihn ein Schock war. vielleicht fühlte er sich sogar hereingelegt, weil ich gesagt hatte, ich könne nicht schwanger werden.« Sie überlegt, ob sie sich unter diesen Umständen nicht ein wenig verständnisvoller hätte verhalten sollen.

Das Jugendamt in Starnberg veranlasste einen Vaterschaftstest, der für die Klärung der Unterhaltszahlungen wichtig war. Dieser ergab, dass Sophias italienischer Freund tatsächlich Elenas biologischer Erzeuger war. »Er zahlt seitdem den gesetzlichen Mindestsatz, obwohl er wahrscheinlich als Pilot der Alitalia nicht schlecht verdient.«

In den ersten Jahren nach Elenas Geburt wohnten die junge

Mutter und ihr Kind bei Sophias Mutter. »Ich hatte das Glück, keine Miete zahlen zu müssen.« Deshalb konnte sie sich »den Luxus leisten«, das erste Jahr ganz bei ihrer Tochter zu bleiben. »Ich fand es wichtig, bei ihr zu sein und sie in Ruhe stillen zu können. Ich wollte mich in dieser Phase, in der ein Kind von Erwachsenen so abhängig ist, nicht verzetteln.«

Als Elena ein Jahr alt war, fand Sophia eine Tagesmutter, bei der ihre Tochter bis zum Kindergartenalter gut aufgehoben war. »Sie war viel strenger als ich, aber Elena mochte sie, und das war das Wichtigste.« Die zeitweilige Trennung sei für beide von Anfang an kein Drama gewesen, betont sie rückblickend.

Als ihr Kind zweieinhalb Jahre alt war, zog Sophia von ihrer Mutter weg. »Es hatte Spannungen gegeben. Für meine Mutter, die selbst allein erziehend gewesen war, muss es schwierig gewesen sein mitzuerleben, wie ich mich nun von ihr ablöste, nachdem ich selbst Mutter geworden war.«

Sophia und Elena zogen in ein Haus, in dem viele Kinder lebten. »Dort wohnten zwei Familien und drei allein erziehende Mütter unter einem Dach, und ich muss sagen, das war für mich wunderbar. Die Kinder konnten viel zusammen spielen, die Mütter haben sich gegenseitig unterstützt.« Es gab viele Gespräche über Erziehung, aber auch praktische Hilfen, zum Beispiel Babysitter-Dienste der Nachbarn.

Mit drei Jahren kam ihre Tochter in den Kindergarten, Sophia arbeitete inzwischen halbtags als Altenpflegehelferin. Als Elena in die Schule kam, zogen sie wieder zurück in die Nähe von Starnberg, in eine größere Wohnung. Nach dem Unterricht ging Elena in den Hort, wo es auch Mittagessen gab. Sophia arbeitet inzwischen wieder als Arzthelferin, aber weiterhin in Teilzeit.

»Ganztags zu arbeiten, kann ich mir noch nicht vorstellen. Meine Tochter ist schließlich erst zwölf und ich möchte sie nicht den ganzen Tag allein lassen.« Denn inzwischen ist Elena zu groß für den Hort und kommt gleich nach der Schule nach Hause. Sophia arbeitet deshalb zwei ganze und zwei halbe Tage und hat auf diese Weise drei Nachmittage zusammen mit ihrer Tochter. »Man kann natürlich auch mit Kind voll durchpowern und eine Karriere ansteuern. Das sehe ich bei einigen allein erziehenden Bekannten. Aber ich finde, wenn man sich entschließt, ein Kind allein zu erziehen, muss man auch bereit sein, mehrere Aufgaben gleichzeitig zu übernehmen. Das schließt ein, zu Hause präsent zu sein, damit dem Kind nichts fehlt. Zu zweit ist es natürlich leichter, ein Kind großzuziehen, weil man sich diese Aufgaben teilen kann.«

Seit einigen Monaten kommt kein Unterhalt mehr vom Vater, »und das macht sich ganz schön bemerkbar«. Das Jugendamt geht der Sache nach. Denn inzwischen stünde Elena sogar mehr Geld zu. Wenn die Geldsorgen nicht wären, dann wäre das gemeinsame Leben mit der Tochter viel einfacher und rundherum schön, betont Sophia. »Manchmal bin ich aber auch schlecht gelaunt, dann ist es nicht leicht mit mir«, wirft Elena ein, die seit einiger Zeit unserem Gespräch aufmerksam zuhört. »Auch mir ist an manchen Tagen alles zuviel, vor allem die finanziellen Sorgen«, gibt Sophia zu.

Und die Männer? Im Lauf der Jahre gab es immer wieder männliche Partner und Lebensgefährten. »Aber wenn ein Mann selbst keine Kinder hat, findet er es mitunter schwer, sich den Gegebenheiten in unserem Leben zu stellen. Es gibt Männer, die es einer Frau übel nehmen, wenn sie nicht für die Beziehung alles andere hintan stellt.« Ihr jetziger Freund zum Beispiel würde gern viel öfter abends mit ihr ausgehen. »Aber wenn Elena nicht will, dass ich weggehe, dann lasse ich sie nicht allein.«

Solche Probleme werden natürlich kleiner, je älter Elena wird. »Aber oft habe ich das Gefühl, an mir wird von beiden Seiten gezogen. Und das wird sicher noch eine Weile so bleiben«, meint Sophia. »Mein Kind zieht an einem Arm, mein Freund am anderen.« Männer, die keine Kinder haben, sind in dieser Hinsicht »nicht mehr flexibel genug, zumal, wenn sie über 40 sind«, ist Sophias Erfahrung. Dabei wünscht sie sich einen Partner, der sie unterstützt, statt Bedürfnisse geltend zu machen, die mit denen ihrer Tochter nicht in Einklang zu bringen sind.

Glaubt Sophia, dass Elena eine solche »Vaterfigur« fehlt? »Das männliche Prinzip ist sehr wichtig, vor allem für ein Mädchen. Aber es gibt gute Freundschaften zu Männern, auch zu einem meiner Ex-Freunde, einem Sozialpädagogen, mit dem Elena gut reden kann. Er ist für sie so etwas wie ein väterlicher Freund.«

Sophias Mutter war erst 22 Jahre alt, als ihre Tochter auf die Welt kam, und auch sie hat mit dem Vater nie zusammengelebt. »Meine Mutter hat immer wieder durchblicken lassen, dass sie über meine frühe Mutterschaft nicht nur froh war.« Später heiratete die Mutter einer anderen Mann, und Sophia wurde den Eindruck nicht los, sie spiele im Leben ihrer Mutter nicht mehr die wichtigste Rolle. »Zuerst kam immer der Mann, der hatte das Sagen. Ich wurde zeitweise ins Internat geschickt.«

Sophia wollte es ganz bewusst anders machen: »Mit 30 Jahren habe ich mich entschieden, das Kind zu bekommen, und ich wollte versuchen, für meine Tochter da zu sein, so lange sie mich braucht.« Sie glaubt, deshalb sei ihre Beziehung zu Elena heute ganz anders als die ihrer Mutter zu ihr: »Ich empfinde das Leben mit meiner Tochter als große Bereicherung. Die Beziehung zu einem Kind kann durch nichts anderes ersetzt werden. Das ist eine ganz eigene Sache, eine bedingungslose Liebe.« Das Leben mit Kind bereichert ihrer Erfahrung nach auch deshalb, weil man immer wieder an seine Grenzen stößt: »Ich lerne dabei immer wieder viel, auch über mich selbst und meine Eigenheiten.«

Bin ich der Typ für ein Kind?

Geduldsproben und charakterliche Härtetests

Wer sich überlegt, ein Kind zu bekommen, denkt auch darüber nach, ob er überhaupt die Charakter-Eigenschaften mitbringt, die für die Elternrolle nötig sind. Die Frage nach der Geduld steht dabei wahrscheinlich auf der Hitliste ganz oben. »Von allen Eigenschaften, die eine Mutter unbedingt braucht, ist Geduld diejenige, die freiwillig kinderlose Frauen am häufigsten bei sich zu vermissen glauben«, stellt jedenfalls Jeanne Safer fest, nachdem sie eine ganze Reihe solcher Frauen interviewt hat. Ihre Gesprächspartnerinnen haben sich, wie die Psychoanalytikerin betont, »aus Verantwortungsgefühl« gegen die Elternschaft entschieden: weil sie Mütter beobachtet haben, die hingebungsvoll immer wieder das gleiche Spiel mit ihren Kindern spielten und dabei sogar Spaß zu haben schienen. Weil sie merkten, wie genervt sie schon nach kurzer Zeit reagierten, wenn Besuchs-Kinder ihnen den Schlaf raubten, Gespräche unterbrachen oder Chaos in die Wohnung brachten. Weil sie aber gleichzeitig von guten

Eltern verlangten, all dies nicht nur zu tolerieren, sondern auch genüsslich leben zu können. Wer das nicht will, ist nicht unbedingt »egoistischer«, sondern hat einfach ein größeres Bedürfnis nach Ruhe und auch nach Selbstbestimmtheit. Safer macht allerdings auch deutlich, dass die Frauen, die Angst davor haben, den Ansprüchen an eine »gute Mutter« nicht gerecht zu werden, überdurchschnittlich häufig Perfektionistinnen sind, »die niemals den hohen Anforderungen gerecht werden könnten, die sie selbst an sich stellen«. Sie vertrauen nicht darauf, dass sie das »unberechenbare Projekt« des Großziehens von Kindern wirklich bewältigen können.

Nun könnte man – mit einigem Recht – einwenden, dass sich solche Fähigkeiten schon einstellen werden, wenn sie eines Tages gebraucht werden sollten. Andere haben es schließlich auch geschafft. Wenn ein Kleinkind das Treppensteigen lernen will, bringt es seine Betreuer schon dazu, stundenlang seine Hand zu halten und mit ihm durch das Treppenhaus zu stapfen. Dem Familienvater Clemens war es auch nicht an der Wiege gesungen worden, dass er auf seinen Wanderungen bei jeder Kröte andächtig Halt machen würde: Seine Söhne haben ihn dazu erzogen.

Doch wir haben fast alle auch Erfahrungen mit Eltern, denen bei der Ausübung ihrer Erzieher-Pflichten irgendwann »der Geduldsfaden reißt«. Die Angst vor den dunklen Seiten des eigenen Charakters kennen wahrscheinlich alle Erwachsenen, denen es nicht an jeder Selbstkritik mangelt. Die Frage ist also durchaus berechtigt: Will ich über lange Jahre maßgeblicher Ansprechpartner und Betreuer eines Kindes in allen Entwicklungsstufen sein? Welche Vorbilder habe ich dabei? Schreckt mich das Vorbild meiner Eltern eher ab – oder fühle ich mich ihm verpflichtet?

Die Journalistin und Buchautorin Barbara Sichtermann, die mit ihrem schon erwähnten Erfahrungsbericht »Vorsicht Kind. Eine Arbeitsplatzbeschreibung für Mütter, Väter und andere« zu Beginn der 80er Jahre schlagartig bekannt wurde, hat mit der Erörterung solcher Fragen damals ein Tabu gebrochen. Über die Belastung, die das alltägliche Zusammenleben mit einem kleinen Kind bedeutet, war zuvor noch nicht offen gesprochen worden. Alle Welt schien ganz selbstverständlich davon auszugehen, dass eine »richtige« Frau ihre Bestimmung darin findet, ihre Tage ganz mit der Obhut für eine Schar von Winzlingen auszufüllen. Das hat sich seither gründlich geändert, manche meinen: zu gründlich, so dass das öffentliche Wehklagen über die vielfältigen Belastungen der Eltern junge Leute vom Kinderkriegen abschrecken könnte. Andererseits kann es doch nicht schaden, sich zuvor anhand einer realistischen Beschreibung des Aufgabenfeldes über einen in Aussicht genommenen neuen Job zu informieren! Sichtermann jedenfalls beschreibt aus eigener Erfahrung höchst anschaulich, wie man sich als »Forschungsassistent« des eigenen Sohns, als noch auf der Toilette »unter Aufsicht« stehender Erwachsener, als Windelwechsler, Bodenkriecher und Lastenträger so fühlt. Sie zeigt dabei auch, dass man viel Schönes erleben kann, wenn man sich auf den Arbeitsplatz wirklich einlässt. Sie führt das Kind als »Gegner«, aber auch als Gefährten vor, als Belastung und als Bereicherung. Sie zeigt, wie angebunden sich Eltern von Kleinkindern oft fühlen, malt aber auch liebevoll die Bindung aus, die sie nicht missen möchten.

Die Lösung liegt, wie Sichtermann schon vor zwanzig Jahren zeigte, im Delegieren. Rein psychologische Selbsterforschung, wie Safers Interviewpartnerinnen sie anstellen, greift zu kurz, vor allem, wenn sie nur von den Frauen betrieben wird. Sie muss begleitet werden von der ernsthaften Prüfung der Frage, mit wem die Geduldsproben der Elternschaft zuverlässig geteilt werden können: Ein einziger Erwachsener ist angesichts der Strapazen, die das Leben mit einem temperamentvollen Kleinkind bietet, zu wenig, selbst wenn er oder sie die berühmten »guten Nerven« hat. Vor allem allein Erziehende brauchen Wachablösung, brauchen Freunde, Verwandte, erwachsene »Paten«, die ein Stück Leben mit dem Kind teilen. Wo sie fehlen, wird sich in einer Gesellschaft nicht so schnell eine Klimaverbesserung in Sachen Familie erreichen lassen. Übrigens eine gute Gelegenheit für alle Noch-Kinderlosen und Unschlüssigen, Elternschaft probeweise zu durchleben: Wer regelmäßig ein kleines Kind anstelle seiner Eltern hütet, kann recht zuverlässig herausfinden, ob er der »Typ« für einen langjährigen Alltag mit Kindern ist. Für den Anfang ist es schon mal gut zu testen, ob man eigentlich gern spielt und es liebt, für eine kurze Zeit wieder zum Kind zu werden. Ob man gern rodelt, die Eisenbahn aufbaut, Geschichten erzählt und Puppenkleider schneidert. Und wie lange man das durchhält!

Wenn man sich auf sie einlassen kann, wird das Leben mit Kindern lustiger, bunter, spielerischer. Doch Kinder bringen nicht nur Leichtigkeit, sondern auch Schwere ins Leben ihrer Erziehungsberechtigten. Spätestens wenn man Kinder hat, macht man sich auch als zuvor eher unpolitischer Mensch Sorgen: um unsere Umwelt, um die weltpolitische Lage, um die Gesundheit des Nachwuchses. Wer Kinder hat, fürchtet den Verlust seines Arbeitsplatzes weit mehr als ein Single, denkt aber auch über die Gefahr nach, zu früh zu sterben und nicht mehr für sie sorgen zu können. »Weil ich eine Mutter bin, bin ich für den Schrecken anfällig wie niemals, bevor ich Mutter wurde«, bekannte die kanadische Schriftstellerin Margaret Atwood.

Dass das »Prinzip Verantwortung« erst durch die Erfahrung der Elternschaft in die Welt gekommen ist, hat der Philosoph Hans Jonas, einer der großen Vordenker der Umweltbewegung, immer wieder hervorgehoben. Seine einleuchtende Theorie: Beim Anblick des schutzlosen kleinen Wesens in der Wiege, empfinden die Menschen ganz spontan: Für dieses Wesen muss ich sorgen! Eine solche Erfahrung kann anschließend auf größere Lebensbereiche übertragen werden und sie ist für das Überleben der Gattung entscheidend. So wichtig das Gefühl der Verantwortlichkeit für den Erhalt des Planeten auch ist, den wir »von unseren Kindern nur geliehen« haben: Dem Einzelnen kann die ganz spezielle Art von Verantwortung, die mit der Elternschaft einhergeht, auch Furcht einflößen.

»Nichts würde so sein wie vorher«, so nimmt der Dichter Durs Grünbein die neue Lage schon während der (eigentlich heiß ersehnten) Schwangerschaft seiner Lebensgefährtin vorweg. Das neue Leben, das ihm bevorsteht, macht ihm Angst – nicht zuletzt fürchtet er sich vor dem Verlust der Freiheit: »Die Tränen flossen einem verlorenengegangenen Lebensstadium nach, es waren Abschiedstränen«, heißt es in seinen »Berliner Aufzeichnungen«.

Wer Kinder hat, wird die Verantwortung nie mehr los: Alle meine Gesprächspartner empfanden das so, auch wenn sie es verschieden bewerteten. Ob eine Mutter nun für den erwachsenen Sohn eine Bankbürgschaft unterzeichnet oder sich statt dessen mit ihm überwirft: Schlaflose Nächte wird sie beides kosten.

»Meine Tochter ist jetzt für ein Jahr in Amerika. Sie hat dort Gasteltern, die für sie sorgen. Aber jeden Tag denke ich daran, was heute schief gehen könnte«, sagt die 44-jährige Corinna H. Es ist ein Lebensgefühl, das sie seit mittlerweile 16 Jahren kennt: Verantwortung dafür, dass der Säugling geimpft wurde, dass dem kleinen Kind auf dem Spielplatz nichts passierte, dass die Schülerin ihre Hausaufgaben machte und wieder froh wurde, wenn sie von Monstern geträumt hatte; Verantwortung für die Wahl der richtigen Schullaufbahn und das richtige Maß bei der Festlegung abendlicher Ausgehzeiten für die Teenagerin.

Die letzten Jahre mit ihrer Tochter waren dabei vielleicht sogar die schwersten, findet Corinna heute. Als belastend empfindet sie, dass mit dem Beginn der Pubertät etwas abzureißen drohte, das so vielversprechend begonnen hatte. »Vorher haben wir viel gemeinsam unternommen, Laura hatte so vielseitige Interessen, vor allem seit dem Grundschulalter. Ich habe mich gefreut, dass sie die Bücher von Christine Nöstlinger und Erich Kästner verschlang, dass sie Volleyball spielte und Gitarre lernte. Wir haben den Garten gemeinsam gestaltet und sind zusammen ins Kino gegangen.« Mit 13 Jahren wurde die Tochter gegenüber der Mutter wortkarg, sie wollte nur noch mit ihren Freundinnen zusammen sein. »Wenn sie mit mir sprach, kritisierte sie mich, von morgens bis abends. Meine Jeans hatten den falschen Schnitt, und wie ich sprach, war ›einfach peinlich‹.« Alle Versuche, das Mädchen zum Gitarre üben oder zum Mathe lernen zu bewegen, wurden als »Einmischungen« betrachtet. Zermürbender war der bald darauf einsetzende ständige Kampf darum, wann man in welchem Alter eigentlich abends zu Hause sein müsse. »Als meine Tochter den Wunsch äußerte, für ein Schuljahr ins Ausland zu gehen, empfand ich das unter diesen Umständen als eine ziemlich gute Idee. Ich hatte die Hoffnung, es könnte ihr gut tun, sich mit ›Gasteltern‹ zu arrangieren. Und ich hatte das sichere Gefühl, ich könnte eine Pause im Dauerclinch vertragen.« Dabei ist sich Corinna sicher, dass ihre Tochter sie weiter braucht, auch wenn sie sich in den letzten Jahren oft schroff und abweisend verhielt. »Ich wünsche mir sehr, dass wir noch ein paar gute Jahre miteinander verbringen, wenn sie aus dem Ausland zurückkommt.«

Natürlich findet man auch als kinderloser Mensch genug Gelegenheiten, Verantwortung zu übernehmen. Die spezielle Unterart der Verantwortung, die Eltern kennen lernen, soll hier nicht als einmalig in den Himmel gehoben werden. Ebenso wenig kann es das Ziel sein, jedem von der Übernahme dieser schweren Bürde abzuraten. Man sollte sich aber auf sie *gefasst* machen, auch wenn der Säugling der Freunde gerade friedlich im Körbchen schlummert und noch nichts von Schuleschwänzen und Liebeskummer ahnen lässt.

Man sollte sich überlegen, ob man Spaß an der Verflechtung der Generationen finden könnte. Ob man dem Meister-Schüler-Verhältnis, das früher ganz offen zwischen Älteren und Jüngeren herrschte und das heute ein wenig aus der Mode gekommen ist, nicht persönlich etwas abgewinnen kann. Ob man Lust hat, jemandem in vielen Fortsetzungen die Welt zu erklären und ihm bei Bedarf auch immer wieder die Tränen zu trocknen. Ob man die Charakterstärke und die Nerven aufbringen möchte, den Fernsehkonsum eines Zehnjährigen zu begrenzen. Oder ob man in dieser Spanne Lebenszeit, die die aktive Elternschaft beansprucht, lieber andere Projekte verfolgen würde, die verlockender erscheinen und der persönlichen Begabung und Charakterstruktur mehr entsprechen.

Jan würde gern wieder mehr Zeit haben, um Musik zu machen, er vermisst das, seit sein Sohn auf der Welt ist. Clemens sagt dagegen: »Ich bin froh, dass ich so ein Kindskopf bin. Als Vater kann ich meine Vorliebe fürs Schlittenfahren und fürs Legobauen richtig ausleben. Das finde ich nach der Arbeit im Krankenhaus ausgesprochen entspannend.« Ein bisschen schuldbewusst gesteht er allerdings: »Die Schulprobleme überlasse ich aber lieber meiner Frau. Ihr macht es nicht so viel aus, ein Klassenzimmer zu betreten. Ich selbst habe da so meine Erinnerungen, und nicht nur rosige!« Er hat Glück, dass seine Frau die Aufgabe übernimmt: Zuständigkeiten für solche Bereiche, die beide als unangenehm empfinden, sind schließlich bevorzugter Konfliktstoff zwischen Elternpaaren.

»Ein Kind stellt alles in Frage«

Wolfram H. war im Gegensatz zu Clemens schon auf unzähligen
Elternabenden. Der 53-jährige studierte Religionswissenschaftler ist verheiratet und hat zwei Kinder. Seine Frau Giovanna,
eine Italienerin, gibt Sprachkurse und Seminare an der Uni. Er
war meist nicht berufstätig und deshalb vorrangiger Alltags-
organisator und Ansprechpartner der beiden Kinder. Sein Sohn
ist inzwischen 19, seine Tochter 16 Jahre alt. Wolfram kann also
auf eine Menge »Vater-Erfahrung« zurückblicken.

Er hat sich nie grundsätzlich gefragt, ob er nun Vater werden
wollte oder nicht. »So ganz allgemein habe ich mir die Frage
nie gestellt. Auch als Paar haben wir das nicht diskutiert« Doch
dann erinnert er sich wieder an die Geschichte mit der Abtreibung. »Als Giovanna das erste Mal schwanger wurde, war das
für mich ein Problem. Wir studierten beide noch, kannten uns
noch nicht lange. Und ich hatte mich noch nicht abgenabelt von
der Beziehung zu einer anderen Frau. Diese Ablösung war ein
ziemliches Drama gewesen. Ich war noch nicht bereit, es war
zu früh und ich hatte auch Angst vor der Verantwortung. Eine
furchtbare Situation, ich habe mich sehr schlecht gefühlt und
natürlich auch schuldig!«

Zwei Jahre später wurde Giovanna erneut schwanger und
diesmal war die Situation deutlich anders: »Ich war einfach froh.
Ich hatte ja nie prinzipielle Skrupel bei dem Gedanken gehabt,
Kinder in die Welt zu setzen. Ideologische Bauchschmerzen waren
mir in dieser Hinsicht fremd. Ich empfand beim Gedanken an
das Kind eher eine Art aufschießender Zuversicht. Es war eine
Art wilder Entschluss: Wenn das Kind da ist, stehen wir dazu
und werden alles tun, damit es gut klappt.«

Die Zuversicht verscheuchte auch alle materiellen Bedenken,
»obwohl wir objektiv eigentlich allen Grund dazu gehabt hätten«. Auch Wolfram ist der Meinung: »Wenn man sich auch nur
ein bisschen damit einverstanden erklärt, ein Kind zu bekommen,
sind die materiellen Sorgen sekundär.« Die beiden haben ein
Darlehen in Anspruch genommen, das jungen Eltern für ein Kind
zustand.

Wolfram ist ein für seine Generation untypischer Vater, denn er
war derjenige Elternteil, der vorwiegend zu Hause blieb, während

seine Frau Giovanna den Lebensunterhalt der Familie verdiente. Er ist sich nicht sicher, ob sein berufliches Leben ohne Kinder anders verlaufen wäre. Dass die beiden in einer viel grundsätzlicheren Art sein ganzes Leben umgekrempelt haben, davon ist er aber überzeugt: »Ich habe mich eine Zeit lang sehr mit dieser Frage beschäftigt und auch viel dazu gelesen. Ein Kind ist eine massive Umwälzung der Lebensform und des Selbstverständnisses. Es stellt alles in Frage. Vor allem wird ja eine bestimmte Form von Selbstverliebtheit und Eigenliebe ziemlich verletzt, indem das Kind Gegenstand der Sorge, aber auch der Bewunderung wird. Ob jemand Kinder hat oder nicht, merkt man ganz gut daran, ob einer noch diesen alten, primären Narzissmus hat oder ob er gebrochen wurde.« Auch die neue Rolle verändert: »Ich habe die Erfahrung gemacht, dass manche Kinderlosen mir gegenüber ganz befangen wurden, wenn sie mich in der Vaterrolle erlebten.«

Eine weitere Veränderung sieht Wolfram darin, dass Eltern anfangen, sich als Glied in einer Kette zu sehen: »Wenn du Kinder hast, zugleich aber auch noch Eltern, dann kannst du diese Eltern-Kind-Beziehung doppelt leben und dich dabei jeweils in einer anderen Rolle befinden. Das ist wie eine natürliche Reflexion, man wird gewissermaßen biologisch dazu genötigt, sich in der Generationenfolge zu sehen und zu spiegeln.« An sich persönlich hat er vor allem beobachtet: »Die Beziehung zum eigenen Vater wird durch das Vatersein verändert. Einerseits bin ich in meiner Beurteilung milder geworden, andererseits hatte ich aber auch gleich zu Beginn meiner Vaterschaft das Gefühl, es in der Erziehung besser machen zu wollen und auch zu müssen. Ich habe mir geschworen, meine Kinder sollten anders erzogen werden als ich von meinen Eltern!« Das bezog sich vor allem auf den Umgang mit Konflikten: »Sie sollten erleben, dass Auseinandersetzungen nötig und möglich sind.«

Im Gespräch mit Wolfram ist förmlich mit Händen zu greifen, wie sehr die jahrelange Begleitung seiner beiden Kinder, die nun flügge werden, ihn geprägt und bereichert hat. Sie haben ihm neue Aufgaben zugewiesen, ihn aber auch immer wieder durch ihre Reaktionen überrascht. »Insgesamt finde ich schon: Man kann im Leben kaum größere Erfahrungen machen als mit Kindern.« Doch Wolfram möchte sich nicht zu großen Worten versteigen: »Man sollte das alles auch nicht überhöhen. Das kann schnell kitschig werden.«

Eltern verlieren leicht den Kontakt zu Nicht-Eltern, wenn sie ihre Erfahrungen mit dem Nachwuchs zu sehr betonen: »Wir wollten der Tatsache, dass wir nun eine Familie waren, kein zu großes Gewicht verleihen. Giovanna hat viele kinderlose Freundinnen und legt sehr großen Wert darauf, sich mit ihnen gut zu verstehen – trotz der Empfindlichkeiten, die es da gibt. Sie stören sich oft daran, dass Eltern ihre Erfahrungen für allein selig machend halten. Man muss sich sehr davor hüten, nicht in Klischees zu verfallen.«

Bleiben wir also lieber auf dem Boden. Was muss man mitbringen, um mit Kindern gut leben zu können? Wolframs Rezept klingt einfach: »Es genügt, das Kind, wenn es denn da ist, zu akzeptieren.« Darüber vorher schon zu viel nachzugrübeln, nütze dagegen nicht viel. »Ich glaube, viele überfordern sich mit der unendlichen Reflexion darüber, ob sie Kinder wollen oder nicht, und wie sie dann mit ihnen umgehen sollen.« Wolfram glaubt, dass dabei oft die Angst im Spiel ist, wirkliche, auch schmerzhafte Erfahrungen zu machen und endgültige Tatsachen zu schaffen.

Noch etwas kommt seiner Ansicht nach hinzu: »Es gibt sicher auch bei manchen die Angst, in der Generationenfolge dadurch aufzurücken, dass man Vater oder Mutter wird. Doch das ist ohnehin nicht zu ändern: Auch Leute, die diese Kette der Generationen brechen wollen, werden davon eingeholt.«

Fragen und Anregungen

- Reizt Sie die Vorstellung, Schwangerschaft und Geburt zu erleben?
- Wie gut können Sie mit Überraschungen leben?
- Haben Sie gern häufig andere Menschen um sich oder brauchen Sie viel Zeit für sich allein?
- Spielen Sie gern? Welche Gefühle überkommen Sie beim Anblick eines vollen Spielplatzes?
- Überprüfen Sie Ihre Ordnungsvorstellungen: Können Sie Chaos in Ihrer Wohnung vertragen? Wie groß ist Ihre Lärmtoleranz?

- Können Sie sich vorstellen, einem Kind die Welt zu erklären?
- Welche Werte möchten Sie an ein Kind weitergeben? Inwieweit unterscheiden diese sich von den Wertvorstellungen Ihres Partners?
- Übernehmen Sie gern Verantwortung oder drückt Sie diese Last?
- Fühlen Sie sich leicht überfordert, wenn Sie mehrere Aufgaben gleichzeitig bewältigen müssen?
- Können Sie die Vorstellung ertragen, anderen regelmäßig Grenzen zu setzen und diese zu verteidigen?
- Wenn Sie all das noch nicht wissen: Werden Sie ständiger Gast in möglichst vielen Familien! »Leihen« Sie sich die Kinder Ihrer Freunde!

Dreisamkeit –
Paare werden Eltern

»... wie das Kind die Lust der zärtlichen Eltern
dem Echo gleich verdoppelt.«
(Friedrich Schlegel)

Veränderungen

Noch bis vor wenigen Jahren galt ein Kind ganz selbstverständlich als Erfüllung einer Ehe. Heute äußern Frauen ihre Angst, es könnte eine kostbare Form der Zweisamkeit zerstören. Was ist geschehen? »Damals, waren die Ansprüche an Intimität und Reziprozität in der Ehebeziehung weniger groß«, gibt Familiensoziologe Burkart mit Blick in die Vergangenheit zu bedenken. Die Ehe war früher vor allem ein Zweckbündnis. Selbst in »Liebesehen« gab es eine klare Rollenverteilung, auf die sich die Partner geschlechtsspezifisch vorbereiteten. Auch heute wird eine Partnerschaft wieder als Zweckbündnis erkennbar – wenn Kinder kommen. Das bedeutet eine gewaltige Veränderung für ein berufstätiges Paar, das keinen Familienbetrieb zusammen führt und sich bisher nur in der Freizeit traf: Man muss plötzlich organisieren, komplizierte Absprachen treffen, viele praktische Aufgaben gemeinsam bewältigen, über Maßstäbe in der Erziehung diskutieren und über seine Zeitplanung Rechenschaft ablegen. Und man stößt auf alte Rollenvorstellungen, die man für längst überwunden hielt.

Liebe in den Zeiten der Pampers

Die Bedenken die auch die amerikanische Psychoanalytikerin Jeanne Safer äußert, bestehen vor allem gegenüber Paaren, die in guter Kameradschaft das Unternehmen Familie managen. Wie Brüderlein und Schwesterlein leben sie einträchtig, aber ohne ein für die Außenwelt erkennbares erotisches Prickeln im gemeinsamen Haushalt. Hat ausgerechnet der Akt der Fortpflanzung sie zu asexuellen Wesen gemacht? Manche nähern sich bedenklich der eigentlich gefürchteten Lebensform ihrer Eltern an, die »Mutti« und »Vati« zueinander sagten, seit ihre Kinder sprechen konnten und Pantoffeln statt Stöckelschuhe trugen. Man bleibt zu Hause, man unterstützt sich bei der Erziehungs- und der Hausarbeit. Man erlebt sich gegenseitig zunehmend bei unattraktiven Tätigkeiten. Manche finden es schwer, einen Partner sexy zu finden, der – dankenswerterweise! – den Windeleimer zum Müll trägt oder – schlimmer vielleicht, weil er dabei so unfreundlich »rüberkommt« – die Kinder ermahnt, ihre Schuhe abzuputzen und die Rechenaufgaben nicht zu vergessen. Kurz: Es entsteht eine neue Art der Vertrautheit, nicht in Reizwäsche und Schummerlicht, sondern im Alltagstrott zwischen vertrockneten Schulbroten und überschwemmten Badezimmern. Abends, am Wochenende, in den Ferien: immer zusammen und niemals zu zweit. Wie soll also das Paar überleben, das schließlich die Anziehung braucht, wenn es den lieben langen Tag über keinen Raum gibt, ihr nachzugeben? Wie soll das Paar zwischen Nähe und der ebenso nötigen Distanz ausbalancieren, wenn das kurzzeitige Verlassen der gemeinsamen Wohnung unter diesen Umständen bereits einer Fahnenflucht gleich kommt? Maßlos übertrieben?

Immerhin ein Problem, dessen sich inzwischen auch die Wissenschaft angenommen hat: »Was passiert mit der Liebe und mit dem Exklusivitäts- und Reziprozitätsanspruch des Paares, wenn die Paar-Dyade zur familialen Triade wird?«, fragt Günter Burkart. Eine Studie, für die sein Münchner Kollege Wassilios Fthenakis im Auftrag der Landesbausparkassen (LBS) 175 Paare in der Familiengründungsphase in Abständen befragte, stimmt eher pessimistisch – zumindest, was die ersten fünf Jahre nach der Geburt des ersten Kindes betrifft. Männer wie Frauen gaben an, dass die Kommunikation und die Stimmung sich verschlechterten. Den Männern ging dabei vor allem der Streit um die Hausarbeit auf die Nerven, sie vermissten zudem oft Zärtlichkeit und Sex. Die Frauen dagegen klagten darüber, dass Kind und Haushalt weitgehend an ihnen hängen blieben. Noch immer sind es mehrheitlich die Frauen, die sich – wenigstens zeitweilig – aus dem

Berufsleben verabschieden. Aus der Menge der ehelichen Zweckgemeinschaften der Vergangenheit mit ihrer fest betonierten Rollenverteilung tauchen nur wenige Einzelpaare auf, die auch bei genauerer Betrachtung als Vorbilder tauglich scheinen.

Doch auch an jüngeren Paaren, die sich bewusst mit traditionellen Rollenverteilungen auseinandergesetzt haben und ihnen in der kinderlosen ersten Zeit erfolgreich entgingen, kann man nur allzu häufig das studieren, was Soziologen so kalt wie treffend als die »Traditionalisierung der Rollenverteilung in der Reproduktionsphase« bezeichnen: Die Frau, die bevorzugt Elternzeit in Anspruch nimmt, weil schließlich sie stillt, kümmert sich »der Einfachheit halber« verstärkt auch um das Einkaufen, Kochen, Putzen, Waschen. Weil sie mehr zu Hause ist, sieht sie besser, was getan werden sollte.

Marlene W. hätte nie geglaubt, dass ausgerechnet sie diesen Traditionalisierungsschub hautnah erleben würde. Schließlich waren Theorien zum Geschlechterverhältnis eines ihrer Schwerpunktthemen während des kulturwissenschaftlichen Studiums, und ihre Einstellungen waren feministisch: »Ich war der autonomen Frauenszene zuzuordnen.«

Heute ist die 36-Jährige Mutter einer drei Jahre alten Tochter. Als Nele auf die Welt kam, arbeitete Marlene eine Zeit lang nicht im Beruf. Sie hatte eine Stelle bei einem Verlag in der Schweiz aufgegeben, um mit ihrem Mann, einem viel beschäftigten Journalisten, zusammen nach Berlin zu ziehen. Als Nele acht Monate alt war, streckte Marlene ihre Fühler wieder nach einem Job aus. Nicht zuletzt, weil die Veränderungen sie beunruhigten, die sich in der Beziehung ergeben hatten: Während ihr Mann sehr viel Befriedigung aus seiner Arbeit bezog, für die er häufig auf Reisen gehen und auch abends Termine wahrnehmen muss, übernahm sie praktisch alle häuslichen Pflichten. Weil die beiden erst mit der Geburt der Tochter zusammen zogen, hatte sich noch keine Aufgabenteilung im Haushalt herausgebildet. Wie diese Verteilung sich dann im ersten gemeinsamen Jahr mit Kind entwickelte, das empfindet Marlene rückblickend als »schlimm«: »Ich blieb zu Hause, er ging arbeiten. Dadurch wurde ich in ganz klassischer Manier zickig. Eines Abends zeigte ich ihm voller Stolz das frisch geputzte Bad. Da wusste ich, jetzt reicht's. Ich habe schließlich auch einen Kopf, mit dem ich arbeiten kann!«

Seit Nele in der Kindertagesstätte ist und Marlene wieder in ihrem Beruf als PR-Frau in einer Agentur arbeitet, werden die anfallenden Pflichten eher geteilt. »Mein Mann übernimmt inzwischen einiges, aber nicht unbedingt freiwillig. Ich muss es einfordern. Haushalt und Kind lasten eindeutig mehr auf mir.«

Weder ihre Mutter noch ihre Schwägerin, die selbst zwei Kinder hat, verstehen Marlenes Ablehnung dieser Rolle. Schließlich ist ihr Mann beruflich sehr eingespannt. »Die meisten Frauen machen das alles heute noch klaglos, wenn erst einmal Kinder da sind«, stellt Marlene fest. »Sie kümmern sich um den Haushalt und halten ihren Männern den Rücken frei, auch wenn sie selbst eine gute Ausbildung vorzuweisen haben.« Was ihr Mann heute im Haushalt und mit der Tochter an Aufgaben übernimmt, empfindet Marlene »immer noch als wenig, aber im Verhältnis zu manchen seiner Kollegen ist es schon viel.«

Die Studentin Lena stellte einen solchen Trend zur traditionellen Aufgabenverteilung schon fest, als ihre Tochter erst wenige Wochen alt war: Viele neue Handgriffe in der Baby-Versorgung kann sie dank des kurzen Vorsprungs schon viel besser als ihr Freund. Zwar sind junge Mütter darüber vielleicht nach kurzer Zeit frustriert: So hatten sie sich eine moderne Partnerschaft nicht vorgestellt! Doch was ihr Partner dann im Haushalt macht, ist vielen Frauen auch oft nicht »gut genug«. Übernommene weibliche Perfektionsvorstellungen, die dem Mann lediglich die Kompetenz für den Besuch im Baumarkt und das anschließende Entkalken der Duschköpfe zuerkennen, erweisen sich als *die* Haushaltsfalle schlechthin! Während man ihr oft noch mehr oder weniger locker entgehen kann, solange beide gleich lang und gleich viel außerhalb der gemeinsamen Wohnung arbeiten – und solange weniger Hausarbeit anfällt! –, schnappt sie mit der Geburt des ersten Kindes oft gnadenlos zu. Die Angst vor dieser Falle ist also berechtigt!

Der neue Zwang zur Rechenschaft

»Am meisten Angst habe ich davor, dass ich immer Bescheid sagen muss, wenn ich später nach Hause komme.« Die 30-jährige Birgit denkt einstweilen nur laut darüber nach, wie es denn werden wird, wenn sie mit ihrem Freund zusammen zieht. Die beiden sind seit Jahren ein Paar, haben aber bisher noch getrennte Wohnungen. Sie genießen es, über ihre freie Zeit zu verfügen. Wenn sie sich sehen wollen, treffen sie eine Verabredung. Nun wird es bald umgekehrt sein: Die Absprache muss getroffen werden, wenn sie sich so schnell *nicht* sehen können, weil zum Beispiel Birgit gleich nach der Arbeit mit einer Freundin ins Kino gehen will.

Bei Birgit und ihrem Freund ändert sich allerdings in Kürze noch mehr: Sie wollen zusammen ziehen, weil sie ein Kind erwarten. Ein kleines Kind braucht bekanntlich rund um die Uhr Betreuung, dann ist die Freizeit schnell nicht mehr Privatsache. Sie kommt, wie die Bundeszentrale für gesundheitliche Aufklärung in ihrer Broschüre »Die erste Zeit zu dritt« sehr treffend schreibt, in den »Familientopf«: »Wenn er früher zweimal in der Woche zum Handball ging, war das mehr oder weniger seine Sache. Nun muss er sich damit auseinandersetzen, dass währenddessen seine Partnerin auf das gemeinsame Kind aufpassen muss. Es ist gerade am Anfang nicht möglich, sich seine eigene Zeit aus dem ›Familientopf‹ herauszunehmen, ohne dass es direkte Auswirkungen auf den Partner/die Partnerin hätte.« Nimmt der eine sich freie Zeit, so ist die des Partners erst einmal »gebunden«. Will man die Aufgabe des Kinder-Großziehens partnerschaftlich teilen, so ist man also von nun an Rechenschaft schuldig und muss sich an Absprachen halten. Das wirkt sich nicht nur auf die Zeit für Hobbys und Freizeitaktivitäten aus, sondern betrifft auch berufliche Termine am Abend und am Wochenende. Marlene bedauert zum Beispiel besonders, dass ihrem Mann immer wieder wichtige Pressetermine in die Quere kommen, wenn er eigentlich versprochen hat, am Abend früher zu Hause zu sein. »Wenn der Kanzler aus aktuellem Anlass zur Pressekonferenz lädt, muss ich meinen Friseurtermin natürlich sausen lassen.«

Nicht dass es zu Konflikten kommen kann, ist dabei die eigentlich bedrohliche Perspektive. Als schlimm empfinden es viele Paare, dass die alte Großzügigkeit oft peu à peu entschwindet. Wo zwei unternehmungslustige Erwachsene allabendliche häusliche Aufpasser-Qualitäten entwickeln müssen, halten schnell Kleinlichkeit und penibles Vorrechnen Einzug. »Eine schreckliche Vorstellung«, sagt Birgit, »dass mein Freund mir vorhält, wie oft ich in letzter Zeit mit einer Freundin im Kino war!« Für viele junge Paare ist das genau das »kleinbürgerlich«-geordnete Element, das sie an der Ehe der Eltern so abstieß.

Der erfahrene Vater Clemens würde Birgit sofort zustimmen. »Ich habe mir gar nicht klar gemacht, welche Veränderung durch das Kinderkriegen gerade im Umgang mit der Zeit auf uns zukommt!« Clemens beschäftigt sich zwar gerne mit Kindern, die schon bauen, rodeln oder Fahrrad fahren können. Seit seine Kinder größer sind, ist die familiäre Freizeitgestaltung deshalb ganz nach seinem Geschmack. Und sein Engagement gefällt auch seiner Partnerin. Doch die Babyphasen im Leben der vierköpfigen Familie gestalteten sich schwieriger: Clemens konnte mit den Säuglingen »nicht so viel anfangen«. Er fühlte sich oft »angebunden«, wenn er als Aufpasser gebraucht wurde. »Ich sah ja ein, dass ich mich engagieren musste. Aber es war eine große Umstellung, über die eigene Freizeit nicht allein verfügen zu können. Und es war eine unschöne Erfahrung, dass es Streit darüber gab, wer von uns beiden wann etwas allein unternehmen durfte!« Heute wirkt Clemens aber sehr überzeugend, wenn er feststellt: »Das haben wir überstanden, und es war eine wichtige neue Erfahrung, die unsere Beziehung vielleicht sogar stabilisiert hat. Die Zeit mit Babys und Kleinkindern war sicher nicht meine Traum-Lebensphase. Aber heute bin ich froh, mit zwei so tollen Schulkindern zusammen leben zu dürfen. Für mich war diese erste Zeit ein bisschen wie eine Prüfungssituation: Der Stress der ersten Jahre war nötig, um hinterher das gute Ergebnis zu bekommen.«

Elternliebe: Neue Chancen für das Paar

Zu Peter Handkes schon genannten »Zukunftsgedanken« hatte auch die Vorstellung gehört, eines Tages die für ihn bestimmte, »sich in geheimen Kreisen auf ihn zu bewegende Frau« zu finden und dazu einen Beruf, »wo allein ihm eine menschenwürdige Freiheit winkte«. Mit Frau, Dichterberuf und Kind haben sich diese Erwartungen erfüllt. Doch in der »Kindergeschichte« erzählt der Dichter auch, wie ein Paar nach der Geburt eines Kindes aneinander und auseinander geraten kann.

Auch Paare, die zusammen bleiben, kennen Phasen der Eifersucht. Bei Männern bevorzugt während der Stillphase, wenn sie nicht nur neuer Konkurrenz ausgesetzt sind, sondern sich zudem noch ziemlich nutzlos fühlen, weil Mutter und Kind sich selbst zu genügen scheinen. Für diejenigen Frauen, die den Hauptanteil der Betreuungsarbeit übernehmen, gibt es ebenfalls einen Eifersuchts-Klassiker: die stürmischen Umarmungen zwischen Vater und Kind bei der abendlichen Rückkehr des Vaters aus dem Berufsleben.

Ebenfalls ein Klassiker ist das neue Beziehungsthema Erziehung. Den jungen Vater Jan G. stört, dass zwischen ihm und seiner Frau erneut Themen aktuell werden, die längst hinter ihnen zu liegen schienen. »So ein Kind führt ja auch dazu, dass man wieder mit den Herkunftsfamilien beider Partner konfrontiert wird.« Seinem »katholisch-konservativen Familienhintergrund« wollte Jan eigentlich für immer entfliehen. Ein Kind führt auch in die eigene Kindheit zurück, die des Partners kommt noch dazu. »Ich komme mir inzwischen manchmal wieder vor wie in meiner eigenen Familie früher, wenn mir zum Beispiel der Vorwurf gemacht wird: ›Du stinkst nach Rauch! Du hast doch eine Vorbild-Funktion!‹ Oder die verschiedenen Maßstäbe beim Saubermachen: All das kommt durch ein Kind ganz stark wieder hoch. Dazu der chronische Schlafmangel: jeden Morgen um halb sieben aufstehen!« Trotz allem sieht Jan die Chance, seinen Sohn nach eigenen Vorstellungen zu erziehen und nicht nur Altes sinnlos zu wiederholen: »Natürlich will ich in manchen Bereichen etwas besser machen und meinen Sohn möglichst gut fördern, ihm Freiheit lassen. Davor, ihn richtig auf den Weg zu bringen, habe ich eigentlich keine Angst.« Grundsätzliche Meinungsverschiedenheiten in Sachen Erziehung gibt es zwischen ihm und seiner Frau nicht.

Viele Paare berichten darüber, wie sehr das Kind sie zusammengeführt hat – vielleicht nach einer Phase der Auseinandersetzung. Betritt das gemeinsame Kind die Bildfläche, so bietet sein Auftritt schließlich die Chance, umfassender über das Leben zu sprechen, auch über frühe Zeiten, in denen man sich noch nicht kannte, die aber für die späteren Jahre prägend waren. »Wir mussten uns nach und nach unsere Kindheit erzählen. Und wir haben uns an Bestandteile dieser zwei so verschiedenen Kindheiten erinnert, die zuvor für Jahre dem Gedächtnis vollkommen entschwunden waren.« Das sagt eine Mutter von drei Kindern, die sich in Sachen Erziehung mit ihrem Partner immer wieder zusammenraufen musste. Ein Beispiel: »Auch wenn er mir vorher immer wieder erzählt hatte, dass er unter der Strenge seines Vaters so gelitten habe: Im konkreten Fall war diese Strenge doch wieder das, was ihm im Verhältnis und Verhalten zu seinen Kindern zuerst einfiel. Streng zu sein, war spontan das Normale. Für mich war aber Nachsicht und Milde der Normalfall.« Das ergab Stoff für endlose Diskussionen über Jahre hinweg. »Aber so oft uns das auch gründlich zum Hals heraushing: Wir haben uns dabei noch besser kennen gelernt.« Und im Lauf der Zeit haben beide Elternteile die Maßstäbe für Strenge und Milde einander angeglichen.

Ein gemeinsames Kind ist nicht nur ein nahe liegendes, sondern auch eines der ernsthaftesten Projekte, die eine Frau und ein Mann sich zusammen vornehmen können. Zwei nicht miteinander Verwandte kommen dadurch zu indirekter, vermittelter Verwandtschaft. Ein Kind kann auch ihrer Zweisamkeit zu einer neuen Dimension der Innigkeit verhelfen: »Vielleicht gibt es so etwas wie Eltern-Liebe, eine Art gegenseitiger Zuneigung und Achtung angesichts der großen Aufgabe, die man übernommen hat«, mutmaßt der Soziologe Günter Burkart.

Hinzu kommt – und das sollte man bei allen Bedenken nie vergessen: Die Elternrolle bestimmt im Normalfall zwar das Leben, nicht aber dauerhaft den Alltag des Paares. Kinder schaffen also Gemeinsamkeit, verlangen deshalb aber nicht permanent auch Einschränkungen. Kinder werden größer, und neue Freiheiten der Freizeitgestaltung werden oft bewusster genossen, wenn sie nach der Erziehungsphase erneut bestehen – ohne selbstverständlich zu sein.

»Das Wichtigste ist, dass wir ein Paar geblieben sind«

Eckart und Monika T. leben seit einigen Wochen wieder zu zweit in ihrer großen Altbauwohnung: Auch der jüngere ihrer beiden Söhne ist jetzt ausgezogen, weil er seinen Zivildienst im Allgäu absolviert. Der ältere Sohn wohnt zwar in der gleichen Stadt wie die Eltern. Aber mit seinen 20 Jahren fand er es an der Zeit, in eine Wohngemeinschaft zu ziehen. In der gemütlichen Wohnküche seiner Eltern hängen noch die Kinderzeichnungen aus vergangenen Jahrzehnten an den Wänden. »Die kommen aber weg, wenn wir die Küche renovieren«, versichert Monika. Man habe schließlich eine Lebensphase abgeschlossen, und das müsse nun auch dokumentiert werden. Neben etwas Trauer darüber, dass sie nun nicht mehr als Familie leben, schwingt auch Vorfreude auf Neues mit, wenn man den beiden 46-Jährigen so zuhört.

»Zum ersten Mal seit 15 Jahren fahren wir jetzt für vier ganze Wochen außerhalb der Schulferien in Urlaub, wir wollen endlich Südostasien erkunden«, erzählt Eckart.

Aber zuerst wollen wir über »früher« sprechen: Was war das damals für eine Umstellung, als die beiden Eltern wurden? Was hat es für das Paar bedeutet? »Das haben wir erst nach und nach erfahren«, sagt Monika. »Wir haben versucht, möglichst so weiter zu leben wie bisher, und dann haben wir Erfahrungen damit gesammelt, was ging und was nicht.« Zum Beispiel beim Reisen: »Wir waren immer Nomaden gewesen, deshalb haben wir einfach das Baby und das Zelt ins Auto gepackt und sind losgefahren.« Dass ein Baby in einem ungewohnten Zelt nicht so leicht einschläft und der romantische Teil des Abends, bei Rotwein und Mondschein, deshalb kürzer ausfällt, ebenso wie die anschließende Nacht, mussten sie erst lernen. Ähnlich war es mit der Planung eines gemeinsamen Ausgeh-Abends: »Früher waren wir spontan ins Kino aufgebrochen. Wenn man aber einen Babysitter bestellen muss, gewöhnt man sich schnell an, sicherheitshalber auch Karten für die Kinovorstellung zu reservieren! Alles wird dadurch gesetzter und geplanter.« Was Clemens über die Zeitplanung und den leidigen »Familientopf« berichtet, kann Eckart nur bestätigen: »Ich hatte plötzlich ein schlechtes Gewissen, wenn ich mich am Sonntag nach dem Fußballtraining mit meinen Freunden noch auf ein Bier niederließ. Ich wusste ja: Monika wartet darauf, dass ich sie mit den Kindern mal ablöse.« In dieser Hinsicht haben beide die ersten Jahre mit den Söhnen als hart in Erinnerung. Schließlich waren sie beide im Beruf ziemlich eingespannt, Monika als Zahnarzthelferin und Eckart als Ingenieur bei einer Baufirma.

Als großes Glück betrachten sie es, dass beide Großeltern-Paare immer wieder als Betreuer zur Verfügung standen, die einen vor Ort für den Alltag und die kleinen Ausgeh-Freuden, die anderen als Kurz-Urlaubs-Adresse für die Enkel. Diese Zeiten, in denen die beiden Jungen bei Monikas Eltern Ferien machten und die nur ihnen beiden gehörten, waren für die Paarbeziehung »lebenswichtig«, wie Eckart heute betont. »Ich habe Monika ganz anders erlebt, wenn sie die Verantwortung für das Wohl der Kinder an ihre Eltern abgegeben hatte, so übermütig und jung! Wir sind einmal nach Paris gefahren und haben mehrmals große Wanderungen gemacht, mit Übernachtungen in Berg-hütten. Dabei konnten wir an etwas anknüpfen, das schon frü-her nur uns beide verband. Wir haben uns wieder richtig als Paar gefühlt.«

»Das war aber doch auch deshalb schön, weil es eine Aus-nahme war«, gibt Monika zu bedenken. Eckart will gar nicht widersprechen. Schließlich kommen beide auch ins Schwärmen über die Reisen mit den beiden Söhnen, zum Beispiel nach Kali-fornien: »Disneyland oder die Universal Studios hätten wir uns doch nie angeschaut, wenn da nicht die Kinder als Alibi gewesen wären!« Auch heute sei es schön, zu viert etwas zu unterneh-men. »Aber das Wichtigste ist, dass wir ein Paar geblieben sind.« Die erwachsenen Kinder und deren Freunde und Freundinnen sind eine willkommene Bereicherung, aber »die Basis sind wir beide«.

Die Wohnküche wird in einem warmen Apricot-Ton gestri-chen werden, so viel steht fest. »Und zwei romantische Kerzen-Leuchter haben wir schon, die werden an die Wand montiert«, erläutert Eckart die weiteren Planungen.

»Ein Kind verändert die Dynamik der Paarbeziehung.«
Gespräch mit der Paartherapeutin Dorothea Schneidereit

Dorothea Schneidereit arbeitet schon seit vielen Jahren als Paar-therapeutin in freier Praxis in Krummwisch/Schleswig-Holstein und in einer Beratungsstelle für Erziehungs-, Familien- und Le-bensfragen in der Nähe von Kiel. Die Diplom-Pädagogin ist verheiratet und hat drei Stiefkinder.

Welchen Einfluss hat es auf die Beziehung, ob ein Paar Kinder hat?

Es zeigt sich, dass Paare, die keine Kinder haben, schneller über eine Trennung nachdenken. Paare mit Kindern halten in Konfliktsituationen länger durch. Man würde mehr aufgeben. Deshalb haben Paare, die zur Beratung kommen, oft Kinder. Sie wollen versuchen, die Beziehung auch wegen ihnen zu halten. Sie sind eher bereit, eigene Wünsche zurückzustecken. Umgekehrt fallen Defizite in der Paarbeziehung wohl früher auf, wenn das Paar zu zweit lebt, als in einer Familie, in der immer noch andere da sind.

Ist in Paartherapien auch der unterschiedlich ausgeprägte Kinderwunsch ein Thema?

Es kommt kaum einer deshalb zur Beratung. Aber in Trennungssituationen wird oft im Nachhinein der Vorwurf erhoben: Jetzt hast du dich durchgesetzt, und nun siehst du ja, was wir davon haben! Im Vorfeld wird das Thema eher zu zweit diskutiert, das kenne ich auch aus meinem Bekanntenkreis. Wenn aber im Nachhinein gestritten wird, liegt der Fall meist so, dass die Frauen sich ein Kind wünschten und auch bekamen und die Männer ihnen dafür später Vorwürfe machten: Eigentlich wollte ich nicht! Ich hatte allerdings auch schon ein Paar, bei dem der Mann die Frau beschuldigte, sie habe ihm aus egoistischen Motiven die Kinder verweigert, die er eigentlich wollte.

Wie kann man Paaren helfen, ihre Vergangenheit zu bewältigen, wenn sie in einer Konflikt- oder Trennungs-Situation dieses Thema auf den Tisch bringen?

Ich gehe davon aus, dass es im Konflikt zwischen Paaren keine »Allein-Schuld« eines Partners gibt. Das ist eigentlich immer ein dynamischer Prozess, an dem beide Anteil haben. In der Paartherapie geht es dann darum, diese Beziehungsdynamik zu durchleuchten, das Wechselspiel von gegenseitigen – auch unausgesprochenen – Erwartungen und Enttäuschungen, von Forderungen und Widerstand herauszuarbeiten. Es wird versucht, Verständnis für die Motive und Beweggründe des einen Partners beim anderen zu gewinnen, wobei sich die beiden mit ihren inneren Reaktionsmustern, ihren Stärken und Schattenseiten immer deutlicher sehen lernen. So kann es zu einem Verzeihen der zugefügten Verletzungen kommen.

Welchen Einfluss haben die Geburten akut auf die Beziehung?
Nach der Geburt des ersten Kindes verändert sich die gesamte Dynamik der Beziehung, von der reinen Zweierbeziehung zur kleinen Familie. Bei Frauen verringert sich oft nach der Geburt des Kindes ihre sexuelle Lust. Neben der körperlichen Erschöpfung durch Schlafmangel liegt eine Ursache auch darin, dass die Frauen durch den intensiven Körperkontakt mit dem Kind schon so »abgesättigt« sind, dass es ihnen zu viel wird, wenn abends der Mann noch ihren Busen streicheln möchte. Dazu kommen auch Rollenkonflikte: Es kann Frauen schwer fallen, sich als Mutter und zugleich als Geliebte zu sehen.

Aber man darf nicht vergessen: Auch Männer können Schwierigkeiten haben, ihre Partnerin in diesen beiden Rollen zu sehen. Ich habe beispielsweise ein Paar betreut, bei dem der Mann nach der Geburt des Kindes die sexuelle Lust verlor. Er sagte, die Anwesenheit im Kreißsaal sei für ihn ein so einschneidendes Erlebnis gewesen, dass er seitdem Angst vor den Impulsen habe, die zu seiner männlichen Sexualität gehörten. Er traue sich nicht mehr, auf die Frau zuzugehen, er fühle sich blockiert, weil er Sorge habe, Schaden anzurichten. Mit Kolleginnen und Kollegen habe ich schon darüber diskutiert, ob die zur Zeit bestehende Erwartung, der Mann solle bei der Geburt des Kindes dabei sein, eigentlich für alle richtig ist. Die Paare sollten sich diese Frage stellen und bestehende Ängste und Befürchtungen offen diskutieren.

Wann wird das Kind selbst zur Bedrohung der Beziehung?
Ein Kind, das besonders viel Energie absorbiert, zum Beispiel durch eine Behinderung, kann zum Konfliktpunkt der Beziehung werden. Die Paare haben in diesen Fällen häufig das Gefühl, es sei keine Energie mehr da, um die Partnerschaft zu pflegen. Ähnlich wie es kurzfristig nach der Geburt eines Kindes geschehen kann, kommt es dann zu einer Ermüdung der Beziehung. Der andere wird nur noch in seiner Funktion als Ernährer oder als Betreuer wahrgenommen. Dann wird es besonders wichtig, dem Paar zu vermitteln, dass die Partnerschaft ihre eigene Wertigkeit hat und geschützt werden muss.

Komplizierte Verhältnisse

Gleichgeschlechtliche Elternpaare

Was für Paare wie Teresa und Julian einfach war, stellt andere vor schier unüberwindliche Hürden: Lesbische und schwule Paare können sich den Kinderwunsch nicht leicht erfüllen, auch wenn sie sich in dieser Sache so einig sein sollten, dass viele Hetero-Paare nur vor Neid erblassen können.

Doch über diesen Wunsch wird inzwischen gesprochen, mittlerweile auch öffentlich. In der vom Feministischen Frauen Gesundheits Zentrum Berlin herausgegebenen Zeitschrift *Clio*, erzählt zum Beispiel eine lesbische Mutter über den Weg, der ihr und ihrer Freundin die Erfüllung ihres Kinderwunschs brachte: Nach vergeblichen Versuchen, in Holland durch künstliche Befruchtung mit dem Samen anonymer Spender schwanger zu werden, fand das Paar einen alten Freund, der sich bereit erklärte, im Abstand von zwei Jahren beide zu Müttern zu machen, was auch klappte. Noch ist unklar, welche Beziehung er zu den Kindern aufnehmen wird, doch er hält Kontakt zu den Frauen. Die beiden glauben, dass den Kindern die zwei Mütter gut bekommen: »Bei uns beiden stehen die Kinder an erster Stelle, und erst dann kommt die Arbeit.« Wie alle Eltern kleiner Kinder leiden sie unter Schlafmangel und der Befürchtung, dass die Beziehung zu kurz komme: »Was fehlt, sind die romantischen Momente, zum Beispiel am Sonntagmorgen in Ruhe zusammen im Bett zu liegen. Die Zeit fehlt, um unsere Beziehung zu pflegen.« Dafür gibt es – Heteropaare kennen die Situation – reichlich Streit um die »richtige« Erziehung. Die Befürchtung, dass lesbische Mütter kleine Männerhasser heranziehen könnten oder ihren Söhnen keine positiven männlichen Identifikationsfiguren anzubieten hätten, wurde übrigens durch wissenschaftliche Studien inzwischen entkräftet. Danach bemühen sich Lesben ganz bewusst und deutlich stärker als etwa allein erziehende Mütter, die Kinder mit erwachsenen männlichen Freunden in Kontakt zu bringen.

Die Agentur »Queer and Kids« in Berlin bietet seit zweieinhalb Jahren einen Service, den es bisher in Europa noch nicht gab: Lesben und Schwule, die sich ein Kind wünschen, können sich hier Partner vermitteln lassen, mit denen zusammen sie diesen Wunsch realisieren können. Und sie werden in den rechtlichen, psychologischen und medizinischen Fragen beraten, die sich aus ihrem Wunsch ergeben können. »In anderen Ländern gehen die Frauen zur Samenbank, in den USA gibt es die Leihmutterschaft, doch diese Möglichkeiten erachten wir für negativ«, sagt Agentur-Mitarbeiterin Melanie Klein. »Wir wollen bewusst alternative Wege aufzeigen, nicht zuletzt deshalb, weil es unserer Ansicht nach ein Menschenrecht ist, seine Mutter und seinen Vater zu kennen.« Inzwischen haben sich etwa 800 gleichgeschlechtliche Paare, aber auch Singles mit Kinderwunsch gemeldet, über 80 Vermittlungen sind zustande gekommen.

Die Menschen, die bei »Queer and Kids« Unterstützung suchen, haben vorher meist schon von anderen Möglichkeiten Gebrauch gemacht: Annoncen geschaltet oder sich im privaten Kreis umgehört und damit schlechte Erfahrungen gemacht. Andere sind zum Beispiel nach Holland zur Samenbank gefahren, standen dabei aber unter großem psychischem Druck. »Sie kommen ganz geläutert zurück, haben es vielleicht sechs Mal probiert und sind dabei 10 000 Mark losgeworden.« In der Agentur will man dagegen zunächst »nichts als Freunde« vermitteln. Familienplanung also nicht auf der Basis von Leidenschaft, sondern von Freundschaft. »Das kann ein Vorteil sein, weil man neutraler an die Sache herangeht.«

Anhand eines Fragebogens wird zunächst ganz grob ermittelt, was die Einzelnen sich überhaupt wünschen. Dabei geht es nicht darum zu testen, ob es sich um »gute Eltern« handelt, sondern nur um allgemeine Lebenseinstellungen. Die wichtigsten Fragen lauten: »Wie stark wollen Sie in die Kindererziehung eingebunden sein?« und »Möchten sie das gemeinsame Sorgerecht?« Etwa die Hälfte der Kunden beantragt es. Die jeweiligen gleichgeschlechtlichen Partner sind davon allerdings heute noch ausgeschlossen. »Co-Eltern sind in Deutschland rechtlich Fremde, und das halten wir für einen nicht annehmbaren Zustand«, sagt Melanie Klein. Sie ereifert sich vor allem darüber, dass auch die »eingetragene Partnerschaft« daran nichts geändert hat. Denn viele gleichgeschlechtliche Paare wollen nur deshalb heiraten, weil sie die Kinder rechtlich absichern möchten.

Sind die Grundfragen geklärt und die Aufnahmegebühr überwiesen, beginnt die Suche. Vorschläge werden von der Agentur telefonisch durchgegeben. Anschließend verabreden sich die Männer und Frauen zu zweit, zu viert, wie die individuelle Konstellation gerade ist. Sie sollen sich erst einmal kennen lernen, sich »alle Zeit der Welt« gönnen und nur dann, wenn sie sich verstehen, das Projekt in Angriff nehmen. Auf welche Weise die Paare dies tun, bleibt allein ihrer Entscheidung überlassen. »Schließlich geht es bei dieser Vermittlung nicht um den Gang zur Samenbank, sondern um eine »längerfristige Familiengründung«.

Die meisten Paare brauchen für die erste Phase des Kennenlernens ein halbes Jahr. Anschließend lassen sie medizinische Tests durchführen und klären juristische Fragen beim Anwalt. »Dabei kommen sie auch auf unsere Beratungsmöglichkeiten zurück«, erklärt Melanie Klein.

So viele Eltern für ein einziges Kind? »Viele, die zu uns kommen, sehen das als große Chance. Einige Aufgaben werden leichter, wenn sie sich auf vier Paar Schultern verteilen. Dabei ist die Rollenverteilung nicht überall gleich. Es gibt auch Väter, die sich nicht so stark engagieren wollen. Viele schwule Männer sind sehr karriereorientiert und möchten das auch bleiben, sie wünschen sich aber trotzdem auch ein Kind.« Der Begriff »Vater« spielt in der Agentur eine große Rolle: »Die Männer wollen nicht bloß Bittsteller sein.«

Wer bei »Queer and Kids« Rat und Hilfe sucht, ist typischerweise schon ein paar Jahre älter als andere Eltern. »Vor allem die Männer lassen sich sehr viel Zeit und überdenken alles gründlich – manchmal vielleicht zu lange.« Auf jeden Fall gehen alle sehr bewusst an die Elternschaft heran und sind offen für alternative Familienmodelle. »Bei den meisten habe ich das Gefühl, dass die Kinder in ganz tolle Hände kommen werden. In der schwul-lesbischen Szene gibt es aber auch viele Leute, die ganz engstirnige Vorstellungen haben – zum Beispiel lesbische Paare, die mit dem Vater nichts zu tun haben wollen und schon deshalb lieber zur Samenbank gehen. Die klipp und klar sagen: Männer kommen uns nicht ins Haus. Oder die von vornherein festlegen wollen: Wenn es ein Junge wird, soll er beim Vater leben! Doch normalerweise kommen solche Leute nicht zu uns.«

114

Eine schöne Geschichte, die Melanie Klein gern erzählt, ist dagegen die der Freundschaft zwischen einem Schwulen- und einem Lesbenpaar, die sich über die Agentur kennen gelernt haben. Zwei von ihnen haben inzwischen zusammen ein Kind, alle vier verbringen viele Wochenenden gemeinsam auf dem ausgebauten Bauernhof, den das Männerpaar gekauft hat. Traumhaft, wenn es so klappt.

»Aber jeder, der ein Kind will, sollte sich auch klar machen, dass man nicht alles im Voraus planen kann. Man kann nicht wissen, ob der Sohn vielleicht mit zehn lieber bei seinem Vater als bei dem Frauenpaar leben möchte.« Offenheit für neue Konstellationen sei deshalb die beste Voraussetzung. Und die Eifersucht des gleichgeschlechtlichen Partners auf den biologischen Elternschafts-Partner? »Natürlich gibt es den Gedanken: Dieser Mann kann meiner Freundin ein Kind machen! Aber das ist vielleicht ein Thema für einen oder zwei Abende, auf jeden Fall kann man damit umgehen, man muss sich nicht daran aufreiben. Letztlich ist ja die Gemeinsamkeit des Paares entscheidend.«

Ein Fall für vier

Die 32-jährige Birgitta C. ist schwanger. Ihr Kinderwunsch ließ sich aber nicht so einfach realisieren, wie sie das früher immer ganz selbstverständlich angenommen hatte.

Birgitta und ihr Mann kennen sich schon viele Jahre. Sie haben in dieser Zeit nie verhütet und es jahrelang »darauf ankommen lassen«, aber über die Kinderfrage auch nicht weiter nachgedacht. Irgendwann wunderte sich Birgitta doch, dass sie nicht schwanger wurde. Nicht, dass sie es eilig gehabt hätte: Sie hatte mit dem Studium und der sozialen Arbeit, in der sie sich engagierte, genug zu tun, und auch ihr Mann, Musiktherapeut von Beruf, war voll ausgelastet. Doch alle Monate wieder ihre Tage zu haben, obwohl es so leicht hätte »passieren« können, irritierte sie zunehmend. »Es belastete mich sogar mit der Zeit, aber das hat mein Freund nicht verstanden.« Schließlich, nach acht Jahren des Zusammenlebens, beschlossen die beiden zu heiraten. Und sie gingen außerdem, auf Birgittas Initiative hin, der Unfruchtbarkeit medizinisch auf den Grund. Es stellte sich heraus, dass mit der Produktion der Samenzellen etwas nicht stimmte. In der Methode der Intracytoplasmatischen Spermieninjektion (ICSI) hätte eine Möglichkeit bestanden, trotzdem schwanger zu werden. Denn dabei können Samenzellen sogar direkt aus dem Hoden des Mannes entnommen und im Labor in eine Eizelle der Frau injiziert werden. Die Ärzte rieten zu, doch Birgitta hatte Bedenken gegenüber Methoden der Befruchtung, die sich außerhalb des Körpers abspielen und eine Hormonbehandlung nötig machen. Ein solcher Eingriff kam ihr persönlich zu schwerwiegend vor. »Wir haben dann gute Freunde um Rat gefragt. Ein Freund aus Irland, ein weiser Mann, hat uns sehr zugeraten, die technischen Möglichkeiten der Medizin in Anspruch zu nehmen. Er meinte, zu einem Paar gehöre auch ein gemeinsames Kind, und die Reproduktionsmedizin an sich sei ja nichts Schlechtes, nur ihr Missbrauch stelle eine Gefahr da. Das hat mich entlastet.« Sie wollten es also wagen. Trotzdem blieben die Bedenken gegen die Befruchtung im Reagenzglas: »Für mich ist fast nicht verständlich, dass Frauen sich solchen Prozeduren unterziehen.« In intensiven Gesprächen mit ihrem Mann ergab sich dann, dass für ihn die biologische Vaterschaft nicht entscheidend war. Er hat in seiner Arbeit viel mit Kindern zu tun, auch mit vernachlässigten und schwierigen. »Da erkennt man einfach, dass die Gene nicht das alles Entscheidende sind.« Sprich: Er konnte sich vorstellen, dass seine Frau mit dem Samen eines anderen Mannes schwanger wird.

Damit kam prinzipiell die Methode der »heterologen Insemination« in Frage, bei der Samen eines Spenders in die Scheide der Frau eingeführt wird. Eine neue Hürde war nun allerdings, dass die Fortpflanzungsmediziner dem Paar nur eine anonyme Samenspende anboten. Für Birgitta und ihren Mann lag es jedoch näher, jemanden zu fragen, den sie persönlich kannten – und mit dem sie ihr Kind eines Tages auch bekannt machen können. »Den biologischen Vater zu kennen, ist doch wichtig für die Identitätsfindung eines Menschen.«

Zusammen mit einem aufgeschlossenen Reproduktionsmediziner und einem befreundeten homosexuellen Pärchen fanden sie ihre persönliche Lösung. Denn die Idee, mit einem anderen Mann zu schlafen, um schwanger zu werden, hatte Birgitta zuvor verworfen: »Ich habe gemerkt, dass ich das nicht so einfach fertig bringen würde.« Dann aber machten die beiden schwulen Männer ein Hilfsangebot: »Sie waren bereit, Samen zu spenden. Und sie wurden beim Urologen den gleichen medizinischen Tests unterzogen wie sonst anonyme Samenspender.« »Dazu kommt, dass wir die zwei kennen und ein schönes Vertrauensverhältnis haben.« Nun ist Birgitta schwanger – von einem der beiden Männer. »Es hat beim allerersten Versuch geklappt!« Eigentlich fast zu schnell, denn noch ist das Examen nicht überstanden.

Das Kind hat einstweilen drei Väter, einen sozialen, Birgittas Mann, und zwei mögliche biologische. Zwei Paare und ein Baby. Ohne Scheu erzählt Birgitta, wie es dazu kam: »Die beiden haben uns besucht. Wir aßen gemütlich zusammen, dann zogen sich die Freunde ins Gästezimmer zurück. Nach einer Weile kamen sie in unser Schlafzimmer und brachten uns ihr Sperma. Es war schon auf eine Spritze aufgezogen.« Die führte Birgitta in ihren Körper ein. Dies Verfahren nennt man »Bechermethode«.

»Weil wir offen darüber reden konnten, haben sich auch im Bekanntenkreis immer mehr Leute geoutet, die ebenfalls das Problem der ungewollten Kinderlosigkeit hatten, aber ganz verschieden damit umgingen.« Außerdem hat sich Birgitta aktiv an einem Internet-Forum zu diesem Thema beteiligt. Viele zeigten allerdings große Vorbehalte gegenüber dem Weg, den Birgitta und ihr Mann gewählt hatten – nicht nur unter den Gesprächspartnern im Internet-Forum, sondern auch in ihrem persönlichen Umfeld. Tatsächlich ist ja auch noch nicht klar, wie das Verhältnis zu dem schwulen Väter-Paar sich gestalten wird, wenn das Kind auf der Welt ist. Das erscheint Birgitta aber nicht vorrangig: »Die drei werden ihre Beziehung schon so gestalten, wie es für sie richtig ist.« Doch sie fügt nachdenklich hinzu: »Es kann schon sein, dass sie damit noch Probleme bekommen werden. Den Schmerz, der damit verbunden ist, ein Kind nach einer Zeit wieder abzugeben, kennen sie noch nicht. Aber mir ist es lieber, konkrete Personen zu haben, mit denen ich mich auseinander setzen kann, als einen anonymen Spender, über den mein Kind und ich gar nichts wissen.« Für Birgitta ist klar: »Lieber zukünftige Schwierigkeiten in Kauf nehmen, als gar nichts zu wagen.« Im Moment sind alle Beteiligten sehr glücklich in Erwartung der Dinge, die da auf sie zukommen werden.

Der Wunsch nach einem zweiten Kind

Nach wie vor fragen sich die meisten Eltern nach der Geburt ihres ersten Kindes, ob es nicht mit Geschwistern aufwachsen sollte. Marlene, die Mutter der dreijährigen Nele, spricht für viele, wenn sie feststellt: »Ich hatte zwei Geschwister, und auch wenn wir drei heute sehr verschieden sind, stehen wir uns nahe. So wünsche ich es mir eigentlich auch für meine eigenen Kinder.« Das Kinderthema ist für viele Paare also auch dann nicht vom Tisch, wenn sie sich schon einmal für ein Kind entschieden haben.

In der schon genannten »LBS«-Studie haben die Familienforscher Wassilios Fthenakis und Anette Engfer herauszufinden versucht, welche Veränderungen sich für das Paar durch den Übergang zur Familie ergeben. Insgesamt 175 Paare, die zwischen Dezember 1995 und August 1996 ein Kind bekamen – 90 davon ihr erstes, 85 ein zweites oder drittes –, wurden von den Soziologen befragt. Mit 29,8 Jahren bei den Frauen und 32,0 Jahren bei den Männern lagen die Befragten nur wenig über dem derzeitigen bundesdeutschen Altersdurchschnitt bei der Geburt des ersten Kindes. Der liegt 28,1 Jahren für die verheirateten, und bei 26,8 Jahren für die unverheirateten Frauen.

Die Wissenschaftler interessierten sich in Sachen zweites Kind sowohl für die Wünsche der beteiligten Paare als auch für die Wirklichkeit, die sich gut ermitteln ließ, indem man die Beteiligten im zeitlichen Abstand mehrmals befragte.

Woran liegt es nun, ob sich ein Paar einige Zeit nach der Geburt des ersten Kindes vorstellen kann, auch noch einem zweiten das Leben zu schenken? Die Motive, so betonen die Autoren, sind natürlich etwas anders als beim ersten: »Beispielsweise ist der grundlegende ›Nutzen‹ von Elternschaft, wie die Erreichung des Erwachsenenstatus, typischerweise schon durch die Geburt des ersten Kindes gegeben.« Die elementare Erfahrung der Elternschaft ist also schon gemacht worden. Ob das Paar sie noch einmal machen will, hängt zunächst vom Alter ab: Je jünger die Eltern bei der Geburt des ersten Kindes waren, um so wahrscheinlicher ist es, dass sie nochmals Eltern werden wollen. Die Familienforscher vermuten dafür allerdings nicht vorrangig biologische Gründe. Es scheint eher so zu sein, dass Paare, die ihr erstes Kind in jungen Jahren bekommen, »vergleichsweise traditionellere Vorstellungen in Bezug auf Familie und die Gestaltung des Geschlechterverhältnisses« haben. Dafür spricht, dass die »älteren« Mütter im Schnitt besser ausgebildet sind und beruflich schon solider Fuß gefasst haben. Dieses Ergebnis entspricht dem der schon vorgestellten Studie »frauen leben«. Allerdings scheint nicht der höhere Bildungsabschluss an sich, sondern eher das damit verbundene hohe Einkommen der Frau der eigentliche Dämpfer für den nochmaligen Kinderwunsch zu sein. Offensichtlich bremst hier die Befürchtung, mit einem zweiten Kind die Karriere nicht mehr unter einen Hut zu bekommen, den Enthusiasmus. Auch das passt zu den Ergebnissen der Studie »frauen leben«: Es gibt demnach – vorwiegend im Westen der Republik – eine Gruppe von gut ausgebildeten Frauen, die sich »familienorientiert« verhält. Sie sind von vornherein bereit, im Beruf kürzer zu treten, schrauben ihren beruflichen Ehrgeiz zurück, möchten dafür aber auch eine große Familie gründen.

Wichtig sind dafür wohl nicht zuletzt die Erfahrungen, die eine Frau mit der eigenen Herkunftsfamilie gemacht hat: »Je mehr Wärme und Geborgenheit die Frau in ihrer Kindheit erfahren hat, je weniger sie die Strafen ihrer Eltern als ungerecht und demütigend erlebt hat, und je weniger sie von ihren Eltern zu Gehorsam und Unterordnung gezwungen wurde, desto stärker ist ihr Wunsch nach einem weiteren Kind«, gibt die Studie Auskunft. Ihr Partner dagegen scheint nicht so sehr auf die eigenen Erfahrungen zurückzugreifen: »Ob er ein zweites Kind will, hängt vielmehr davon ab, ob die Frau ein positives Bild von Familie hat.« Es kommt vor, dass sogar Männer, die dem Wunsch ihrer Partnerin nach einem ersten Kind sehr reserviert gegenüberstanden, sich durchaus für ein zweites Kind erwärmen können: Wichtig scheint nur zu sein, ob die Partnerin es möchte – wahrscheinlich sind in einem solchen Fall die Elternrollen schon zur Zufriedenheit beider Partner festgelegt.

Einen deutlichen Dämpfer erhält der erneute Kinderwunsch eines Mannes allerdings, wenn er die Partnerschaft nicht mehr als befriedigend empfindet, also »über einen längeren Zeitraum deutliche Einbußen im Bereich der Sexualität« erlebt oder Eifersucht auf die ausschließliche Mutter-Kind-Beziehung empfindet, haben die Familienforscher herausgefunden. Vor allem der Rückgang in den Bereichen »Zärtlichkeit«, »Aufmerksamkeit und Zuwendung durch die Partnerin«, aber auch von »Lachen, Spaß und Fröhlichkeit« und die empfundene Zunahme im Bereich »Eintönigkeit und Langeweile« lassen ihn mutlos werden. So viel zu den Wünschen.

Wovon hängt es nun konkret ab, ob ein zweites Kind auf die Welt kommt, wie es bei zwei Dritteln der »Ersteltern« aus der »LBS«-Familienstudie in den drei Jahren nach der Geburt tatsächlich geschah? Die Antwort ist einfach: Von den »Präferenzen und Orientierungen der Frau«! Vor allem ihre Berufsorientierung ist dafür ausschlaggebend. Je höher der berufliche Status der Frau, je befriedigender ihre Arbeit ist und je weniger verlockend die Hausfrauentätigkeit ihr erscheint, desto geringer ist die Wahrscheinlichkeit für ein zweites Kind. Ebenfalls eine Rolle, wenn auch eine nicht ganz so bedeutende, scheint zu spielen, wie die Frau zur eigenen Mutter steht. Ist das Verhältnis gut, steigt die Wahrscheinlichkeit für eine größere Familie. Männer bekommen also endlich den schon lange ausstehenden wissenschaftlichen Beweis dafür, wie wichtig ihre Schwiegermütter sind: »Die Mutter der Frau beeinflusst indirekt den Prozess der Familienbildung des jungen Paares.«

Geld und Wohnverhältnisse haben dagegen bei den befragten Paaren keine Auswirkung auf den Mut zur Mehrkindfamilie gehabt. Wo mehr von beidem vorhanden ist, steigen offenbar auch die Ansprüche: Je großzügiger die Wohnverhältnisse vor der Geburt des ersten Kindes waren, desto geringer ist die Wahrscheinlichkeit dass noch ein zweites Kind folgt. Höchstwahrscheinlich sind aber die Paare in den Fünf-Zimmer-Altbauwohnungen oder mit dem fertigen Eigenheim auch diejenigen, die beide beruflich am meisten eingespannt – und zufrieden! – sind.

Ob das Paar ein zweites Kind bekommt oder nicht, hängt – ganz anders als beim ersten – fast ausschließlich vom Willen der Frau ab. Die Familienforscher halten diese Veränderung für eine Folge der schon mehrfach erwähnten »übergangsbedingten Traditionalisierung der Aufgaben- und Rollenverteilung«. Sprich: Auch wenn moderne Paare ein Kind bekommen, wird die Elternarbeit zum größten Teil von der Frau übernommen. Ihre Rolle ist es, die sich hauptsächlich ändert. Die Frau trägt den Löwenanteil der Konsequenzen, deshalb »darf« sie auch entscheiden. Wie sie entscheidet, hängt von ihren Lebensentwürfen ab.

Fthenakis, der als Berater des Familienministeriums die Frage gewöhnt ist, wie man denn dem Geburtenrückgang Einhalt gebieten könnte, stellt klar: Geld allein reicht nicht, nötig sind Maßnahmen, die eine Vereinbarkeit von Beruf und Familie, auch mit mehreren Kindern, erhöhen. Nebenbei merkt er allerdings noch an: Bei traditioneller Rollenverteilung und »grundsätzlicher Aufgeschlossenheit« des Mannes gegenüber mehreren Kindern mag es noch angehen, dass der Kinderwunsch der Frau entscheidet, doch »grundsätzliche Unterschiede zwischen den Partnern in ihrer Haltung gegenüber weiteren Geburten bergen Zündstoff für die Paarbeziehung«.

Die Autorin und junge Mutter Bettina Münch ist für ihren Mütter-Ratgeber »Ich will alles« ebenfalls der Frage nachgegangen, was sich Frauen von einem zweiten Kind erhoffen. Sie kommt zu dem Schluss: Viele Frauen wünschen sich ein zweites Kind als »Genusskind«. Sie wollen beim zweiten Mal vieles besser machen und freuen sich darauf, mit dem Pfund der neuen Sicherheit und Gelassenheit zu wuchern. Die meisten Frauen genießen ihr zufolge das Zweitgeborene auch in dem Bewusstsein: Dies ist mein letztes Kind. Münch mahnt allerdings mit Recht, beim Wunsch nach einem zweiten Kind nüchtern zu bleiben. Die Hoffnung einer Familienmutter, die bisher fast allein den Haushalt schmiss, auf eine künftige Mithilfe des Partners beim zweiten Kind, dürfte sich wohl kaum erfüllen. Erwiesenermaßen ist meist das Gegenteil der Fall: Die Familienrollen werden zu festen Engagements. In jedem Fall ist der Rat der Autorin beherzigenswert: »Kinder – und nicht nur das erste – verändern Ihr Leben so drastisch und langfristig, dass Sie die Entscheidung dafür oder dagegen ohne jede Verklärung treffen sollten, ohne falsche Vorstellungen über die Einstellung Ihres Partners und ohne Rücksicht auf gesellschaftlich erwünschte Ansichten wie: Wenn schon, dann zwei, damit's kein Einzelkind wird.«

Fragen und Anregungen

- Hätten Sie Ihren Partner gern möglichst oft für sich allein? Hätte Ihr Partner Sie gern möglichst oft für sich allein? Neigen Sie zur Eifersucht?
- Sprechen Sie darüber, ob Sie sich durch Kinder eine neue Dimension für die Partnerschaft erhoffen oder ob Sie Einbußen befürchten!
- Wie wichtig ist Zweisamkeit für Ihre Beziehung? Können Sie die Vorstellung ertragen, dass Ihre Partnerschaft – zumindest zeitweilig – hinter den Bedürfnissen des Kindes zurückstehen wird?
- Wie wichtig ist es für Sie, häufig zusammen auszugehen oder nur zu zweit zu verreisen?
- Wohnen Ihre Eltern oder andere vertraute Menschen in der Nähe, die Babysitter-Dienste übernehmen würden? Sind Sie bereit, für solche Dienste Geld auszugeben?
- Sind Sie bereit, über Ihre Zeitplanung Rechenschaft abzulegen?
- Empfinden Sie die Vorstellung, häufiger über Erziehung zu reden, als bereichernd oder als belastend?
- Trauen Sie Ihrem Partner/Ihrer Partnerin zu, dass er/sie genauso gut mit dem Kind umgehen kann wie Sie selbst? (Seien Sie ehrlich!) Glauben Sie, dass Mütter letztendlich doch die besseren Erzieher sind?
- Decken sich Ihre Vorstellungen von Kindheit und Erziehung mit denen Ihres Partners?
- Sehen Sie sich und Ihren Partner als gutes Eltern-Team?

Arbeitsplätze – drinnen und draußen

»Das Haus ist zu klein geworden
und die Frau zu groß.«
(Barbara Sichtermann)

Wir wollen alles – notfalls später

Vom Wandern zwischen zwei Welten

Die 35-jährige Margarete L. ist in einem Medienunternehmen
im Bereich Öffentlichkeitsarbeit tätig. Vor fünf Monaten hat sie
ihren Erziehungsurlaub beendet und ist an den alten Arbeitsplatz
zurückgekehrt, nun allerdings mit einer Teilzeitstelle. Ihr kleiner
Sohn Florian war damals ein Jahr und neun Monate alt. Er wurde
vorher behutsam an die Kindertagesstätte gewöhnt, in der er in
den nächsten Jahren fünf Stunden am Tag verbringen würde.

War dieser Übergang schwer? »Ich habe mir natürlich schon im
Vorfeld viele Gedanken gemacht«, sagt Margarete. Wie würde
es werden? War ihr Sohn nicht doch noch zu klein für eine
»Fremdbetreuung«? »Es beschlichen mich ganz merkwürdige Gedanken: Zum Beispiel wurde ich richtig wehmütig, als ich ihn
in der Woche davor mittags hinlegte und mir überlegte: Das ist nun
das letzte Mal! Das stimmte natürlich gar nicht, denn es würde ja
noch viele Abende und Wochenenden geben, an denen ich Florian
ins Bett brächte. Es zeigte aber meinen Abschiedsschmerz.«

Die zeitweilige Trennung wurde gut vorbereitet: Margarete
gönnte sich und dem Kind eine Eingewöhnungsphase, in der sie
noch nicht arbeitete. In den ersten Tagen blieb sie mit ihrem Sohn
in der Kita und ging dann zunächst nur stundenweise weg. »In
den ersten beiden Wochen ging das ganz gut. Dann, in der dritten
Woche, merkte Florian, dass er nun regelmäßig in die Kita gehen
sollte. Er fing an zu jammern und zu brüllen, sobald wir uns
dem Gebäude näherten. Er wollte sich überhaupt nicht mehr
von mir trennen. Man hat ihm angesehen, wie sehr er litt.« Die
erfahrene Betreuerin machte ihr immer wieder Mut, das hat

123

Margarete sehr geholfen. »Sie sagte mir, dass viele Kinder eine solche Phase durchmachen. Da müsse man durch. Es würde auch nicht helfen, das Kind noch ein Jahr zu Hause zu behalten. Ihrer Erfahrung nach ist dieser Übergang für etwas ältere Kinder meist sogar schlimmer.« Irgendwann rutschte der Erzieherin aber heraus – »wohl versehentlich«, wie Margarete meint – bei Florian sei der Trennungsschmerz »besonders schlimm«. Das entmutigte die junge Mutter wieder.

Am ersten November waren Mutter und Sohn zum ersten Mal zusammen in die Kita gegangen, am ersten Dezember wollte Margarete eigentlich wieder mit der Arbeit beginnen. Florian wurde jedoch krank, er bekam außerdem Einschlafschwierigkeiten, die er vorher nie hatte – und er wollte einfach nicht mehr ohne seine Mama in der Kita bleiben.

Margarete und ihr Mann berieten, was zu tun sei, und entschieden sich schließlich, Margaretes Arbeitgeber um einen Monat Aufschub zu bitten. Glücklicherweise war das kein Problem. »Tatsächlich akzeptierte Florian die Kita im Verlauf dieses Monats. Es begann ihn zu interessieren, mit anderen Kindern zusammen zu sein. Zwar sagt er auch heute noch manchmal morgens ›Mama, heute nicht Kita‹, aber sobald er dort ist, ist es für ihn in Ordnung«, meint Margarete.

Florian bleibt meist von neun bis vier Uhr in der Tagesstätte. Seine Gruppe besteht aus neun Kindern, die alle etwa zwei Jahre alt sind. Margarete hat sich im Vorfeld mehrere Einrichtungen angeschaut. Diese hat ihr auf Anhieb gut gefallen, sowohl, was die Betreuerinnen, als auch, was die Räumlichkeiten betrifft. Sie glaubt allerdings, dass sie dabei auch Glück gehabt hat, denn »hundertprozentig sicher sein kann man sich nie, und wenn man sich noch so viele Einrichtungen anschaut. Man kann von außen nur beurteilen, ob die Rahmenbedingungen stimmen und ob die Menschen, die dort arbeiten, einem sympathisch sind. Ob das Kind sich wohl fühlen wird, kann man nicht sicher wissen.« Inzwischen ist sie überzeugt, dass es ihrem Sohn in der Kita gut geht. »Deshalb gehe ich ganz beruhigt zur Arbeit.«

Bedenken hatte im Vorfeld vor allem ihre Mutter. »Als sie hörte, dass ich nur zwei Jahre Elternzeit nehmen und danach wieder arbeiten gehen wollte, hatte sie damit Probleme. In Baden-Württemberg, wo ich aufgewachsen bin, öffnen die Kindergärten ihre Tore ja nach wie vor erst für Kinder ab drei Jahren.« Die meisten Kinder bleiben dort außerdem nur vormittags und werden zum häuslichen Mittagessen wieder abgeholt. So bleibt es auch später, in der Schulzeit. Dass Kinder schon vorher einer Institution »überlassen« werden, war ihrer Mutter fremd. Die Schwiegereltern konnten sie besser verstehen. »Sie sind Geschäftsleute und haben beide gearbeitet, auch als ihre Kinder klein waren.«

Auf keinen Fall wollte sich Margarete ein schlechtes Gewissen einreden lassen. »Man kann sich mit Skrupeln ja völlig verrückt machen.« Als ihre Mutter im letzten Sommer nach Berlin kam, zeigte sie ihr die Kita. »Sie gefiel ihr gut. Und sie merkte, dass ihr Enkel inzwischen schon eine kleine Persönlichkeit ist, der man eine solche Veränderung zumuten kann.« Auch einige Freunde und Bekannte handhaben es mit der Betreuung ähnlich wie Margarete. Das hat ihre Zuversicht gestärkt.

Margarete hätte sich nicht vorstellen können, ihr Kind schon nach acht Wochen in andere Hände zu geben, direkt nach Ende des gesetzlichen Mutterschutzes. Sie fand es schön, sich in Ruhe an das neue Leben gewöhnen zu können und Zeit für das Stillen zu haben. »Wenn man die Entscheidung für ein Kind getroffen hat und nicht dringend darauf angewiesen ist zu arbeiten, sollte man sich und dem Kind diese Zeit gönnen.«

Das Einkommen ihres Mannes, der als Jurist bei einer Bank arbeitet, würde für die Familie reichen. »Ich muss nicht arbeiten. Aber es war mir wichtig, nach zwei Jahren Pause wieder anzufangen, um den Anschluss nicht zu verlieren.«

Sie hat aus diesem Grund auch während der Elternzeit immer wieder Aufträge vom Büro übernommen. »Auf diese Art wusste ich immer, was gerade so läuft.« Trotzdem fehlte ihr die Abwechslung, und so genießt sie jetzt den Wechsel zwischen Büro und Zuhause sehr. »Ich freue mich auch auf die Nachmittage. Ich tauche dann in eine andere Welt ein, wenn ich mit meinem Sohn auf den Spielplatz gehe.« Margarete hat das Gefühl, diese knapper bemessene Zeit mit dem Kind besser zu nutzen. So ist sie im Augenblick mit der Aufteilung ihrer Tage sehr zufrieden. »Ich kann mir schon gar nicht mehr vorstellen, wie das Leben in der Zeit war, als ich nicht gearbeitet habe.«

Ihr Chef war gleich damit einverstanden, dass sie nach ihrer Rückkehr auf Teilzeit umsteigen wollte. »An manchen Tagen bereitet es mir allerdings Probleme, dass meine Kollegen noch länger arbeiten, während ich mich schon verabschiede. Die Dinge laufen weiter, es kommen Anrufe und E-Mails, aber ich bekomme die Veränderungen erst am nächsten Morgen mit. Diesen Schnitt zu machen und zu gehen, wenn gerade etwas Wichtiges ansteht, ist nicht immer leicht.« Tatsächlich bleibt sie an vielen Tagen länger, weil Terminarbeiten anstehen. »Dann denke ich: Das mache ich jetzt noch schnell und gerate dann leicht in Stress.« Margarete macht die Erfahrung vieler Teilzeitkräfte: »Im Endeffekt arbeitet man an manchen Tagen genauso viel wie die, die eine ganze Stelle haben.«

Dass ihr Mann die Elternzeit – oder zumindest einen Teil davon – übernehmen würde, stand nie konkret zur Debatte. »Nicht dass er es nicht gern gemacht hätte«, beginnt Margarete, um jedoch gleich hinzuzufügen: »Das kann man natürlich immer sagen, wenn man es nicht beweisen muss.« Ausschlaggebend war für ihn die Befürchtung, durch die Elternzeit einen Karriereknick zu riskieren. »Er ist gerade dabei, sich bei der Bank, bei der er beschäftigt ist, in eine Führungsposition hochzuarbeiten. In dieser Situation für ein Jahr auszusteigen, würde wirklich bedeuten, es darauf ankommen zu lassen. Dazu fehlte ihm der Mut.«

Margarete und ihr Mann sind schon seit 15 Jahren ein Paar. »Vor drei Jahren haben wir bewusst entschieden: Jetzt wollen wir ein Kind. Und zum Glück hat es dann auch gleich geklappt!« Es war von vornherein klar, dass Margarete sich mehr um das Kind kümmern würde. »Insofern haben wir die klassische Rollenverteilung.« Immerhin hat ihr Mann relativ geregelte Arbeitszeiten. »Morgens und abends erlebt er seinen Sohn, und das Wochenende ist wirklich dem Familienleben gewidmet.« Dann haben beide meist keine beruflichen Verpflichtungen.

Neue Spielregeln und ihre beschwerliche Einführung

»Wir wollen ein Kind, vielleicht auch zwei, aber später, wenn wir ein bisschen Berufserfahrung und beide eine gute Stelle haben. Wenn einer von beiden Erziehungsurlaub nehmen kann, ohne Angst um die berufliche Zukunft zu bekommen.« Was die

25-jährige Betriebswirtschafts-Studentin Nathalie T. hier sagt, ist für ihre Generation typisch. Nur 20 Prozent der jungen Frauen können sich heute vorstellen, über einen längeren Zeitraum ausschließlich Hausfrau und Mutter zu sein, 80 Prozent von ihnen wollen auf keinen Fall auf den Beruf verzichten.

»Junge Frauen wollen beides – und kriegen es meistens hin«, sagt die Hamburger BWL-Professorin Sonja Bischoff ganz optimistisch. Die Partner werden dabei als Aktivposten in die Planungen mit einbezogen.

Die Statistiken zeigen aber auch, dass die Rollen zwischen Müttern und Vätern nach wie vor unterschiedlich verteilt sind. Vor allem am Anfang und vor allem hinsichtlich des Umfangs der Erwerbstätigkeit: Fünf Prozent der Mütter im Westen beziehungsweise zwölf Prozent der Mütter im Osten arbeiten ganztags, während sie Kinder unter drei Jahren zu versorgen haben. 16 Prozent der Mütter haben in dieser Phase einen Teilzeitjob. Sind die Kinder etwas größer und die Betreuungsangebote entsprechend besser, dann gehen viele Mütter zurück in den Beruf. Mit Kindergartenkindern sind es im Westen 43, im Osten 29 Prozent, die halbtags arbeiten. Eine volle Stelle hat in dieser Zeit im Westen jede zehnte Mutter, im Osten mehr als jede dritte. Zwei Drittel der Mütter von Grundschülern sind berufstätig. Der Unterschied zwischen den neuen und den alten Ländern besteht auch hier derzeit vor allem im Ausmaß der Tätigkeit: Im Westen arbeiten in dieser Phase nur 16, im Osten 40 Prozent der Mütter ganztags. Die alten Traditionen wirken hier noch mächtig nach, nicht zuletzt infolge der unterschiedlichen Betreuungsmöglichkeiten. Im internationalen Vergleich ist dabei eindeutig das westdeutsche »Familienmutter-Modell« der »Sonderweg«. Nicht zu vergessen sind bei unserer Rechnung die arbeitslos gemeldeten Frauen: 23 Prozent der Mütter von Grundschülern sind es in den neuen Ländern! Man kann sich fragen, wie viele von ihnen ein Kind bekommen haben, weil die Aussichten auf Karriere auch ohne Nachwuchs nicht allzu rosig waren. Und wie viele andere, die einen Arbeitsplatz haben, auf ein Kind verzichten, um angesichts der aktuellen Arbeitsmarktlage nicht ganz den Anschluss an das Erwerbsleben zu verlieren.

Knapp die Hälfte der Mütter mit Kleinkindern in den alten Bundesländern und 44 Prozent ihrer Landsfrauen aus den neuen

Ländern nehmen Elternzeit in Anspruch. Sie behalten also prinzipiell ihren Arbeitsplatz, verzichten für begrenzte Zeit weitgehend auf ihr Gehalt, haben aber die Absicht, eines Tages an ihren Arbeitsplatz zurückzukehren. Die »Elternzeit«, die den Begriff »Erziehungsurlaub« seit dem neuen Bundeserziehungsgeldgesetz aus dem Jahr 2001 ersetzt, hat sich in der Realität noch nicht durchgesetzt: nach wie vor sind 98 Prozent der Pausierenden Frauen.

Vom »Male-Breadwinner« zum »neuer Vater«

Trotzdem hat sich auch bei den jungen Vätern etwas geändert, das macht sich bisher allerdings eher in den Köpfen als an den Arbeitsplätzen bemerkbar. »›Neue Väter‹ sind, im Vergleich zur Generation ihrer Väter, heute zugleich mehr und weniger ins Familienleben involviert«, so hat der Mainzer Familiensoziologe Norbert Schneider festgestellt. »Einerseits sind Väter heute besser darauf vorbereitet, eine aktive Rolle in der Kindererziehung zu übernehmen und sie sind stärker in die Familienarbeit eingebunden, andererseits wächst aufgrund der gestiegenen Scheidungshäufigkeit und des größeren beruflichen Engagements die Zahl an Vätern, die nur sehr wenig Zeit mit ihren Kindern verbringen.« Die klar definierte Ernährerrolle, die der Mann vom eigenen Vater kennt, ist passé. Es entspricht dem Selbstbild der »neuen Väter‹, dass sie sich die Erziehungsarbeit mit ihren Partnerinnen teilen. Das hat eine Untersuchung, die das Bundesfamilienministerium Mitte 2001 vorstellte, klar ergeben. Trotzdem haben diese »neuen Väter« auch den Anspruch, auf der Karriereleiter weiter nach oben zu kommen. Die ohnehin sehr niedrige Teilzeit-Quote der Männer geht nach der Geburt des ersten Kindes von 2,8 auf 2,2 Prozent zurück. Psychologen sprechen vom »Ernährerschock«, einem Relikt des alten »Male-Breadwinner«-Systems: Der Mann hat Angst, sich am Arbeitsplatz einen Fehler zu leisten und damit die Versorgung seines unmündigen Kindes zu gefährden. So gesehen ist auch die Rollenunsicherheit der Männer gut nachvollziehbar.

Julian H., der junge Vater, der vor vier Monaten die »Bilderbuch-Geburt« seines Sohnes Benedikt miterleben konnte, gehört zu den wenigen Männern, die derzeit in Deutschland Elternzeit in Anspruch nehmen. Seine Freundin Teresa ist nach der gesetzlich vorgeschriebenen Mutterschutzzeit zurück in die Firma gegangen.

»Für sie hätte eine längere Pause wahrscheinlich berufliche Nachteile gebracht«, erklärt der 28-jährige Physiotherapeut. Denn Teresa war genau zu dem Zeitpunkt schwanger geworden, zu dem sie ihren erlernten Beruf als Krankengymnastin an den Nagel gehängt hatte und ins Personalmanagement gewechselt war. »Vorher wäre es mir ganz recht gewesen, schwanger zu werden, denn ich hatte einen festen Job und hätte mir eine Auszeit gut vorstellen können.« Nun wollte sie diesen Sprung in eine andere Branche nicht gleich wieder aufs Spiel setzen.

»Ich dagegen sitze nach zehn Berufsjahren ziemlich fest im Sattel. Ich bin als Krankengymnast fest in der Klinik angestellt und man wird mich nicht schlechter behandeln, wenn ich wiederkomme. Ich habe viel Berufserfahrung und verpasse nichts, wenn ich für eine Weile aussetze.« Außerdem arbeitet Julian während der Elternzeit freiberuflich und macht Hausbesuche bei Privatpatienten. So kommen sie finanziell gut über die Runden, obwohl Teresa derzeit nur 30 Stunden in der Woche arbeitet, damit es mit dem Stillen besser klappt.

Sie stillt noch voll, und einmal am Tag muss sie am Arbeitsplatz Milch abpumpen, die sie dann abends zu Hause in den Kühlschrank stellt, als Reserve für den nächsten Tag. Im Notfall, wenn Teresa ausnahmsweise länger arbeiten muss, kommt Julian mit dem Baby in die Firma – oder er muss auf die tiefgefrorene Muttermilch zurückgreifen. »Wir haben das alles schon lange vor der Geburt so geplant, wie wir es jetzt machen«, erklärt Julian.

Teresa hat bis zum letzten Tag gearbeitet und während der ganzen Zeit versucht, ihrer Schwangerschaft am Arbeitsplatz nicht zu viel Gewicht zu geben. Heute ist sie überzeugt: »Das hat dazu beigetragen, dass meine Schwangerschaft in der Firma positiv aufgenommen wurde.«

Wolfram H. und seine Frau Giovanna waren zu Beginn der 80er Jahre echte Pioniere in Sachen innerfamiliärer Arbeitsteilung. Wolfram war für seine beiden Kinder ein Vater zum Anfassen. »Ich war ja in meinem Leben nie richtig berufstätig«, sagt der promovierte Religionswissenschaftler etwas zu bescheiden. Immerhin war er es, der die Kinder meistens vom Kindergarten abholte und der später zu Hause war, wenn sie aus der Schule kamen. Den Anfang hat er als schwierig in Erinnerung: »Giovanna gab kurz nach der Geburt abends wieder Volkshochschul-Kurse. Ich werde nie vergessen, wie ich das erste Mal allein mit dem schreienden Baby im Arm dastand und versuchte, es zu beruhigen! Da fühlte ich mich total im Stich gelassen. Die Organisation war aufwändig, vor allem während der Stillzeit, weil Giovanna die Milch vorher abpumpen musste. Auch für die Nächte gab es die stillschweigende Abmachung, dass ich aufstand, wenn das Baby schrie.«

Die beiden haben also die Aufgaben von Anfang an mindestens paritätisch aufgeteilt. Wolfram hatte allerdings zu Beginn vormittags noch einen Job. »Außerdem habe ich mir den Luxus erlaubt, an meiner Promotion zu arbeiten. Für eine bestimmte Zeit brauchten wir deshalb auch eine Tagesmutter.« Später wurde er der Hausmann und durch seine Präsenz der Hauptansprechpartner der Kinder. »Giovanna war immer gern mobil und hat sich lieber in Gesellschaft bewegt als ich. Ich war gern zu Hause.« Wolfram empfindet es als Vorteil, dass er die ersten Lebensjahre seiner beiden Kinder voll erleben konnte. »Obwohl ich natürlich auch oft erschöpft war! Ich habe erlebt, was Eltern, vor allem Väter, oft vermissen: Ich konnte die ersten Jahre mit den Kindern ganz mitnehmen.« Als engagierter Vater hat er auch später in der Grundschulzeit die Elternvertretung übernommen: »In den ersten Jahren war ich schon ein ziemlich aktiver Vater.«

Wäre ohne Kinder sein berufliches Leben anders verlaufen? Das hört man ja vor allem von Frauen, die sich ganz der Familie widmen, sehr oft. »Ich sage das auch manchmal, aber ich bin selbst nicht so besonders davon überzeugt.« Wolfram geht solche Fragen ausgesprochen selbstkritisch an. »Vielleicht habe ich die Kinder auch vorgeschoben, wenn es um die Karriere ging, die ich nicht gemacht habe. Ich konnte mich gut hinter ihnen verstecken.« Seine Tochter fragt ihn heute, was er denn einmal werden wolle. »Für sie ist selbstverständlich, dass ich die Suche nach dem Erwerbsberuf noch vor mir habe!«

Die Zeiten haben sich geändert, auch wenn die Modelle von
Julian und Teresa oder Wolfram und Giovanna heute immer
noch ungewöhnlich sind. Dass noch vor wenigen Jahrzehnten
Ausdrücke wie »Dazuverdienen« gebraucht wurden, wenn eine
Mutter arbeiten ging, kann man sich inzwischen kaum mehr
vorstellen. Was Dr. med. Benjamin Spocks Bestseller »Säug-
lings- und Kinderpflege« bis weit in die 60er Jahre hinein in
der Bundesrepublik der Adenauer-Ära den jungen Paaren weiszumachen versuchte, sitzt trotzdem tief: »Wenn eine Mutter erst
einmal erkennt, wie wichtig diese Art der Fürsorge für ein kleines
Kind ist, dann wird sie leichter zu dem Entschluss kommen, dass
das zusätzliche Geld, das sie verdienen kann, und die Befriedigung, die sie in einer Arbeit außer Haus finden mag, unterm
Strich doch nicht so wichtig sind.« Als der Arzt den Müttern das
ins Stammbuch schrieb, hatte Simone de Beauvoir schon längst
die Kehrseite der Ausschließlichkeits-Ideologie beleuchtet: »Sie
werden am Leben gehindert. Zum Ausgleich dürfen sie mit Pup-
pen aus Fleisch und Blut spielen.« Lang, lang ist's her.

Das psychologische Konzept der privilegierten Bindung zwischen Mutter und Kind – allenfalls in der Frühphase des kindlichen Lebens mit Verweis auf Schwangerschaft und Stillen biologisch zu untermauern – ist damit allerdings noch keinesfalls
ad acta gelegt. Wer sehen will, wie bei diesem Thema nach wie
vor die Fetzen fliegen, braucht nur unter www.hausfrauenseite.de
nachzusehen. Das Internet scheint dieser Website nach zu urtei-
len, heute zu jenem »Drinnen« zu gehören, in dem noch die
»züchtige Hausfrau« (Friedrich Schiller) waltet.

Marlene W. musste sich mit den Vorwürfen beider Großmütter auseinandersetzen, als sie ihre einjährige Tochter in einer
Kindertagesstätte anmeldete, um sich ihrer Arbeit in einem Verlag widmen zu können. Marlenes Tochter Nele dagegen gefiel
es dort offensichtlich von Anfang an, und Marlene hatte auch
den Eindruck, die Kita sei gut für die Entwicklung ihrer Tochter.
»Ich finde die Vorstellung nach wie vor absurd, drei Jahre allein
mit Nele in der Wohnung und auf dem Spielplatz zu verbringen.
Man kann das nicht für alle Frauen sagen, aber für mich war
dieses Modell nicht geeignet.«

Marlene genießt es, jeden Tag für einige Stunden über ihre Zeit zu verfügen, Gedanken austauschen zu können und »etwas fertigzustellen, ohne immer wieder unterbrochen zu werden«.

Nach der umzugsbedingten Aufgabe der alten Stelle und einer Babypause von einem Jahr war es allerdings nicht leicht, eine neue Arbeit zu finden. Marlene verschickte zahlreiche Blindbewerbungen und antwortete auch auf Annoncen, die nicht genau ihren Vorstellungen entsprachen. Sie hat die Angst vieler junger Mütter kennengelernt, den Anschluss zu verlieren und im Berufsleben nicht mehr Fuß fassen zu können – jedenfalls nicht mit einem Job, der ihrer Qualifikation angemessen wäre. »Wenn bei einem Bewerbungsgespräch mein Kind zur Sprache kam, merkte ich immer, dass es schwierig wurde.«

Marlene arbeitete zunächst eine Zeit lang auf Honorarbasis in einem Verlag. Zwar hatte sie eigentlich eine Festanstellung gesucht, doch wie viele Frauen mit kleinen Kindern zeigte sie sich flexibel. Vor allem organisatorisch war diese Zeit schwierig zu bewältigen, da das Arbeitspensum sehr schwankte: Während mehrmals im Jahr Nachtschichten angesagt waren, hatte sie in anderen Phasen zu wenig zu tun – und nahm zusätzliche Aufträge an. Alles zusammen wurde dann doch wieder belastend. Inzwischen hat sie eine feste Stelle als PR-Frau in einer Agentur gefunden. »Eng« wird es mit der Betreuung, wenn das Kind krank ist. In dieser Hinsicht haben die Arbeitgeber mit ihren Bedenken Recht, vor allem, wenn keine Großeltern »vor Ort« leben.

Neben den organisatorischen Schwierigkeiten gibt es noch einen Aspekt, der nach Marlenes Ansicht viele Mütter davon abhält, schnell wieder in das Berufsleben zurückzukehren: »Man muss sich klar machen, dass man Einfluss aufgibt, wenn man sich dafür entscheidet, das Kind in einer Kita oder von einer Kinderfrau betreuen zu lassen. Die Erziehung entspricht vielleicht nicht in allen Punkten den eigenen Vorstellungen, und statt Bio-Gemüse gibt es Pommes.« Auch weil ihr dieser Umstand sehr bewusst ist, hat es Marlene getroffen, von ihren Großmüttern praktisch attestiert zu bekommen, eine schlechte Mutter zu sein. »Es gibt ja auch Situationen, in denen man selbst unsicher wird: Manchmal hatte Nele einen wunden Po, wenn sie nach Hause kam. Sie war ja in einer Gruppe, in der die Kinder fast alle noch gewickelt werden mussten. Der Personalschlüssel in einer Kita ist aber so, dass das nicht alles perfekt gemacht werden kann. Und manchmal hat auch die Erzieherin schlechte Laune. Dann fällt es mir schwerer, meine Tochter in der Kita zurückzulassen.«

Ein Weg zurück zum Modell der hauptberuflichen Mutterschaft kommt für Marlene trotzdem nicht in Frage. »Ich habe schließlich studiert und danach vier Jahre gearbeitet. Meine Arbeit gibt mir viel Befriedigung und auch Selbstbestätigung.« Wenn Marlene noch ein zweites Kind bekommen sollte – was sie sich inzwischen gut vorstellen kann –, dann würde sie wohl ein Au-Pair-Mädchen einstellen, um den Alltag mit zwei berufstätigen Eltern und zwei Kindern zu bewältigen.

Aber genau diesen vielseitigen Alltag wünscht sich Marlene, wie viele andere junge Frauen mit guter Ausbildung. »Der Beruf ist für mich nicht alles. Ich habe mir zu einem bestimmten Zeitpunkt ganz bewusst ein Kind gewünscht. Es gehört zu meiner Vorstellung von Leben.«

Die schwierige Rückkehr in den Beruf

Die schlechte Vereinbarkeit von Beruf und Familie hat zwei Ursachen: Zum einen die unzureichenden Betreuungsangebote und zum anderen den unflexiblen Arbeitsmarkt.

»Ich habe das Angebot für meine Stelle schon in der Zeitung gesehen, da war ich noch im Mutterschutz.« So berichtet eine frisch gebackene Mutter in einem *ZEITChancen*-Artikel (April 2002) von ihren Erfahrungen mit der Familienfreundlichkeit des Arbeitsmarktes. Die damals 29-jährige Wirtschaftspädagogin Sabine Hüsch wollte eigentlich direkt nach der Geburt ihres Sohnes wieder arbeiten gehen, doch ihr Arbeitgeber kam ihr zuvor und verlängerte ihren befristeten Vertrag nicht mehr. Den neuen Vertrag bekam ein Mann. Als sie sich nach einer freiberuflichen Phase schließlich erneut um eine Vollzeitstelle bewarb, war der Vertrag schon beinahe unterschrieben, als die Kandidatin es wagte, nach der Möglichkeit späterer Arbeitszeitreduzierung zu fragen. Damit war sie aus dem Rennen. Es handelte sich um eine Stelle bei einem Frauenverband!

Von etwa 400 000 Frauen, die jährlich in Elternzeit gehen, kehren nur die Hälfte wieder in den Beruf zurück. Die es versuchen, haben oft mit Schwierigkeiten zu kämpfen. So bekam es die 31-jährige Architektin Sandra H. sogar mit einer Form des Chauvinismus zu tun, den man längst vergangen glaubte. Als sie Elternzeit beantragte, kommentierte ihr Chef das mit den Worten: »Wenn eine Frau ein Kind kriegt, schrumpft ihr Gehirn«. Nun, da Sandras Elternzeit ausläuft, ist angesichts ihrer Rückkehr plötzlich keine Arbeit mehr vorhanden. Ihr noch gar nicht geäußerter Wunsch nach einer Teilzeitstelle wurde schon vorsorglich schriftlich abgelehnt. Zwar hat sie im Falle eines Prozesses gute Chancen, eine Teilzeitstelle einzuklagen. Doch selbst wenn sie gewinnt, ist ein Gerichtsurteil natürlich keine gute Voraussetzung für ein vertrauensvolles Arbeitsverhältnis.

Der Rechtsanspruch auf Teilzeitarbeit wurde im Jahr 2001 gesetzlich festgeschrieben. Er gilt für alle Betriebe mit mehr als 15 Beschäftigten und muss drei Monate im Voraus beantragt werden. Eine weitere Voraussetzung ist, dass das Arbeitsverhältnis mindestens sechs Monate bestanden hat. So weit, so schön. Doch das Gesetz hat einige Schlupflöcher offen gelassen, die der Realisierung dieses Anspruchs entgegenstehen. So kann der Arbeitgeber den Teilzeitwunsch des Arbeitnehmers ablehnen, wenn »betriebliche Gründe« dagegen sprechen. Solche Gründe können unverhältnismäßig hohe Kosten für den Betrieb oder ein hoher organisatorischer Mehraufwand sein.

Der Bedarf nach Arbeitszeitverkürzung ist bei den Eltern jedenfalls vorhanden. Insgesamt betrug die Erwerbsquote von Paaren mit Kleinkindern bis sechs Jahre 1999 knapp 71 Prozent, die der Mütter 51,4 Prozent. Bei den Müttern mit hohem Bildungsstand war die Erwerbsbeteiligung mit 62,4 Prozent sogar noch höher. Allerdings wünschten sich laut einer OECD-Studie 52 Prozent der Eltern mit gutem Einkommen und 42 Prozent derer, die mit ihrem Geld »so eben auskommen« (Selbsteinschätzung), weniger zu arbeiten. Sie würden freiwillig auf ein Fünftel ihrer bezahlten Arbeitsstunden verzichten, um mehr Zeit für die Familie zu haben, so die Studie weiter.

Allmählich scheint diese Entwicklung auch in den Führungsetagen der Unternehmen bemerkt worden zu sein. Familienbewußte Personalpolitik gilt zunehmend als Wettbewerbsvorteil und es werden neue Modelle auch für Führungskräfte erprobt.

Seit 1998 bewertet die »Beruf & Familie gemeinnützige GmbH« die Familienfreundlichkeit von Unternehmen. Sie hilft bei der Erarbeitung kostengünstiger, praktikabler Maßnahmen für die Firmen und vergibt nach erfolgreicher Umsetzung der Vorgaben das »Audit Beruf & Familie«. Das Grundzertifikat haben inzwischen 70 Betriebe erhalten. Ihre familienfördernden Maßnahmen reichen von der Möglichkeit, ein Schulkind in Notfällen mit in die Firma bringen zu können, über verschiedene Arbeitszeit-Modelle und finanzielle Unterstützung der Familienarbeit bis hin zum Betriebskindergarten (mehr Informationen unter www.beruf-und-familie.de).

Von den meisten Betrieben wird Familienförderung allerdings noch nicht als notwendig erachtet. Da hilft einstweilen wohl nur, was Sabine Hüsch nach ihren schlechten Erfahrungen allen jobsuchenden Müttern rät: »Man muss das Kind einfach immer wieder in den Hintergrund drängen, selbst wenn man ständig darauf angesprochen wird – als ob das für einen selbst gar kein Thema wäre.«

Vom richtigen Zeitpunkt

Die grundsätzliche Entscheidung für oder gegen ein Kind hängt eng mit der Wahl des richtigen Zeitpunktes zusammen. Wann passt ein Kind am besten in den persönlichen und beruflichen Lebenslauf? Die Physiotherapeuten Julian und Teresa hatten mit Ende 20 schon mehrere Jahre Berufspraxis, als sie den Sprung wagten. Die Veranstaltungs-Organisatorin Margarete und ihr Mann kannten sich schon 15 Jahre, als sie sich, mit Anfang 30, zur Elternschaft entschlossen. Lena und Manu wurden als Studentenpaar Eltern.

Zwar mahnen Gynäkologen immer wieder, dass man aus medizinischer Sicht nicht zu lange warten sollte. Was die Vereinbarkeit von Job und Familie betrifft, so ist es aber schwieriger, Faustregeln aufzustellen. Die meisten jungen Erwachsenen glauben, dass sie mit dem Kinderkriegen warten sollten, bis sie ihre Ausbildung abgeschlossen und dazu noch die obligatorische »Berufserfahrung« gesammelt haben. Wenn es anders kommt, kann auch das sich als Glücksfall entpuppen.

Hanna R. hat mit der frühen und mit der späten Mutterschaft praktische Erfahrungen gesammelt, sie ist mit 22 und mit 42 Jahren Mutter geworden. Inzwischen ist die gelernte Kosmetikerin 58 Jahre alt und arbeitet nicht mehr in ihrem Beruf. Sie hat bewusst damit aufgehört, als ihre zweite Tochter auf die Welt kam. Hanna hat eine inzwischen 36-jährige Tochter, die selbst einen siebenjährigen Sohn hat, und eine 16-jährige Tochter, die im Moment ein Austauschjahr in den USA verbringt. Außerdem hat ihr zweiter Mann eine Tochter mit in die Ehe gebracht, die inzwischen 38 Jahre alt ist. Ihre zeitlich so sehr versetzten eigenen Töchter waren beide geplant: »Ich habe mir schon immer Kinder gewünscht«, sagt Hanna, in deren Familie die großen Abstände zwischen den Geschwistern Tradition zu haben scheinen: Sie selbst hat einen 18 Jahre jüngeren Bruder.

Als Hanna mit 22 ihre erste Tochter bekam, lebte sie zwar in einer festen Beziehung, war aber trotzdem die Hauptverantwortliche in Sachen Kind. Zusätzlich teilte sie sich mit ihrem Mann, der eine Drogerie besaß, die Arbeit im Geschäft. In der Zeit des Weihnachtsgeschäfts kam die Tochter für mehrere Wochen zu den Großeltern, die 150 Kilometer entfernt wohnten. Diese Zeit hat Hanna als sehr stressreich in Erinnerung. Als Charlotte fünf war, trennten sich Hanna und ihr Mann. Das bedeutete in ihrem Fall zugleich den Verlust des Arbeitsplatzes. »Ich musste sie ein Jahr bei meinen Eltern lassen, damit ich beruflich wieder Fuß fassen konnte, und habe sie erst danach wieder zu mir genommen.«

Als Charlotte 14 Jahre alt wurde, heiratete Hanna wieder. »In dieser Situation kam der Wunsch hoch, noch einmal eine Familie und ein Kind zu haben, für das ich mir wirklich Zeit nehmen würde.« Hanna hat sich den Wunsch erfüllt, die Entwicklung ihrer zweiten Tochter von Anfang an ganz mitzuerleben. Dabei lag ihr keineswegs an der Rückkehr zur traditionellen Hausfrauenrolle. Dass sie Kind und Beruf gleichzeitig »managen« konnte, hatte sie schließlich schon bewiesen. Es ging ihr also um den Luxus einer neuen Erfahrung. »Ehrlich gesagt wollte ich diese Aufgabe auch nicht mit meinem Mann teilen. Es war mir wichtig, einmal ganz für ein Kind da zu sein und das richtig leben zu können«, sagt sie rückblickend. Mit dieser Rollenverteilung war auch ihr Mann einverstanden. »Es war allerdings nicht ganz einfach, ihn überhaupt davon zu überzeugen, noch einmal ein Kind zu bekommen.« Hanna betont, er habe sich viel mehr Sorgen gemacht, ob er das in seinem Alter verantworten könne. Sie sei in dieser Hinsicht viel sorgloser gewesen. Nur über die Erziehung habe sie sich viel mehr Gedanken gemacht als beim ersten Mal: »Damals gab ich viel von dem weiter, was meine Eltern mir mitgegeben hatten. Vor allem der Einfluss meiner Mutter war da groß. Im Nachhinein denke ich, ich hätte vieles anders machen sollen. Inzwischen haben sich aber auch die Vorstellungen über Erziehung insgesamt geändert.«

Beim ersten Kind brachte ihr der Versuch, Beruf und Mutterrolle zu vereinbaren, viel Stress ein. Die zweite Tochter Katharina dagegen nahm sie immer mit. Hanna genoss es, vieles anders machen zu können: »Das Kind ging immer vor, das konnte ich mir beim ersten Mal nicht leisten. Da musste vieles einfach klappen, weil ich ja ab einem bestimmten Zeitpunkt allein erziehend und voll berufstätig war. Klar, dass meine ältere Tochter heute sagt, bei ihr sei ich viel strenger gewesen.«

Wann ist also der richtige Zeitpunkt für ein Kind? Welches ist das richtige Modell? »Man möchte ja heute so viel, alles soll stimmen. Da besteht die Gefahr, dass man den richtigen Zeitpunkt für das Kinderkriegen verpasst.« Das sagt Hanna auch mit Blick auf die heute 38-jährige Tochter aus der ersten Ehe ihres Mannes, die sich jetzt ein Kind wünscht.

Hat sie selbst sich als etwas ältere Mutter anders gefühlt? Hanna verneint. »Ich bin mir im Vergleich mit anderen Müttern nie als Exotin vorgekommen, im Gegenteil: Einige der jüngeren Mütter schienen mir weniger flexibel und umständlicher zu sein.« Später, in der Schulzeit, sind ihr dann auch eine Menge älterer Eltern begegnet. Das ist in einer Großstadt heute keine Besonderheit mehr, da lag Hanna voll im Trend. Im Unterschied zu Frauen, die mit über 40 erstmals Mutter wurden, hatte Hanna schon die beruhigende Erfahrung, ein Kind großgezogen zu haben. Ein Unterschied zu ihrer frühen Mutterschaft war ihr stärkerer Einsatz. »Ich habe alles mitgemacht und mich in vielen Bereichen stärker engagiert, zum Beispiel in der Krabbelgruppe.«

Einziger Wermutstropfen: Sie bedauert, dass sie nach der langen Pause nun zu alt ist, um in ihrem Beruf wieder Fuß fassen zu können: »In der Kosmetikbranche kann ich nicht mehr arbeiten, das ist mit über 50 gelaufen. In dieser Hinsicht ist es wohl empfehlenswerter, jung Mutter zu werden, zumindest wenn man danach eine Weile zu Hause bleiben will. Dann hat man noch einige Berufsjahre vor sich, wenn die Kinder schon größer sind.« Hanna, die nun Mutter von drei Töchtern ist, die »alle als Einzelkinder aufwuchsen«, legt jungen Frauen ans Herz, sich ein festes berufliches Standbein zu schaffen, bevor sie daran denken, Kinder zu bekommen. »Aus heutiger Sicht muss ich sagen, es war schon blauäugig und leichtfertig von mir, ganz mit dem Beruf aufzuhören. Aber das habe ich erst gemerkt, als ich wieder arbeiten gehen wollte, weil meine Tochter inzwischen in der Schule war. Und da war es zu spät.«

Die ungeteilte Zeit mit der jüngsten Tochter, die sie sich – mit Unterstützung ihres Mannes – gönnte, hatte ihren Preis. Doch Hanna hat sie genossen, und sie wirkt heute alles andere als verbittert. Auch die »ununterbrochene Erwerbsbiografie« darf eben nicht zum Dogma erhoben werden.

Verbittert sind auch Manuela und Daniel D. nicht, beide inzwischen 29 Jahre alt und schon seit der Schulzeit ein Paar. Die beiden bekamen ihr Kind kurz nach dem Abitur. Da waren sie noch keine 20 und hatten eigentlich eine Menge anderer Pläne. Trotzdem wurde aus der Schülerliebe erst einmal ein Elternpaar, mit finanzieller Unterstützung der jungen Großeltern.

Manuela hat sich in den ersten drei Jahren um den kleinen Sohn gekümmert, Daniel hat Zivildienst gemacht und mit dem Medizinstudium begonnen. Als der Sohn in den Kindergarten kam, begann Manuela mit ihrem Studium, so wie beide es von Anfang an vereinbart hatten. Als Studentin der Kulturwissenschaften war sie freier als der Mediziner Daniel und belegte zuerst nur wenige Wochenstunden. Als Daniel Arzt im Praktikum wurde und der Sohn in die Schule kam, engagierten sie mit Freunden zusammen eine Kinderfrau, die seitdem mittags kocht und für die Nachmittage zuständig ist. Inzwischen hat auch Manuela ihren Abschluss. Sie ist eine »frühe Mutter« mit guter Ausbildung. Vielleicht wird sie auch eine »späte Mutter« werden, denn den Wunsch nach einem zweiten Kind will sie erst einmal aufschieben: Die Arbeit im Kulturamt, die sie inzwischen gefunden hat, lässt sich im Augenblick gut mit der kleinen Familie vereinbaren.

Ihr Sohn schläft inzwischen öfter bei Freunden und fährt sogar zusammen mit ihnen in Urlaub, wenn seine Eltern etwas zu zweit unternehmen möchten.

»Wir versuchen, unsere Pläne und Träume zu verwirklichen, beruflich und privat. Nur ist die Reihenfolge dabei ein bisschen ungewöhnlich«, sagt Daniel. Und er fügt hinzu: »Da gab es in unserem Umfeld schon ein paar Leute, die sich gefragt haben, ob so etwas denn auf die Dauer gut gehen kann.«

Kind und Karriere

Karrierefrauen in der Sinnkrise?

Bekommen heute immer mehr Frauen *nach* ihrer Karriere oder sogar aus Frust über die Belastungen des Arbeitslebens ein Kind? Mitten im Sommerloch des Jahres 2001 entdeckte das bekannte Hamburger Nachrichtenmagazin einen solchen neuen Trend. »Der neue Mutterstolz – Kinder statt Karriere« war im *Spiegel* über dem Bild einer jungen Schwangeren zu lesen. Im Heft selbst hieß es dann schon weit vorsichtiger und auffällig geschraubt: »Die Karrierefrau, kaum hat sie sich als Konsensprodukt sozialgeschichtlich etabliert, wenn auch längst noch nicht real durchgesetzt, ist, so scheint es, jetzt überraschend in die Krise geraten.« Die Berufswelt erscheine vielen Frauen inzwischen als »zu eisig, zu männertreu, zu stressig – zu wenig mütterlich«. Kinderkriegen mache einfach mehr Spaß. Als Beispiele für diese gewagte Hypothese müssen reihenweise prominente Frauen herhalten. Hatte sich nicht »Tagesthemen«-Moderatorin Gaby Bauer entschieden, einige Zeit bei den Zwillingen zu bleiben, denen sie gerade das Leben geschenkt hatte? Das ist zwar richtig, doch wollte die Karriere-Journalistin keineswegs ganz aus dem »eisigen« Berufsleben aussteigen. Sie nahm lediglich Elternzeit in Anspruch, um ihre Babys in Ruhe stillen zu können, und suchte für die Zeit danach einen Job, der sie zeitlich nicht so extrem in Anspruch nehmen würde. Inzwischen hat sie eine eigene Talkshow bei ihrem alten Sender. Und wir können sicher sein: Eine Aufgabe als journalistische Spitzenkraft wird sie auch in Zukunft immer finden.

Schauspielerin Veronica Ferres hat ihre Schwangerschaft und die Entbindung genossen. Waren die Drehs ihr zu »männertreu«? Will sie deshalb nie mehr einen Film drehen? Inzwischen wissen wir auch von Ferres längst, dass sie neue Projekte in Angriff nimmt.

Als nächstes Promi-Beispiel führt der *Spiegel* Popstar Madonna an. Gerade sie ist aber der perfekte Beweis dafür, dass Mutterschaft und Karriere sich auf das Schönste nicht nur verbinden, sondern auch gemeinsam vermarkten lassen. Die »Spätgebärende« Madonna ist zudem das Vorbild so mancher Mittzwanzigerin, die das Kinderkriegen auf später verschieben möchte – weil die Karriere dann schon gesichert ist und nicht etwa, weil man sie dann, nach all den Mühen, endgültig an den Nagel hängen wollte. »Madonna ist in dieser Hinsicht mein Idol«, sagt die 22-jährige Politologiestudentin Christine. »Erst hat sie eine große Karriere in die Wege geleitet und auf deren Höhepunkt, mit 40, dann Kinder! So ähnlich möchte ich es auch machen. Dann kann man sich alles leisten, was nötig ist, um die Kinder gut aufzuziehen: die besten Kindermädchen, Putzfrauen und Köchinnen. Und dank ihres harten Trainings ist Madonna auch noch so fit, dass ihr Schwangerschaft und Geburt keine gesundheitlichen Probleme bereitet haben. Das finde ich schon toll!« Dr. Spock hätte sich angesichts des von zahlreichen Kindermädchen und Fitnesstrainern unterstützten spätgebärenden Superstars wohl wesentlich reservierter geäußert.

Natürlich gibt es auch Fälle, in denen einer Frau die Schwangerschaft wie der Ausweg aus einer biografisch-beruflichen Sackgasse vorkommt. »Es scheint, dass Frauen häufig gerade dann schwanger werden, wenn sie nach einer erfolgreichen akademischen Ausbildung, konfrontiert mit den Härten des Arbeitsmarktes, von Arbeitslosigkeit oder inadäquater Beschäftigung bedroht sind«, stellt der Soziologe Günter Burkart fest. Seine Berliner Kollegin Monika Sieverding hat vor einigen Jahren dazu empirische Daten aus dem Ärzte-Milieu geliefert. Sie ging von der Feststellung aus, dass Frauen, die zu Studienbeginn bei den Medizinern überproportional vertreten waren, später im Klinikalltag immer weniger vorkamen, je weiter oben auf der Karriereleiter man das Geschlechterverhältnis untersuchte. Sieverding stellte in Befragungen fest, dass Ärztinnen häufiger familienbedingt »aussteigen«, wenn sie die Situation in der Klinik als unbefriedigend erleben. Jeder sieht ein, dass man die Familie nicht mit Nachtdienst und 24-Stunden-Rufbereitschaft verbinden kann. Haben es die Frauen also leichter als ihre Männer, denen diese Wahl nicht bleibt, weil es zu ihrem Rollenbild gehört, zu malochen, um das Familieneinkommen zu sichern?

Das hängt davon ab, wie das Leben am Fulltime-Arbeitsplatz »Daheim« sich gestaltet. Der passionierte Familienvater und Hausmann Wolfram war mit diesem Arbeitsplatz ganz zufrieden. Ein anderer hochmotivierter hauptberuflicher Vater erlebte die häusliche Situation zeitweise zwiespältig: »Von seinen persönlichen Bräuchen abgeschnitten (die ihm nun in der Entferntheit sämtlich als schön erschienen), erfuhr er die fast ausschließlich aus Kindergeräuschen und Kindersachen bestehende, im Kinderzeitrhythmus ablaufende Tagtäglichkeit, arbeitslos, wie er zudem war, immer heftiger als brutales und sinnloses Verhängnis. Die Dinge standen schräg, böse und unwirklich wie sonst nur Waffen.« Soweit der Schriftsteller Peter Handke, der sich in seiner Erzählung »Kindergeschichte« doch meist als liebevoller und aufmerksamer Ansprechpartner seiner kleinen Tochter präsentiert. An dieser Stelle aber beschreibt er unbarmherzig, wie es ist, wenn dem Alleinerzieher im geistig verarmten Ambiente des modernen Haushalts die Decke auf den Kopf fällt. Seine inzwischen erwachsene Tochter Amina hat vor kurzem öffentlich geäußert, wie schwierig der Dichter als Kindheits-Begleiter gewesen sei: Er habe immer wieder brüllend um Ruhe gebeten, um endlich schreiben zu können. Auch das kann als Kommentar zu den Nebenwirkungen der häuslichen »Tagtäglichkeit« gelten. Andere Folgen des Hausmenschen-Daseins verspürte der Erfolgsautor dabei noch nicht einmal am eigenen Leib: Wie es sich zum Beispiel anfühlt, in unserer erwerbsorientierten Gesellschaft kein eigenes Einkommen zu haben. Oder nach langer Pause mit 45 Jahren eine neue berufliche Tätigkeit zu suchen.

Die Lehrerin Alice H. strebte tatsächlich das Modell »Kind statt Karriere« an. Sie wollte die Geburt ihres Sohnes zum Ausstieg aus dem Berufsleben nutzen. »Als ich mit 30 Jahren schwanger wurde, war ich gerade sehr unzufrieden mit meinem Job – gestresst von unzähligen pubertierenden Jugendlichen und wenig kooperativen Kollegen. So wollte ich nicht jahrelang weitermachen. Es erschien mir nicht nur viel sinnvoller, sondern auch äußerst verlockend, erst einmal gemütlich zu Hause zu bleiben und mich um mein eigenes Kind zu kümmern, zumal mein Mann in seinem Job genug Geld verdiente.« Es war also eine klare Sache, dass sie zunächst einmal den Erziehungsurlaub voll ausschöpfen würde. Danach würde man weiter sehen. Alice konnte sich gut vorstellen, die Schule für immer an den Nagel zu hängen und statt dessen mehrere Kinder großzuziehen. Auch Alices Mutter und ihre Schwiegermutter fanden diesen Entschluss ganz wunderbar, entsprach er doch ihrer Vorstellung von Ehe und Familie: Der Enkel würde gut behütet sein, bis er in den Kindergarten käme. Und die junge Mutter würde es nach Ablauf dieser Zeit sicher nicht über sich bringen, wieder mit der Arbeit anzufangen.

Doch schon kurze Zeit nach der Geburt ihres Kindes war Alice sicher, dass sie nicht viel länger als ein Jahr, schon gar nicht dauerhaft zu Hause bleiben wollte. Es gefiel ihr nicht, dass sie mit der Zeit so ganz nebenbei die gesamte Hausarbeit übernahm, die sich früher beide Partner geteilt hatten.

Sie merkte auch, wie sehr ihr die Anregungen fehlten, die sie durch die Schule reichlich bekommen hatte. Sie vermisste die Kollegen, das Gespräch und sogar die spezielle Art von Stress, der mit ihrem Berufsalltag verbunden gewesen war. Ihr Mann reagierte nicht gerade begeistert, als sie ihn zuerst mit ihrer Unzufriedenheit und dann mit den geänderten Plänen konfrontierte – ihm hatte die Rollenverteilung innerhalb der Familie gut behagt. Aber er fand es auch nicht fair, auf der Einhaltung einer Abmachung zu beharren, die damals noch in Unkenntnis des »wirklichen Lebens« getroffen worden war.

Glücklicherweise gilt das berufliche Ganz-oder-gar-nicht-Prinzip für Lehrer nur in abgemilderter Form: Alice fand schließlich eine Halbtagsstelle in einer Erwachsenenbildungs-Einrichtung. Dort ist sie nicht mehr mit Pubertierenden und deren Disziplinproblemen konfrontiert und kann außerdem meist abends unterrichten. Ihr Mann kümmert sich in dieser Zeit um ihren Sohn, die Großmütter springen bei Bedarf vormittags ein. So kommt die Familie ohne Kinderfrau oder Tagesmutter aus. Das war besonders dem jungen Vater wichtig, der starke Vorbehalte gegenüber jeder Form von »Fremdbetreuung« hatte.

Alices Pläne haben sich damit gründlich geändert: Sie ist privat und beruflich zufrieden, aber eine große Familie, die sie sich früher gut vorstellen konnte, will sie nun nicht mehr. Wenn ihr Sohn älter ist, will sie wieder voll berufstätig sein – und vielleicht sogar eine eigene Bildungseinrichtung gründen. Von »Kind statt Karriere« kann auch hier keine Rede sein.

Mütter und Machtpositionen

Halten wir fest: Zum völligen Ausstieg aus dem Beruf haben die Frauen keine Lust mehr. Diejenigen Europäerinnen, die am häufigsten berufstätig sind, haben heute auch die meisten Kinder, nämlich die Norwegerinnen mit durchschnittlich 1,86 pro Frau. Deutschland wird dagegen in Sachen Gebärunlust nur von Italien und Spanien übertroffen. In Norwegen arbeiten 73,3 Prozent der Frauen, in Spanien nur 44 Prozent. »Die Tatsache, dass Frauen nicht auf Beruf und Karriere verzichten müssen, nur weil sie Mütter werden, fördert offensichtlich die Gebärlust«, folgert nicht nur die feministische *Emma* aus dem europäischen Vergleich. Auch die SPD-Politikerin Renate Schmidt stellt beim Blick auf die Zahlen aus Norwegen und Spanien sachlich fest, es gebe »einen signifikanten Zusammenhang zwischen der Geburtenrate eines Landes und der Erwerbsbeteiligung der Frauen«.

»Erwerbsbeteiligung« ist allerdings ein nüchterner Begriff. Er ist keinesfalls gleichzusetzen mit »Karriere«, auch wenn die Schlagwörter »Kind« und »Karriere« gern stabreimend in Verbindung gebracht werden. Im engeren Sinn ist »Karriere« ein steiler beruflicher Aufstieg in eine Führungsposition, wie ihn die wenigsten Berufstätigen, ob Männer oder Frauen, ob mit oder ohne Kind, jemals in ihrem Leben machen. Aber nicht jeder will überhaupt in Spitzenpositionen aufsteigen. Viele berufstätige Mütter betonen, der Beruf sei ihnen zwar wichtig, aber nicht das Einzige, was für sie zähle: »Ich will schließlich auch leben und genießen!«, sagt PR-Frau Marlene. Zur ihrer Vorstellung von Genuss gehört eben auch die Partnerschaft und die Familie.

Für Frauen ist diese Spielart des Genießens mit einer echten Karriere aber noch schwer zu vereinbaren. Unter den wenigen Frauen in Führungspositionen sind Mütter in Deutschland noch immer unterrepräsentiert. Das gilt besonders für die Politik.

Angela Merkel, Edelgard Bulmahn, Heide Simonis, Irmgard Schwaetzer sind mehrheitlich verheiratet, aber kinderlos. Die Grünen-Vorsitzende Claudia Roth vertraute im Mai 2002 dem Magazin *Chrismon* an: »Ich habe keine Kinder, und auch Beziehungen halten diesem Stress kaum stand.« Sie klang dabei nach Ansicht der Reporter »nicht bitter, aber enttäuscht, nicht resigniert, aber traurig«. Edmund Stoiber, Rudolf Scharping, Joschka Fischer sind dagegen stolze Väter mehrerer Kinder.

Etwas anders ist die Lage bei den älteren Politikerinnen, die so richtig erst einsteigen, wenn die Kinder erwachsen sind: Renate Schmidt, Herta Däubler-Gmelin, oder auch die SPD-Bioethik-Expertin Margot von Renesse, Mutter von vier Kindern.

An die große Ausnahme in Deutschland erinnert sich heute wohl kaum noch jemand Polit-Karrieremutter und Ex-Bundesfamilienministerin Claudia Nolte hatte noch als Abgeordnete ihren Sohn Christoph bekommen. Später, als die Thüringerin mit 28 Jahren zur jüngsten Ministerin im Kabinett Kohl avancierte, betreute der Vater den Kleinen. Und das ausgerechnet in einer streng katholischen Familie! Immer wieder musste die konservative Politikerin in Interviews beteuern, sie habe wegen dieser unkonventionellen Aufgabenteilung »kein schlechtes Gewissen« und auch ihr Mann komme damit ganz gut zurecht. Fast schon programmatisch betonte sie, dass keiner ihre männlichen Politiker-Kollegen frage, ob sie ausreichend Zeit für ihre Kinder fänden! Schule machte das Beispiel der Familienministerin dennoch nicht. Als die Ehe der Noltes kurz nach der Minister-Zeit zerbrach, empfanden dies viele im Gegenteil als Bestätigung dafür, dass so ein Modell nicht funktionieren kann.

»Deregulierung hilft Müttern bei der Karriere.« Gespräch mit der Wirtschaftswissenschaftlerin Sonja Bischoff

In der Wirtschaft scheinen die Dinge inzwischen ein wenig in Bewegung zu geraten. In diesem Bereich scheint die Flexibilität mit dem Aufstieg oft sogar zu wachsen. Das behauptet jedenfalls eine Wissenschaftlerin, die jahrelang Studien zu diesem Thema durchgeführt hat. Sonja Bischoff, Professorin für Betriebswirtschaftslehre an der Hamburger Hochschule für Wirtschaft und Politik, hat 1986, 1991 und 1998 jeweils 1000 Männer und Frauen in Führungspositionen des mittleren Managements befragt. Die Vereinbarkeit von Familie und Karriere war dabei ein zentrales Thema.

Was hat sich Ihren Untersuchungen zufolge eigentlich seit 1986 geändert? Haben inzwischen mehr Karrierefrauen Kinder?
Bei den Männern in der Führungsetage gab es immer schon eine Väter-Quote von 98 Prozent. Bei den Frauen waren es anfangs sehr wenige, inzwischen befinden wir uns aber auf dem Weg der Normalisierung: 1991 hatten 38 Prozent der Frauen Kinder, 1998 immerhin schon 50 Prozent, in der ersten Führungsebene sind es sogar 60 Prozent. Bis sie dahin kommen, sind die Frauen allerdings schon ein paar Jahre älter. Der Preis des Aufstiegs muss aber heute nicht unbedingt die Kinderlosigkeit sein.

Ist es ganz oben wieder einfacher, Kind und Karriere zu verbinden?
Es scheint auf die Gestaltungsmöglichkeiten anzukommen. Frauen im Unternehmerinnen-Status, die entweder durch Kapital beteiligt sind oder durch familiäre Beziehungen in die Position gekommen sind, haben deutlich häufiger und mehr Kinder als Frauen im Angestellten-Status. Die Unternehmerinnen haben es leichter, ihren Arbeitseinsatz nach ihren Bedürfnissen zu steuern. Sie arbeiten häufiger zu Hause. Das erleichtert natürlich das Kinder-Haben.

Trotzdem bleiben große Unterschiede zwischen Männern und Frauen!
Ja, aber der Anteil der Mütter nimmt zu, und ich hoffe, dass bei meiner nächsten Untersuchung im Jahr 2003 schon 70 Prozent der Führungsfrauen Kinder haben!

Also eine gegenläufige Tendenz zur Gesamtgesellschaft, in der der Anteil der Kinderlosen ja weiter zunimmt. Wie lässt sich das erklären?
Vielleicht ist es einfach so, dass sich Frauen aus den anderen beruflichen Bereichen inzwischen mehr engagieren als früher, dass sie also ihre Berufstätigkeit ausdehnen, ohne allerdings die

Arbeitzeit ihren Bedürfnissen – wie etwa der Kinderbetreuung – flexibel anpassen zu können. Die Abhängigkeit der Angestellten macht es schwerer, Familie und Beruf unter einen Hut zu bekommen.

Welchen Einfluss haben familienfördernde Maßnahmen?
Die Maßnahmen selbst bewirken wenig, wie ich 1991 und 1998 feststellen konnte. Aber die »Propaganda« für die Vereinbarkeit von Familie und Beruf, die damit verbunden ist, hat schon positive Auswirkungen: Junge Frauen wollen beides, und sie halten es für selbstverständlicher, beides haben zu können.

Vielleicht können sich die Frauen, die Sie befragt haben, auch eher private Kinderbetreuung leisten?
Von der Tendenz her ja. Aber viele verdienen in jungen Jahren auch noch nicht genug, um problemlos Vollzeithilfen finanzieren zu können. Das ist erst zu einem späteren Zeitpunkt der Karriere möglich. So erklärt sich auch, dass der Kinder-Anteil in der ersten Führungsebene deutlich höher ist. Die Frauen bekommen erst Kinder, wenn sie weiter oben angekommen sind und mehr Geld verdienen.

Also stehen die Kinder der Karriere heute deshalb nicht mehr im Weg, weil sie überhaupt noch nicht da sind, wenn die Karriere beginnt?
Ja, es gibt tatsächlich zwei Möglichkeiten der Interpretation: Entweder die Frauen können inzwischen besser organisieren oder sie schieben den Wunsch auf und verzichten vielleicht sogar zugunsten der Karriere auf Kinder. Der Verzicht wird allerdings bei Frauen im Management immer seltener.

Was haben diese Frauen, das andere nicht haben? Mehr Power?
Die Frauen, die ich befragt habe, sind sicher besonders einsatzfreudig und engagiert. In anderen Bereichen, etwa in der Wissenschaft, werden die Freiheiten häufig nicht genutzt. Dabei sind die Regelungen im öffentlichen Dienst ausgesprochen großzügig. Unser Ziel muss es sein, Frauen ihren Arbeitseinsatz flexibler selbst bestimmen zu lassen, als es bisher der Fall ist. Die derzeitige Entwicklung der Unternehmen in Richtung Dezentralisierung

und Deregulierung kommt den Frauen in diesem Punkt entgegen. Sie ermöglicht auch den Angestellten, eigenverantwortlicher nicht nur über Arbeitszeiten, sondern auch über den Arbeitsort zu bestimmen. Es müssen natürlich gute Kinderbetreuungsmöglichkeiten hinzu kommen.

Interessiert das alles auch die Männer?
Eigentlich überhaupt nicht!

Genauso wenig wie die Elternzeit. Was halten Sie von dieser Einrichtung?
Jede Art von Schutzmaßnahme hat zwei Seiten: Sie kann gut gemeint sein und trotzdem als Schuss nach hinten losgehen. Die Erfahrungen mit Freistellungen in den Unternehmen zeigen: Frauen, die nicht in einer Führungsposition sind, verlieren leicht den Anschluss und kommen nicht wieder. Dann ist eine solche Regelung keine Förderung, sondern eigentlich eine Hinausbeförderung.

Ist Teilzeit die Alternative?
Die Diskussion um Teilzeit finde ich äußerst gefährlich. Man zwingt die Frauen damit in neue finanzielle Abhängigkeit. Deshalb gefällt es mir gar nicht, dass im Augenblick die Teilzeit in Deutschland so stark als Lösung für das Vereinbarkeitsproblem propagiert wird. Ich bin erstaunt darüber, mit welcher Vehemenz das auch von politischer Seite hochgehalten wird, wo es doch um die Vertretung von Fraueninteressen gehen sollte! Für meine Begriffe ist das ein Irrweg. Man sollte eher die Vollzeitbeschäftigung mit variablem Arbeitseinsatz favorisieren: Frauen leben länger und brauchen mehr Rente! Interessanterweise denken daran eher die Männer: Ich habe bei mehreren Veranstaltungen erlebt, dass es Männer waren, die gefragt haben, wie denn Teilzeit finanzierbar ist. Mich ärgert, dass so etwas nicht die Frauen fragen!

Welche Rolle spielen die Männer nach Ihren Erkenntnissen überhaupt, wenn es darum geht, ob eine junge Frau Familie und Beruf vereinbaren kann?
Für meine Studie »Frauen zwischen Macht und Mann« habe

ich Männer und Frauen gefragt: Was würden Sie Ihrer Tochter raten, wenn sie Karriere machen und gleichzeitig Kinder haben will? Einige Frauen haben gesagt: Sie muss den richtigen Mann dafür haben.

Müssen die Karrieremänner nicht umgekehrt auch die richtigen Frauen haben? Die sich um die Kinder kümmern und dem Mann den Rücken frei halten?
Interessanterweise geht der Anteil der Ehefrauen von Führungskräften, die Nur-Hausfrauen sind, kontinuierlich zurück. Er liegt derzeit bei 68 Prozent. Das ist natürlich immer noch sehr viel. Bei der heutigen Gesetzeslage kann es eben viel lukrativer sein, als junge Frau einen Mann zu heiraten, der viel Geld verdient, als selbst Karriere zu machen.

»Ich weiß, dass ich gut sein muss«

Der indirekte Weg zum Erfolg kam für Heike Pahl nie in Frage. Die Molekularbiologin absolvierte ihr Studium an renommierten amerikanischen Hochschulen und wurde mit 31 Jahren als »jüngste Professorin Deutschlands« an die Universität Freiburg berufen. Die Liste ihrer wissenschaftlichen Publikationen ist ebenso beeindruckend wie ihre rege Teilnahme an internationalen Kongressen. Und vor drei Monaten ist Frau Professor, mit 35 Jahren, auch Mutter eines Sohnes geworden. Heike Pahl scheint die Zuversicht in Person zu sein: Sie wünscht sich noch zwei weitere Kinder, und sie will in ihrer Wissenschaft Karriere machen.

Während unseres Gesprächs in ihrem Büro des »Zentrums Klinische Forschung« auf dem Gelände der Uni-Kliniken packt die Molekularbiologin einen Gegenstand aus, den man im seriösen Aktenkoffer einer Hochschullehrerin nicht vermutet. »Wenn es Sie nicht stört, möchte ich jetzt die Milchpumpe anschalten. Ich muss jede Stunde abpumpen, denn mit drei Monaten haben die Kinder einen Wachstumsschub. Ich muss also häufig pumpen, damit Marc genug Milch bekommt.« Spricht's und setzt die Pumpe beidseitig an. Dann holt sie die Fläschchen aus dem Aktenkoffer, damit die Milch, die durch die Schläuche fließt, aufgefangen und später mit nach Hause mitgenommen werden kann.

Wie lässt sich das Abpumpen mit ihren beruflichen Terminen und Verpflichtungen vereinbaren? »Nachher habe ich ein Gespräch mit einem älteren Herrn, dem Gründer einer Stiftung, vor ihm kann ich das natürlich nicht machen. Aber viele meiner Mitarbeiter sind ja Ärzte, in solchen Fällen gehe ich relativ offen damit um.« Heike Pahl und ihr Mann haben eine ausgebildete Erzieherin eingestellt, die den Sohn betreut und ihm tagsüber auch die Flasche mit der Muttermilch gibt. »Bisher hat Marc glücklicherweise keine Probleme, von der Flasche zur Brust zu wechseln, die er bekommt, wenn ich da bin.« Die Betreuerin hat das Ehepaar schon vor der Geburt gemeinsam gesucht. »Nach der Geburt bin ich zunächst drei Monate zu Hause geblieben. Es war mir sehr wichtig, zuerst in Ruhe eine innige Beziehung zu meinem Sohn aufbauen zu können, ohne den ständigen Gedanken: Bald muss ich doch wieder weg! Das habe ich wahnsinnig genossen.« Danach kam die Tagesmutter, anfangs nur stundenweise, später länger, bis die Molekularbiologin schließlich wieder acht Stunden arbeiten ging. Vorher gab es allerdings noch einen Kongress in New York. Dort hielt Heike Pahl einen Vortrag, der schon lange vor der Geburt geplant gewesen war. »Mein Mann ist mitgeflogen und hat Marc betreut, während ich beschäftigt war. Wenn man Karriere und Kinder wirklich vereinbaren will, braucht man einen Partner, der das voll mit trägt! Es geht auf keinen Fall, dass der Mann sagt: ›Mach' ruhig Karriere, aber ich kann dich familiär nicht unterstützen, ich muss mich um meine eigene Karriere kümmern!‹ Er muss das mit tragen, und dazu ist mein Mann bereit.«

Im Moment müssen die drei leider eine Fernbeziehung führen. Heike Pahls Mann arbeitet als Flugzeugingenieur in München und kann nur am Wochenende nach Freiburg kommen. »Ursprünglich wollten wir mit dem Kind noch warten, bis wir beide an einem Ort arbeiten.« Die Molekularbiologin geht davon aus, dass ihr in absehbarer Zeit ein Ortswechsel bevorsteht, denn in Freiburg hat sie ihre endgültige berufliche Position noch nicht gefunden. Doch schließlich wollten die beiden nicht länger warten, »wir wollen ja mehrere Kinder!«. Die ersten zwei Monate hat sich ihr Mann frei genommen, »damit wir alles zusammen erleben konnten«. Und in der Zwischenzeit haben bereits vier weitere Kongresse stattgefunden, für die der junge Vater sich beurlauben ließ, damit er und Marc mitreisen konnten. Ohne die Unterstützung des Partners ein Kind zu bekommen, hätte Heike Pahl nicht gewagt: »Etwas anderes ist es natürlich, wenn das Schicksal es so fügt, dass man mit dem Kind allein ist. Aber ich hätte mich nie getraut, es von vornherein so zu planen.«

Gibt es Leitfiguren für einen so anspruchsvollen Berufs- und Lebensplan? Nein, hier in Deutschland fällt ihr niemand ein, der so etwas vorgelebt hätte und schon zehn oder 15 Jahre weiter wäre als sie selbst. Hier hat sie gleichaltrige Freunde, die es ähnlich versuchen, doch die sind eher Unterstützung als Vorbild. Nur in Amerika ist Heike Pahl Menschen begegnet, die als Leitbilder taugten. Sie glaubt, dass es dort einfacher ist, schon deshalb, weil die Frauen von größerer Zuversicht getragen werden. »Ich bin ja gleich nach dem Abitur in die USA gegangen und war im Frauen-College in Wellesly, Massachusetts. Wenn ich nicht die dortige Selbstsicherheit und Selbstverständlichkeit erlebt hätte, hätte ich es mir vielleicht weniger zugetraut. Die Stimmung damals, in den 80er Jahren, war: ›You can have it all!‹ Ich habe viele Frauen kennen gelernt, die es schafften, Beruf und Familie zu vereinbaren. Eine Freundin von mir hat zum Beispiel im siebten Monat ihrer Schwangerschaft eine leitende Oberarzt-Position bekommen. Es geht! Und ich vertraue darauf, dass ich es auch schaffe.«

Trauen sich also deutsche Frauen einfach weniger zu? »Mir ist aufgefallen«, sagt die Wissenschaftlerin auf diese Frage ganz freimütig, »dass deutsche Frauen im Vergleich zu Amerikanerinnen in manchen Fällen bequemer sind: Sie möchten sich den Stress der Doppelbelastung nicht antun.« Als sie am Anfang mit ihrem Sohn zu Hause war, hat sie sich auch schon überlegt: »Das wäre jetzt eigentlich sehr leicht, die ganze Gesellschaft würde dich unterstützen, wenn du bei deinem Baby bliebest.« In Deutschland, meint sie, neigt man zur Perfektion, nach dem Motto: Was man tut, das muss man auch richtig tun. »Manche Frauen machen dann aus ihrer Mutterschaft eine eigene Karriere, indem sie das beste Mutter-Kind-Turnen, die besten Klavierlehrer, das beste Bio-Essen für ihr Kind aussuchen. Und natürlich muss man Abstriche machen, um Karriere und Kind vereinbaren zu können: Super aufgeräumt ist es bei mir zu Hause im Moment nicht! Und ich habe auch nicht sechs Garnituren Baby-Bettwäsche gekauft.«

Allerdings gibt es in Deutschland einige praktische Schwierig-keiten, an denen die Vereinbarung von Familiengründung und großer Karriere scheitern kann, das muss selbst Heike Pahl zu-geben. »Nicht zuletzt ist es die deutsche Halbtagsschule, die eine Berufstätigkeit stark erschwert. Es herrscht ein anderer Anspruch, traditionell vor allem an die Adresse der Mütter. Das deutsche System funktioniert unter der Annahme, dass eine konstante Bezugsperson zu Hause ist, die sich um das Kind oder die Kinder kümmert.« Die Konsequenz war für die jungen Eltern klar: »Des-halb muss man für eine Ersatzmutter sorgen, wenn in Deutschland beide Eltern voll arbeiten wollen. Vor allem, wenn man mehrere Kinder plant, und das tun wir. Diese Person muss liebevoll aus-gesucht werden und verschiedene Funktionen, bis hin zur Köchin und zum Chauffeur, übernehmen.« Die Kehrseite der Medaille: Die »Ersatzmutter« erlebt zusammen mit dem Kind Dinge, von denen die Eltern ausgeschlossen bleiben. »In den USA ist einmal eine sehr liebe Kollegin von mir im Labor in Tränen ausgebrochen. Als ich sie fragte, was denn los sei, sagte sie, die Tagesmutter habe eben angerufen und berichtet, ihr Sohn habe gerade die ersten Schritte allein gemacht. Sie war untröstlich, das nicht miterlebt zu haben.« Heike Pahl will sich diese Tränen ersparen: »Ich habe mit meiner Tagesmutter deshalb ausgemacht, dass sie mich wegen solcher Dinge einfach nicht anruft. Dann erlebe ich eben abends den ersten Schritt!«

Und das schlechte Gewissen, das so viele berufstätige Mütter nicht los werden? »Davor hatte ich Angst. Und am Anfang fiel es mir natürlich schwer, zu gehen, wenn die Tagesmutter kam, ich habe auch geheult. Nun stelle ich aber ganz erfreut fest, dass ich an meine Arbeit denke, wenn ich hier bin. Zu Hause kann ich mich dafür voll auf meinen Sohn konzentrieren. Ich bin rational genug, um mir klar zu machen: Die Wehmut kommt daher, dass das Zusammensein mit Marc zeitlich begrenzt und deshalb für mich so wertvoll ist. Ich könnte nicht jedes Lächeln so schätzen, wenn ich es den ganzen Tag hätte, und wenn ich so viel dafür aufgegeben hätte wie die Generationen vor uns! Wenn mir das Weggehen schwer fiel, habe ich mir immer wieder gesagt: Du würdest unglücklich, wenn du zu Hause bliebest! Das Gefühl würde umschlagen. Und irgendwann würdest du es deine Kin-der spüren lassen.«

Das beobachtet sie auch bei Freundinnen, die sich entschlossen haben, gute Stellen aufzugeben. »In Deutschland gibt es ja immer noch die Tendenz erfolgreicher Frauen, noch erfolgreichere Männer zu heiraten. Dann sind es im Zweifelsfall die Frauen, die ihre Karriere aufgeben.« Die Probleme, die sie dann bekommen, stellen sich schleichend ein, vermutet Heike Pahl: »Sie fallen nicht so auf wie bei der Frau, die ihr Baby verlassen muss, um zur Arbeit zu gehen. Aber letztlich entfalten diese Probleme mehr zerstörerisches Potenzial.«

Wie wichtig ist die Karriere? Würde Heike Pahl unglücklich, wenn es nun, mit Kind, auf der Karriereleiter nicht weiter voran ginge? Sie wirkt bei dieser Frage erstaunlich gelassen und sagt schließlich, nach einigem Nachdenken: »Wenn es sich die konservativen Herren in den Berufungskommissionen nicht vorstellen können, dass ich Professur und Familie unter einen Hut kriege, dann habe ich tausendmal lieber Kinder als eine C4-Professur! Aber das weiß ich erst, seit mein Sohn auf der Welt ist!«

Wir sprechen hier von einer Gefahr, die sich schwer dingfest machen lässt: Denn es werden sich im Zweifelsfall immer andere Gründe für die Ablehnung einer Bewerberin mit Kind finden lassen. »Man würde einer Job-Kandidatin heute nie so plump sagen: Es liegt an den Kindern. Mir ist aber durchaus bewusst, dass ich teilweise mit Männern konkurriere, die 150 Prozent ihrer Zeit in die Arbeit investieren können, während ihnen die Frauen zu Hause das Heim warm halten. Ich empfinde keine Frustration darüber, dass ich an diesen Leuten gemessen werde, ich möchte keinen Bonus für die Mutterschaft. Ich weiß, dass ich gut sein muss: Man gibt die Goldmedaille dem Schnellsten!«

Mit einem relativ hohen Einkommen lässt sich eine gute private Kinderbetreuung bezahlen. Für viele Paare scheint es dann finanziell kaum lohnenswert, dass sie »doppelt verdienen«. »Ja, man muss sich darauf einstellen, das Gehalt eines Partners für die Kinderfrau auszugeben«, bestätigt Heike Pahl. Einer arbeitet also zeitweise »umsonst«. Nach weit verbreiteter Ansicht ist das meist die Mutter, die ja dem klassischen Modell entsprechend zu Hause bleiben könnte. Man sollte aber ganz anders kalkulieren, findet Heike Pahl: »Das Modell der ›doppelten‹ Berufstätigkeit ist auch eine Investition in die Zukunft: Auf diese Weise steigen beide auf der Karriereleiter hinauf, und man hat sehr viel mehr

Geld, wenn die Kinder die Tagesmutter eines Tages nicht mehr brauchen: Also gerade dann, wenn die Ausbildung der Kinder viel Geld kostet!«

Trotzdem hat sie einen Wunsch an die Politik: »Die Kosten, die tatsächlich für die qualitativ hochwertige Kinderbetreuung entstehen, müssten steuerfrei sein. Ich bin im Bildungsrat für Baden-Württemberg und habe das unserer Kultusministerin auch schon ans Herz gelegt. Das klingt vielleicht nach ›Dienstmädchenprivileg‹, also eine Sache für ›Besserverdienende‹. Es hat aber sehr viel mit Karrierechancen für Frauen zu tun. Mich stört in Deutschland, dass Familienförderung nur nach dem klassischen Modell betrieben wird. In dem Moment, wo keine finanzielle Not herrscht, sind Kinder Privatsache. Das ärgert mich wahnsinnig.« Denn sie gewinnt dadurch das Gefühl, »dass der Spagat zwischen Aufrechterhaltung einer Karriere und Kindererziehung mit einem gewissen Anspruch offensichtlich nicht geschätzt wird«. In gewisser Weise kümmere sich der Staat um Kinder und Familien nur, wenn sie arm seien. »Das ist für mich ein falsches Signal. Es führt dazu, dass Frauen mit Mitte 30 abwägen, ob sie sich wirklich ein Kind ›leisten‹ können oder ob die Einbußen zu groß sind.«

Das andere große Problem, das Heike Pahl jetzt noch nicht am eigenen Leib spürt, von dem sie aber durch ihre Freundinnen weiß, sind die Schulen: »Das amerikanische Beispiel ist vielleicht kein leuchtendes Vorbild, weil viele Schulen qualitativ zu wünschen übrig lassen, auch was die Nachmittagsangebote betrifft. Aber es ist wichtig, dass die Kinder in der Schule Mittagessen bekommen und dort insgesamt länger betreut werden, so wie es auch in fast allen anderen Ländern üblich ist. Bei Freundinnen sehe ich, dass keine Woche vergeht, in der das Kind die wenigen vorgesehenen Schulstunden auch wirklich unterrichtet wird. Ein anderer wichtiger Punkt wäre die Schaffung hochwertiger Betreuungsangebote auch für kleine Kinder, deren Eltern sich keine private Tagesmutter leisten können.« An ihrem Klinikum gibt es zwar ein Angebot auch für kleine Kinder, »aber das ist eine Elterninitiative, und die Eltern werden stark eingebunden. Sie müssen zum Beispiel abwechselnd kochen. Ich würde mir stattdessen einen wirklichen Service wünschen, bei dem mein Kind rundum versorgt ist.«

Beeindruckt hat die Forscherin eine Reise nach Israel. In diesem Land gibt es viele Mütter an wichtigen Positionen in der Forschung – und sogar institutseigene Einrichtungen für deren Kinder: »Nach der Arbeit sind die Eltern dort hingegangen, um sich eine Theateraufführung der Kinder anzusehen. Es ist gesellschaftlich akzeptiert, sein Kind in diesem Kindergarten zu haben, während man im Institut arbeitet.« Es verbindet die Kollegen sogar, dass sie diesen kulturellen Ort gemeinsam aufsuchen.

Wenn die Professorin etwas wehmütig von solchen Erlebnissen erzählt, gewinnt man plötzlich den Eindruck, dass es auch für eine selbstbewusste Frau schwer sein kann, immer der Vorkämpfer zu sein. Stimmt dieser Eindruck? »Es gab nach der Geburt von Marc schon Situationen, in denen es mir schwer vorkam: Meine eigene Mutter, die eigentlich meine Aktivitäten unterstützt, hat Bemerkungen gemacht, die unglücklich und ungeschickt waren. Sie kam zum Beispiel zu Besuch, als Marc sechs Wochen alt war. Sie hatte ihn auf dem Arm, da fing er an zu weinen. Ich war der Meinung, er wolle gestillt werden und wollte ihn nehmen. Da hat sie gesagt: ›Du darfst ihn nicht so auf dich fixieren, du gibst ihn ja doch bald zur Tagesmutter!‹ Ich habe ihn seelenruhig genommen und ihr meine Sicht der Dinge erklärt. Ich bin glücklicherweise mit einem gesunden Selbstbewusstsein gesegnet. Das hilft mir dabei, meinem Gefühl für das Richtige zu trauen.« Sie wird darin auch immer wieder bestärkt: »Ich erfahre überwiegend Bewunderung und Unterstützung, beruflich wie privat. In meinem Labor haben alle die Mitteilung meiner Schwangerschaft mit Begeisterung aufgenommen und mich sehr unterstützt. Eine Freundin, die eine neunjährige Tochter hat, hat sogar gesagt: ›Meine Tochter wird es einmal besser haben, weil es dich gibt!‹ Das war für mich sehr schön, und solche Erlebnisse sind wichtige Bestätigungen.« Bei negativen Reaktionen versucht Heike Pahl Distanz zu gewinnen: »Man muss sich klar machen, dass viele kritische Bemerkungen gar nicht bewusst so gemeint sind und oft nur gemacht werden, weil das alte Rollenmodell noch so stark ist. Davon darf eine Frau sich nicht irritieren lassen.« Wenn sie überlegt, woher sie diese Sicherheit hat, kommt sie wieder auf die Erziehung im Frauen-College zurück. »Uns wurde immer bewusst gemacht, dass wir das Rüstzeug haben, es zu schaffen – aber dass das auch von uns gefordert wird. Nicht zuletzt war es meine Mutter, die mir die Überzeugung gab: Wenn du etwas willst, dann kannst du es auch.«

Was meint die Biologin: Welche Rolle spielt der Geschlechter-Unterschied wirklich, wenn es um das Thema Kind und Karriere geht? »Durch das Stillen stellt sich natürlich eine besonders innige Beziehung zwischen Mutter und Kind her, die ich auch nie hätte missen wollen. Diese natürliche Nähe verschafft der Mutter in den ersten Monaten Vorteile gegenüber dem Vater. Der ist manchmal frustriert, weil er das Baby nur »vertrösten« kann, anstatt es zu stillen. Auf der anderen Seite sehe ich, wie sehr mein Mann an dem Baby hängt und inzwischen eine enge Beziehung zu ihm aufgebaut hat. Dieses ›Attachment‹ war und ist für uns beide wichtig. Nach drei Monaten konnte ich mir dann – genauso wie er – gut vorstellen, wieder ganztags berufstätig zu sein. Könnte mein Mann derweil auf Marc aufpassen, wäre das fast noch schöner als eine Tagesmutter.« Es besteht ihrer Ansicht nach kein Unterschied zwischen Vater und Mutter, was die Eignung als Hauptbetreuer für ein kleines Kind betrifft. »Wenn es mit dem Abpumpen gut klappt, spricht generell nichts dagegen, dass der Mann eine Erziehungszeit nimmt, vorausgesetzt, er hat die richtige Persönlichkeit dafür. Vielleicht macht es die hormonelle Situation wahrscheinlicher, dass Frauen sich in ein kleines Kind gut einfühlen können. Aber ich kenne auch Mütter, die mit ihren kleinen Kindern weniger liebevoll umgehen als ihre Männer!« Man dürfe die Hormone nicht überbewerten: »Dass sie während der Schwangerschaft den Frauen das Denken und Arbeiten schwer machen, wie immer wieder behauptet wird, konnte ich jedenfalls an mir nicht bemerken.« Auch jetzt, nach der Geburt, kann sie nicht feststellen, dass die wissenschaftliche Arbeit ihr weniger wert wäre oder sie in geringerem Maße interessieren würde. »Die Lust an der Arbeit ist gleich groß geblieben. Die hormonelle Veränderung bewirkt aber, dass man um nichts auf der Welt etwas tun kann, was dem Kind schadet. Dieses Gefühl der Liebe ist eine Bereicherung.« Die Konferenz in New York beispielsweise, direkt nach der Geburt ihres Sohnes, hatte Heike Pahl eigentlich allein besuchen wollen. »Als Marc auf der Welt war, konnte ich das nicht mehr übers Herz bringen. So sind wir eben zu dritt geflogen, und ich hatte die Konferenz und das Kind.«

Bewährungsproben für die Partnerschaft

Planungsbüro Familie

Die Studentin Lena, die schon mit 25 Jahren Mutter wurde, setzt ihre Prioritäten anders als Heike Pahl: »Für mich war immer klar, dass ich keine große Karriere machen will, dafür sind mir andere Sachen zu wichtig.« Die Arbeit spielt in der persönlichen Zukunftsplanung nicht die Hauptrolle, mit einer interessanten Teilzeitstelle wäre sie nach ihrem Studium vollkommen zufrieden.

Seit unserem letzten Gespräch ist einiges geschehen: Tochter Lotta ist inzwischen ein halbes Jahr alt, Lena hat ihr Studium wieder aufgenommen, der Vater ihres Kindes und die Großmütter teilen sich die Betreuung während ihrer Abwesenheit. »Ich will auf jeden Fall das Studium zügig abschließen.« Die Organisation ihrer Ausbildung ist aufwändig, obwohl sie seit der Geburt ihrer Tochter noch auf Sparflamme läuft. Auch mehrere Freunde helfen dem Paar. Bis vor kurzem erstellte Lena für jede Woche einen Plan für die Babybetreuung. Ihr Freund kam darin zwar vor, und selbstverständlich hielt er sich an die Absprachen. Verantwortlich war jedoch immer Lena, und das gefiel ihr nicht. »Wie Manu sich um das Kind kümmert, ist toll, da kann ich gar nicht meckern. Aber ein bisschen mehr vorausschauende Planung würde ich mir schon von ihm wünschen.« Inzwischen wechseln sich beide bei der Organisation der Betreuung ab. Lena hat die Gefahr, als Mutter zur »Organisations-Verantwortlichen« zu werden, früh erkannt und damit vorerst gebannt.

Wenn Lotta aus dem Babyalter heraus ist, soll sie auch von einer Tageseinrichtung betreut werden. Lena hat für diese Pläne schon Kritik geerntet, aber nur von Freunden aus den alten Bundesländern: »Meine Freunde in Köln können überhaupt nicht verstehen, dass ich meine Tochter mit einem Jahr ›fremdbetreuen‹ lassen will.« Doch sie weiß aus vielen Geschichten von Eltern, wie viel Stress es bedeutet, sich jeden Tag eine neue Betreuungs-Lösung für ein Kleinkind auszudenken: »Die drei Jahre, bis ein Kind in den Kindergarten kommt, sind schon eine lange Zeit, in der man viel überbrücken und privat organisieren muss.« Auch danach ist es schwierig: »Die Kindergärten machen oft erst um neun auf. Ein Elternteil muss also in den ersten Jahren zu Hause bleiben und üblicherweise ist das wieder die Mutter. Damit wird die berufliche Perspektive der Frauen enorm eingeschränkt: Den Müttern, die für Jahre aussetzen, fehlen Berufsjahre, die für das Gehalt wichtig sind. Ich kann mir vorstellen, dass es leichter wäre, sich für Kinder zu entscheiden, wenn die Strukturen anders wären. Gäbe es mehr Möglichkeiten der Kinderbetreuung, dann hätten vor allem die Frauen mehr Freiheit.«

Trotz dieser Schwierigkeiten kann Lena sich wie Marlene W. gut vorstellen, später noch ein zweites Kind zu bekommen, damit Lottchen nicht allein bleibt.

Aber das liegt noch in weiter Ferne. Zunächst denkt sie an die Veränderungen, die nach dem Studienabschluss beider Eltern anstehen: »Wenn mein Freund Manu anfängt zu arbeiten, wird das Familienleben leiden, denn Ingenieure arbeiten an ihren Projekten oft zehn Stunden täglich oder mehr.« Lena selbst kann sich gut vorstellen, später in Teilzeit für ein kleines Büro zu arbeiten, das deutsch-russische Austauschprogramme organisiert. »Für mich ist das große Manko, dass die Männer nicht so flexibel sind und so wenig tun, um Teilzeitarbeitsplätze einzurichten. Wenn man es nur probieren wollte, würde doch mehr gehen. Manu wird sicher auch voll arbeiten. Ich finde das zwar nicht optimal, erwarte aber in dieser Hinsicht nicht allzu viel. Ich kann es gut verstehen, wenn meine Freundinnen mit dem Kinderkriegen noch warten wollen: Wer so lange studiert hat, will sein Wissen auch richtig anbringen!«

Was Lena vor allem beunruhigt, ist das Ungleichgewicht in der Paarbeziehung, das durch die traditionelle Rollenverteilung entstehen kann. Sie bemerkte derlei Anzeichen kurz nach der Geburt von Lotta auch in ihrer eigenen Partnerschaft. »Er hat drei Tage in der Woche gearbeitet, ich bin bei Lottchen geblieben. Plötzlich ertappte ich mich dabei, wie ich Manu manche Dinge einfach aus der Hand nahm. Ich dachte, ich kann es schneller und besser, weil ich einfach mehr Übung habe. In solchen Situationen knirscht es manchmal zwischen uns. Nach gemeinsamen freien Tagen läuft die Beziehung dann wieder viel besser.«

Familienfeindliche Vorurteile – und wie man sie überwinden kann

Was Lena schon in Ansätzen in ihrem Studenten-Alltag bemerkt, aber besonders für die Zukunft fürchtet, bringt Kurt Starke von der Forschungsstelle Partner- und Sexualforschung in Leipzig, der an der Studie »frauen leben« mitwirkte, auf den Punkt: »Das wirkliche Problem sehe ich in einer strukturellen Elternunfreundlichkeit. Sie ist eine frauenfeindliche Mütterunfreundlichkeit einerseits und eine halbtotale Väterunfreundlichkeit andererseits.«

Wer seinen Beruf liebt und sich gleichzeitig ein Kind wünscht, kann damit aber nicht unbedingt warten, bis auch in Deutschland die Politik elternfreundlicher geworden ist. Im Interesse des eigenen Lebensglücks bleibt nichts anderes übrig, als nach pragmatischen, alltagstauglichen Lösungen zu suchen, die schon heute funktionieren.

Nicht alle Elternpaare streben so steile Doppel-Karrieren an wie Heike Pahl und ihr Mann. Doch einige der festgefügten Ansichten, mit denen sie zu kämpfen haben, stellen sich auch den beruflich weniger ehrgeizigen Eltern in den Weg. Viele Paare werden genau durch diese Wahrnehmungsmuster davon abgehalten, Kinder in ihr Leben einzuplanen. Grund genug, sie genauer unter die Lupe zu nehmen. Es sind vor allem vier Dogmen, die sich hartnäckig halten.

1. *Bevor das Kind in den Kindergarten kommt, muss unbedingt einer der Eltern zu Hause bleiben.*
Für die allererste Zeit ist das unstrittig: Direkt nach der Geburt schützt sogar der Staat Mutter und Kind, indem er die Rückkehr zum Arbeitsplatz verbietet. Dass diese Zeit durch die Elternzeit inzwischen beträchtlich verlängert werden kann, bringt neben neuen Freiheiten allerdings auch neue Ungleichheit mit sich. Derzeit spricht nämlich wenig dafür, dass Männer im großen Maßstab ihre Präsenz im Betrieb per Babypause oder Teilzeit reduzieren werden. Doch auch eine Gruppe von gut ausgebildeten, berufserfahrenen »späten« Müttern scheint dazu immer weniger bereit zu sein. »Ein halbes Jahr, ein Jahr aussetzen, schön, das kann man als schöpferische Pause definieren, nach der sich Umfragen zufolge über 70 Prozent aller Berufstätigen

sehen«, meint im Berliner *Tagesspiegel* Dorothee Nolte, Autorin und Mutter eines Zweijährigen. Doch sie fährt fort: »Aber drei Jahre pro Kind? Danach nur noch Gelegenheitsjobs oder Teilzeit – will sagen: weniger Verantwortung und Aufstiegschancen? Finanzielle Abhängigkeit vom Mann? Pardon: Dafür sind wir einfach nicht – mehr – sozialisiert.« Meine jüngeren Gesprächspartnerinnen bestätigten diesen Befund mehrheitlich.

Doch die Strukturen der Kinderbetreuung sind noch heute weitgehend für Hausfrauen ausgelegt, jedenfalls hierzulande: »In Deutschland verändert sich das Leben einer Frau durch das Mutterwerden vollkommen«, so Barbara Vinken in ihrem viel beachteten Buch »Die deutsche Mutter«. Der »deutsche Sonderweg« entspringe der festen Überzeugung, eine frühe Fremd- und spätere Ganztagsbetreuung schade der zarten Kinderseele. Der Soziologe Hans Bertram von der Berliner Humboldt-Universität pflichtet Vinken bei: »Das ist eine bundesrepublikanische Besonderheit, die es sonst nirgends auf der Welt gibt.« In einem Interview mit der Zeitschrift *Emma* betont er, dass es in Frankreich nicht etwa die Sozialisten waren, die die »Crèches« (Krippen) und die »Ecoles Maternelles« (eine für alle Kinder obligatorische Ganztagsvorschule) ins Leben riefen, sondern der konservative General de Gaulle, der nach dem Zweiten Weltkrieg eine aktive und ausgesprochen unideologische Familienpolitik betrieb. »Wir haben hier nur dieses verrückte Entweder-Oder«, kritisiert der Soziologe.

Nach der Wende, als sich das gesamtdeutsch hätte ändern können, vertrat der Psychotherapeut Hans Joachim Maaz in seinem Buch »Gefühlsstau« die These von der Mutter, die zum Kind gehört, ganz besonders vehement. Er machte vorrangig die Kinderkrippen für emotionale Fehlentwicklungen der Bürger im Machtbereich des real existierenden Sozialismus verantwortlich und sprach von »herzzerreißenden Szenen beim Abliefern in den Kinderkrippen und Kindergärten«. Schon die ganz Kleinen solchen Institutionen anzuvertrauen, ist allerdings nicht nur ein Relikt der DDR-Vergangenheit, sondern heute in unseren Nachbarländern Frankreich und Dänemark ganz selbstverständlich. Während sich in Deutschland 77 Prozent der Frauen, die mit einem Partner zusammenleben und Kinder unter zwölf Jahren haben, einen Teilzeitjob wünschen, teilen diesen Wunsch nur 40 Prozent der französischen Mütter mit Kindern unter sechs

Jahren. Im Erziehungsurlaub oder mit der Teilzeitarbeit aber bleiben deutsche Frauen mit Kindern nach Einschätzung Vinkens »Zaungäste im Karrierespiel«. Sonja Bischoff sekundiert, wie wir sahen, mit dem Hinweis auf zu geringen Lohn und knappe Rente. Obwohl deutsche Mütter beruflich der Familie zuliebe so sehr zurückstecken, sind sie nach Ansicht der französischen Journalistin Pascale Hugues »geplagt von Schuldgefühlen«. Frankreich-Kennerin Vinken hält dem notorischen schlechten Gewissen der berufstätigen deutschen Mütter entgegen: »Die Kinder unserer französischen und dänischen Nachbarn sind nicht neurotischer als unsere Kinder; sie weisen keine Verwahrlosungserscheinungen auf, haben keine ernsthaften Leistungsblockaden und sind auch nicht emotional gestört.« Vom schlechten Gewissen sollten sich also Frauen, die nicht drei Jahre Erziehungsurlaub nehmen wollen, schleunigst lösen.

Längere »Fremdbetreuung« kann den lieben Kleinen unter Umständen sogar nützen. Den Schülern der deutschen Halbtagsschule jedenfalls wurde im Frühjahr 2002 in der internationalen Schul-Vergleichsstudie PISA ein Zeugnis ausgestellt, das dieses Modell gründlich in Frage stellt. Auch unter pädagogischen Gesichtspunkten sollten wir nicht länger die Dauer der täglichen »Fremdbetreuung«, sondern deren Qualität zum Maßstab nehmen. Immerhin denken Politiker aller Couleur inzwischen ernsthaft über eine allgemeine Kindergartenpflicht nach – sie soll der gesellschaftlichen Integration dienen.

Um nicht missverstanden zu werden: Ich möchte ebenfalls davor warnen, auf ein neues Dogma zuzusteuern, das nun allen Müttern und Vätern auferlegt, möglichst schnell und ganztags an den Arbeitsplatz zurückzukehren. Es wäre genauso unangemessen, wenn in Zukunft denen ein schlechtes Gewissen gemacht würde, die es richtig finden, drei Jahre Elternzeit zu nehmen oder sogar länger zu Hause zu bleiben. Die Abkehr von der eisernen Regel »Kleine Kinder gehören zur Mutter!« soll schließlich mehr Entspanntheit ermöglichen und die Wahlfreiheit erhöhen, statt neuen Stress zu erzeugen. Eine entspanntere Sichtweise könnte diejenigen Paare – und besonders diejenigen Frauen – ermutigen, sich ihren Kinderwunsch zu erfüllen, die auch beruflich noch viel vorhaben. Sie sind es schließlich, die in der augenblicklichen Situation am meisten zaudern.

2. *Der Elternteil, der mehr verdient, muss unbedingt im Job bleiben.*

Natürlich gibt es für diese Faustregel gute Gründe. Schließlich fällt ein Teil des Familieneinkommens weg, wenn einer der beiden Eltern in den Erziehungsurlaub geht. Und das Geld wird gebraucht. Doch es gibt trotzdem gewichtige Argumente, die dagegen sprechen, die Regel immer und überall anzuwenden. Denn wer weniger verdient, ist oft jünger und auf der Karriereleiter noch nicht so weit oben, sein (oder ihr) Job ist gefährdeter. Eine solche Unterbrechung stellt ein Karrierehindernis erster Ordnung dar. Vor allem das vierte Lebensjahrzehnt gilt hierfür als entscheidend. Beruflich eine Weile auszusetzen, ist also der sicherste Weg dazu, weiter der geringer Verdienende zu bleiben. Das Gleiche gilt für Teilzeit, die meist ebenfalls der Partner wählt, der weniger verdient. Die Reduktion der täglichen Arbeitszeit ist mit einer aufstiegsorientierten Berufsplanung kaum vereinbar: »Karriere macht man nach 17 Uhr«, so lautet immer noch das Motto in den Chefetagen.

Paare sollten deshalb gemeinsam überlegen, wessen berufliche Laufbahn von der Unterbrechung weniger gefährdet ist. Das Gehalt darf nicht der einzige Gesichtspunkt sein, schließlich geht es um einen überschaubaren Zeitraum: Es kann sich langfristig sogar lohnen, während der Babyphase mit Erspartem zuzubuttern. »Man muss sich manchmal scheinbar ›unvernünftig‹ verhalten«, gibt eine anonyme Mutter in der »taz« zu diesem Thema zu bedenken. Außerdem: Wenn der »Besserverdiener« aussetzt, kann er während der neu gestalteten Elternzeit ja bis zu 30 Stunden in der Woche arbeiten – oft zu guten Konditionen. Julian etwa behandelt während des Erziehungsurlaubs einige wenige Privatpatienten – und verdient dabei nicht schlecht, wie er beteuert.

3. *Für die Kinderfrau geht ja doch nur das Gehalt der Frau drauf.*

In Wirklichkeit ist es ein Teil des gemeinsamen Geldes, das für eine qualifizierte Betreuung aufgewendet wird. Heike Pahl hat außerdem deutlich gemacht, dass diese Ausgabe auch als Investition in die Zukunft der Familie betrachtet werden kann, weil beide Partner, wenn sie beruflich am Ball bleiben, später mehr Geld verdienen, das wiederum für die Ausbildung der Kinder verwendet werden kann. Die meisten von uns sind aber mit traditionellen Rollenvorstellungen groß geworden. Da liegt es immer noch nahe, die Betreuungsperson als Mutterersatz zu deuten, zumal Tagesmütter und Kinderfrauen meist weiblichen Geschlechts sind. Die Betreuungsperson auszusuchen, mit ihr Organisatorisches abzusprechen und sie zu bezahlen, ist dann Müttersache. Um dieser Falle zu entgehen, ist es wichtig, als Paar über die Form der Betreuung zu sprechen, bevor das Baby auf der Welt ist: Haben die Großeltern sich angeboten, kann man eine Kinderfrau engagieren, will man ein Au-Pair-Mädchen nehmen oder eine Tagesmutter suchen, die sich um mehrere Kinder kümmert? Oder gibt es, wie in den neuen Bundesländern und in Berlin üblich, Kitas in öffentlicher oder kirchlicher Trägerschaft, denen man schon ein Kind unter drei Jahren anvertrauen kann? Dazu gehört auch, dass man sich gemeinsam klar macht, was es bedeutet, ein kleines Kind in »fremde« Hände zu geben. Marlene W. hat darauf hingewiesen, dass Eltern damit auch ein Stück Macht und Einfluss abgeben.

Wenn man wie Heike Pahl und ihr Mann zu zweit zu dem Ergebnis kommt, eine eigens eingestellte Kinderfrau sei die beste Lösung, dann wird später nicht so leicht einer auf die Idee kommen, sie fresse ja nur das Gehalt des einen Partners weg: Man trägt die (zeitweilige) Belastung gemeinsam im Bewusstsein, für das Kind und die Karrieren beider Eltern das Beste zu tun. Wenn die Tagesmutter, mit der beide Eltern zuvor gesprochen haben, später den Erwartungen nicht entspricht, ist man sich zudem eher einig, dass (gemeinsam) eine neue Lösung gesucht werden muss.

4. *Wer in der Erziehungsphase zu Hause bleibt, kann auch gleich die Hausarbeit machen.*

»Plötzlich habe ich Hausarbeiten übernommen, die früher immer ins Ressort meines Mannes fielen. Ich habe gebügelt und geputzt und eingekauft und gekocht, weil es mir so ›praktischer‹ erschien. Denn ich hatte ja mehr Zeit, und ich habe eher gesehen, woran es haperte.« Die Änderung, die der Erziehungsurlaub der Lehrerin Alice in das Leben des Paares brachte, ist auf den ersten Blick einleuchtend, aber bei genauerem Hinsehen trotzdem keineswegs zwingend: Denn sie blieb ja eigentlich zu Hause, um dem Kind eine gute Betreuung zu bieten. Einer qualifizierten Kinderfrau aber, wie Heike Pahl sie beschäftigt, wird allenfalls leichte Hausarbeit zugemutet! Und bevor das Kind kam, haben zwei Berufstätige den Haushalt doch auch ganz gut im Team gemeistert. Warum sollte der »Hauptverdiener« nun keine Zeit mehr dafür haben, seinen Part auszufüllen? Und wie soll es weitergehen, wenn das Kind größer und die Mutter wieder berufstätig ist?

Die Autorin und Mutter Bettina Münch empfiehlt in ihrem Buch »Ich will alles« allen Paaren, die es sich leisten können, dringend, eine Putzhilfe einzustellen. Ihren Umfragen zufolge entschärft diese Maßnahme das Konfliktpotenzial beträchtlich, unter anderem auch deshalb, weil Männer mehr Hausarbeit übernehmen, wenn die Menge überschaubar bleibt.

Münch unternimmt den Versuch, das Ungleichgewicht zwischen den Geschlechtern zu erklären, das sich im Haushalt zugleich mit dem Kindersegen einstellt: »Erfahrungsgemäß sind es vor allem zwei Aspekte, deren Aufeinandertreffen den Grundstein für häusliche Dramen legt: zum einen die fast ausnahmslos vorhandene unterschiedliche Schmutztoleranz bei Männern (hoch) und Frauen (gering), zum anderen der unterschiedlich ausgeprägte Organisationsdrang von Männern (niedrig) und Frauen (hoch). Beides zusammen – die ausgeprägte männliche Immunität gegen Schmutz und ein geringes Organisationsbedürfnis, gepaart mit dem hohen Sauberkeitsanspruch und Organisationsdrang der Frau – führt fast zwangsläufig zu Konflikten und zur Mehrarbeit der Frau!« Allerdings sollte man solche Unterschiede nicht als gegeben hinnehmen, so lange keiner nachgewiesen hat, dass etwa Schmutztoleranz mit dem Y-Chromosom vererbt wird und von Frauen prinzipiell nicht erworben werden kann. Frauen sollten vielleicht öfter die Probe aufs Exempel machen – in den Wohnungen der Industrienationen herrscht ja heute eher zu große Sauberkeit. Was die Organisation betrifft, so ist eine Familie, zumal mit zwei berufstätigen Eltern, allerdings heute in höchstem Maße darauf angewiesen. Außerdem hat die hochkomplexe Anforderung, die Termine einer modernen Familie zu koordinieren, einen nützlichen Nebeneffekt. Bettina Münch meint, es bringe »Frauen auch berufliche Vorteile, da sie bereits vorhandene berufliche Qualifikationen wie ein gutes Zeitmanagement, gute Organisationsfähigkeit und Optimismus im Zusammenleben mit dem Kind professionalisieren können.« Das könnte stimmen. Man sollte sich aber hüten, dieses Argument notorisch organisationsfaulen männlichen Partnern in die Hände zu spielen. Hausarbeit und Organisation der Kinderbetreuung sind auf jeden Fall Themen, über die Paare reden müssen. Wenn erst mit der Geburt des Kindes das Zusammenleben in einer Wohnung beginnt, kann den Frauen nur ans Herz gelegt werden, gleich den Anfängen der »Traditionalisierung« zu wehren. Sie ist eine Gefahr – doch muss nicht jede junge Familie zwangsläufig in ihren Fallstricken enden. Ein Argument gegen das Kinderkriegen ist sie damit noch lange nicht.

Fragen und Anregungen

- Wie wichtig ist Ihnen »Karriere«? Sprechen Sie mit Ihrem Partner über kurz- und langfristige berufliche Ziele! Passen sie zusammen?
- Überlegen Sie gemeinsam, wessen beruflicher Weg durch eine Auszeit weniger einschneidend verändert würde!
- Überschlagen Sie, wieviel Geld Sie als Familie brauchen und aus welchen Töpfen Sie ggf. für kurze Zeit zubuttern könnten!
- Beraten Sie, wieviel Betreuung für ein kleines Kind Sie beide zusammen sicherstellen können und wieviel »fremde« Hilfe Sie in Anspruch nehmen möchten!
- Haben sich dafür Ihre Eltern angeboten? Möchten Sie deren Hilfe annehmen? Was müssten Sie vorher mit ihnen klären?
- Besprechen Sie gegebenenfalls gemeinsam, welche Art der Kinderbetreuung – Krippe, Kinderfrau, Tagesmutter – Ihnen sympathisch und finanzierbar erscheint. Schauen Sie sich Personen und Einrichtungen möglichst gemeinsam an! Versuchen Sie, Kinderfrau oder Tagesmutter gut kennenzulernen!
- War die Verteilung der Hausarbeit bisher für Sie ein Thema? Teilen Sie gerecht? Würden Sie mehr Hilfe brauchen, wenn ein Kind da ist? Planen Sie – wenn möglich – eine Putzhilfe ein!
- Welche Wertigkeit haben die häuslichen und die außerhäuslichen Tätigkeiten für Sie? Finden Sie, dass Kindererziehung/Hausarbeit ein vollwertiger Beruf sein kann? Wie sieht das Ihr Partner?

164

Leben ohne eigene Kinder

*»Hohes Menschenglück, das sich vollendet,
bringt Kinder hervor und stirbt nicht ohne Erben.«*
(Aischylos, griechischer Tragödiendichter)

Ein Unterton von Wehmut

»Ich hätte sie gerne beim Werden begleitet«

Der Beruf ist nicht der einzige Hinderungsgrund für die Familiengründung. In vielen Fällen bleiben Menschen heute kinderlos, weil sich privat die richtigen Umstände für andere Umstände nicht einstellen. Die 52-jährige Diplom-Psychologin Hendrike K. ist zum zweiten Mal verheiratet und lebt heute in der Nähe von Frankfurt am Main. Sie hat keine Kinder – und konnte sich früher ein Leben ohne Kinder nie vorstellen.

Mit 22 Jahren hat Hendrike zum ersten Mal geheiratet. »Ich wollte immer jung Mutter werden«, sagt sie heute. Sofort nach der Hochzeit? Dagegen sprach doch einiges. »Mein damaliger Mann wollte auch Kinder, allerdings erst ein bisschen später. Er wollte zunächst beruflich vorankommen, ein wenig Vermögen schaffen und dann Kinder in die Welt setzen.« Auch sie fand es vernünftig, lieber noch etwas zu warten und in ihrem erlernten Beruf als Bankkauffrau richtig Fuß zu fassen. »So mit 26, 27 ein Kind zu kriegen, hätte ich als ideal empfunden.« In der Zwischenzeit hatte sich die Beziehung zu ihrem Mann allerdings verändert: »Er ist öfter fremdgegangen, das konnte ich nicht mehr mitmachen. Er hatte also genau in diesem idealen Zeitraum, den ich mir für eine Schwangerschaft vorgestellt hatte, andere Frauen.« Es war eine konfliktreiche Zeit, Hendrike hat schließlich mit 28 Jahren die Scheidung eingereicht und kurz darauf mit ihrem Psychologie-Studium begonnen. »Mit meiner Ausbildung als Bankkauffrau konnte ich mir das Studium weitgehend finanzieren, das war ein Riesenvorteil.« Und die Männer? Hendrike hatte in dieser Zeit eine Beziehung zu einem Physiker, der wenig später schizophren wurde. »Das war für mich eine sehr belastende Zeit. Als ich mich von ihm getrennt hatte, wurde ich selbst krank. Ich bekam eine chronische Darmkrankheit und ein Rückenleiden. Beide Krankheiten haben mich Jahre später schließlich in die vorzeitige Rente geschickt.«

Die Jahre zwischen 30 und 35 waren im Rückblick ein dicht gedrängter Zeitraum für Hendrike: das Studium, die schwierige Beziehung, die Krankheiten. »Zwischendurch habe ich, weil ich meinen Kinderwunsch nicht vergessen hatte, sogar einmal an eine künstliche Befruchtung durch einen Samenspender gedacht.« Denn ein Vater für das ersehnte Kind war nicht in Sicht: »Die vernünftigen Männer waren alle verheiratet, die anderen hatten einen Knacks. Und ich hatte das Gefühl, ich müsse mich beeilen mit dem Kinderkriegen. Andererseits stand ich aber noch vor meinem Diplom, und ich war unsicher, ob ich alles zusammen schaffen würde.« Etwas später, mit Mitte 30, hatte Hendrike eine längere Wochenend-Beziehung. »Ich wäre sehr gerne schwanger geworden und auch er war nicht prinzipiell dagegen. Andererseits hatte ich auch mit mir selbst und mit meiner neuen Stelle als Psychologin genug zu tun.«

Auch Hendrike hebt hervor, worauf alle meine Gesprächspartnerinnen Wert gelegt haben: »Meine Vorstellung war immer, Kinder und Beruf zu verbinden. Ich wollte den Beruf auf keinen Fall für die Familie ganz aufgeben.«

Mit 40 Jahren lernte die Psychologin ihren jetzigen Mann kennen. Endlich Zeit für das Kind? Es gab eine andere Hürde: »Von Anfang an stand fest, dass er keine Kinder wollte. Mir war klar: Wenn ich diesen Mann heirate, ist das Kinderthema erledigt.« Hendrike stand also vor der Wahl: »Eine erfüllte Beziehung zu erleben, dafür aber der Kinderwunsch aufzugeben, oder diesen Wunsch weiterzuverfolgen, dabei aber das Risiko einzugehen, schließlich gar nichts mehr zu haben.«

Hendrike hat sich, wie es wahrscheinlich die meisten Frauen in ihrem Alter getan hätten, für die Beziehung entschieden. »Aber ich habe über lange Jahre stark darunter gelitten, dass ich meinen Kinderwunsch damit endgültig begraben musste.« Heute sucht sie Ersatz in den Nichten und Neffen und in ihren drei Patenkindern. Sie hat sehr enge Beziehungen zu ihnen, die sie ganz bewusst pflegt. »Dass ich keine eigenen Kinder habe, bleibt aber ein wunder Punkt, wahrscheinlich mein Leben lang.«

Hendrikes Geschichte wurde stark durch ihre chronischen Krankheiten bestimmt. Heute hat sie den Eindruck, dass die gesundheitlichen Probleme ihr in gewisser Weise sogar geholfen haben, sich von ihrem sehnlichen Wunsch nach einem Kind innerlich etwas zu distanzieren: »In einer Situation, als es mir sehr schlecht ging und ich im Krankenhaus lag, habe ich mir gesagt: Es ist doch gut, dass ich kein kleines Kind habe, für das ich sorgen muss. Die Krankheit hat es mir möglich gemacht, mich von dem Thema zu lösen, bevor ich das aus Altersgründen tun musste.«

Im Gespräch mit einer Psychologin liegt es besonders nahe, auch nach den Gründen für diesen sehnlichen Wunsch nach Kindern zu fragen. Eine Frage, die Hendrike sich selbst im Lauf der Jahre oft stellte: »Ich habe immer wieder überlegt, welche eigenen Bedürfnisse ich durch ein Kind befriedigen wollte. Ich habe in meiner Kindheit viel Liebe und Wärme erlebt, andererseits aber auch ein gewisses Anspruchs- und Leistungsdenken meiner Eltern. Sie wollten zum Beispiel immer, dass ich in der Schule gut sein sollte, da waren sie sehr ehrgeizig. Das wollte ich bei meinen eigenen Kindern bewusst anders machen.« Doch es ging nicht nur um die Chance, in der Erziehung manches besser zu machen. »Am wichtigsten war mir die Vorstellung, einen anderen Menschen werden zu sehen, ihn ins Leben einzuführen, ihm Sicherheit und Geborgenheit zu geben. Ich wollte nie konkrete Vorstellungen davon entwickeln, wie mein Kind zu sein habe.«

Gab es Druck von Seiten der Eltern? Vor allem während ihrer ersten Ehe schienen schließlich alle Voraussetzungen für Enkel erfüllt. »Ja, wenn ich zurückdenke, kam am Ende meiner ersten Ehe schon die Frage: ›Wie lange wollt ihr denn noch warten? Wir werden ja alt, bis wir endlich Enkel haben!‹ Ich habe darunter gelitten, auch diesem Anspruch nicht genügen zu können. Aber das war irgendwann nicht mehr so wichtig.« Der Druck von außen verblasste gegenüber dem eigenen Wunsch, das Wachsen und Gedeihen eines Menschen mitzuerleben. »Am meisten fehlt mir heute, dass ich die Entwicklung eines Kindes nicht hautnah und Tag für Tag in allen kleinen Etappen miterleben konnte.« Hendrike hat immer wieder überlegt, wie und wo es möglich sein könnte, den Alltag mit einem Kind zu leben, das sie nicht selbst auf die Welt gebracht hatte: »Es gab sogar eine Phase, in der ich mir ernsthaft überlegt habe, in einem SOS-Kinderdorf als Familienmutter zu arbeiten. Auch eine Adoption habe ich in Erwägung gezogen.« Seitdem sie aus gesundheitlichen Gründen nicht mehr in ihrem Beruf arbeiten kann, betreut sie ehrenamtlich regelmäßig Eltern von behinderten Kindern. »Außerdem habe ich immer noch gern Besuch von meinen Nichten und Neffen. Aber mehrere kleine Kinder auf einmal verkrafte ich dabei nicht mehr: So ein Vierjähriger ist allein schon anstrengend genug!«

»Die Aufeinanderfolge der Generationen ist ein Lebensgesetz«

Auch der etwa gleichaltrige Gerd M. denkt ähnlich wie Hendrike immer wieder über das Zusammenleben mit Kindern und das Thema Fortpflanzung nach. Der 51-jährige Versicherungsfachmann und studierte Psychologe ist zum zweiten Mal verheiratet und hat keine Kinder. Im Unterschied zu Hendrike gehörten sie allerdings früher auch nicht zu seinem »Lebensplan«. Doch als Intellektueller und Angehöriger einer Generation, die von den Ideen der 68er Jahre geprägt ist, hat er sich über das Thema in den verschiedenen Phasen seines Lebens immer wieder Gedanken gemacht. Im Lauf der Zeit kam er zu der – für ihn persönlich schmerzlichen – Einsicht, dass es möglicherweise ein Fehler war, keine Kinder bekommen zu haben.

Wenn er nach den Grundlagen für diese Zweifel in puncto Vaterschaft nachdenkt, taucht er tief in seine Lebensgeschichte ein: »Ich muss weit zurückgehen: Die Ehe meiner Eltern war anfangs wohl sehr glücklich, später aber nicht mehr, weil mein Vater trank und viele Liebschaften hatte. Meine Mutter brachte mir bei, dass ich mit Frauen besonders vorsichtig umzugehen habe, wurde sie doch selbst von meinem Vater schlecht behandelt. Das sollte sich nicht wiederholen.« So war Gerd M. als junger Mann auch in der Frage der Verhütung sehr vorsichtig: »Ich wollte auf gar keinen Fall ein ungewolltes Kind in die Welt setzen!«

Haben die Debatten der 68er ihn in seiner Haltung Kindern gegenüber geprägt? Das bestätigt er: »Ja, es gab damals ein weit verbreitetes Argument: ›Wie kann man Kinder in eine Welt setzen, in der es bald einen Atomkrieg geben wird!‹ Von dieser Überlegung war ich als junger Student stark beeinflusst, unsere Clique hat viel darüber diskutiert. Faktisch wurde damit eine Hürde gegen das Kinderkriegen aufgebaut. Ein zweites, starkes Argument war die Überbevölkerung der Erde.«

Viele, die damals so dachten, haben allerdings später geheiratet und Kinder bekommen. Bei Gerd M. jedoch ging es anders weiter. »Meine erste Frau lernte ich mit 22 Jahren kennen. Sie war eine ehrgeizige und kluge Frau, die auch politisch sehr aktiv war und in ihrer Partei schnell aufstieg. Wir hatten beide viel mit dem Studium und der Politik zu tun, so dass an Kinder eigentlich nicht zu denken war.« Später war es seine Frau, die den Gedanken ins Spiel brachte: »Wir waren auf einer Ferienreise irgendwo am Mittelmeer, wir waren Ende 20, da sprach sie ihren Kinderwunsch an.« Gerd M. war ziemlich perplex, »zugleich aber auf eine bestürzende Art sehr nüchtern. Ich sagte zu meiner Frau: In unserer Beziehung ist einiges kritikwürdig, und das spricht dagegen, zusammen ein Kind zu bekommen.« Diese deutlichen Worte und die klare Ablehnung haben seine Frau sehr enttäuscht. Einige Zeit später haben sich die beiden dann getrennt, »aber nicht wegen der Kinderfrage. Es stimmte grundsätzlich nicht mehr in unserer Beziehung und wir waren beide nicht erfahren genug, um das zu ändern.«

Gerd M. hat später nochmals geheiratet, aber auch diese Ehe blieb kinderlos. »Als ich meine jetzige Frau kennen lernte, hatte sie schon eine Unterbindung der Eileiter durchführen lassen. Die Entscheidung, kein Kind zu bekommen, war bei ihr also bereits gefallen. Ihre Beweggründe hatten mit einer Richtung der Psychologie zu tun, der sie anhing. Diese Gruppe hatte sich der Selbsterziehung verschrieben – einer ›Erziehung der Erzieher‹, wie es der Psychoanalytiker Alfred Adler formuliert hatte. Der Gedanke war vor allem, dass man erst an seinen eigenen Problemen und Neurosen arbeiten muss, ehe man Kinder in die Welt setzen darf. Teilweise wurde der Kinderwunsch selbst als neurotisch betrachtet.«

In den ersten zehn Jahren der Beziehung war die Aussicht, keine Kinder zu haben, für Gerd nicht problematisch, wie er heute betont. Was hat sie später zu einem Problem gemacht? Es war die Vorstellung, aus dem »normalen« evolutionären Ablauf der Dinge, also aus der Abfolge der Generationen in einer Familie, herauszufallen. »Dieser Gedanke hat mich erschüttert, und ich habe mich gefragt, ob es nicht ein Fehler war, keine Kinder zu bekommen; ob ich damit nicht gegen das ewige Gesetz der Evolution verstoßen habe.«

Stichwort Generationenfolge: Waren seine Eltern enttäuscht, dass diese Abfolge durchbrochen wurde und dass sie keine Enkel haben? »Ich glaube, meine Mutter war sehr enttäuscht, zumal auch mein Bruder keine Kinder hat.« Doch Gerd M. betont auch: »Sie hat sich allerdings bewusst in diese Dinge nicht eingemischt. Und sie hat inzwischen eine Art ›Ersatzenkel‹ gefunden, in der Familie dieses Kindes engagiert sie sich.«

Wenn man mit Gerd M. spricht, gewinnt man den Eindruck, dass er sich mit dem Thema immer auf eine sehr intellektuelle Art auseinandergesetzt hat: als junger Mann, der (noch) keine Kinder wollte, später im Gespräch mit den Ehefrauen und jetzt in seinem Bedauern darüber, keine Kinder zu haben. Er bestätigt das und fügt nachdenklich hinzu: »Inzwischen frage ich mich, ob es nicht in manchen Fällen besser ist, man setzt die Kinder in die Welt, ohne groß darüber nachzudenken. Je mehr man darüber nachdenkt, desto schwieriger wird es. Desto eher kommt man auf Gedanken, die dagegen sprechen.« Heute sagt er: »Ich bedaure es sehr, diese Erfahrung des Lebens mit Kindern nicht gemacht zu haben, die als ereignisreich und schön beschrieben wird. Natürlich weiß ich, dass Kinderhaben mit vielen Sorgen verbunden ist. Und damals, als es die Chance gab, wäre ich gar nicht in der Lage gewesen Kinder großzuziehen. Erst seit zehn Jahren würde ich mir das wirklich zutrauen.«

Gerd M. hütet sich jedoch, seine Skrupel vor dem Kinderkriegen – die auch Ausdruck eines bestimmten Zeitgeistes waren – zu verallgemeinern. »Ich habe Verständnis für die Menschen, die in vollem Vertrauen auf die Zukunft Kinder zeugen. Die Aufeinanderfolge der Generationen ist schließlich etwas ganz Natürliches, ein großes Lebensgesetz. Ich frage mich, ob man nicht einen Fehler macht, wenn man sich diesem großen Lebensgesetz entzieht, indem man auf Kinder bewusst verzichtet.« Doch diese Freiheit hat der Mensch, und Gerd M. stellt fest: »Die Spannweite dessen, was auf diesem Gebiet gelebt wird, ist heute ungeheuer groß, vom blinden Vollzug des ›biologischen Programms‹ bis zur reinen ›Kopfgeburt‹.«

Auch die Möglichkeiten, als Kinderloser »Väterlichkeit« oder »Mütterlichkeit« zu leben und Werte an kommende Generationen weiterzugeben, sind vielfältig. »Ein Bekannter sagte dazu sogar einmal: ›Wir Kinderlosen bringen Deutschland voran!‹ Er meinte damit, wir seien diejenigen, die Zeit hätten, sich in Gremien zu setzen, Bücher zu schreiben, Ideen zu entwickeln, sich einzusetzen. Natürlich kann man das alles auch tun, wenn man Vater oder Mutter ist, aber es gehört viel mehr Energie dazu.« Gerd M. findet solche Gedanken, mit denen man über den eigenen Tellerrand hinausblickt, sehr wichtig, »vor allem, wenn man an die enormen Anstrengungen denkt, die viele Paare heute wegen ungewollter Kinderlosigkeit unternehmen. Aus der Planbarkeit kommen wir heute nicht mehr heraus, aber daraus resultiert auch ein seltsamer und problematischer Anspruch. Ich sehe einen generellen Trend von der schicksalhaften Hinnahme von Umständen hin zu einem teilweise unrealistisch übersteigerten Anspruchsdenken.«

Was hätte sich wohl in seinem Leben geändert, wenn er Vater geworden wäre? »In unserem jetzigen Leben, das so auf Arbeiten und Lernen eingerichtet ist, hätte ein Kind gar keinen Platz. Es würde da wahrscheinlich stören und unsere Zukunftspläne ganz drastisch kappen. Wir müssten uns vollkommen umstellen. Auf der einen Seite steht also der Gedanke: ›Ein Kind hätte bei uns gar keinen Platz‹; auf der anderen Seite, bedaure ich, dass wir kein Kind haben.« Über diesen Zwiespalt kommt Gerd M. nicht hinweg.

Hendrike K. hatte bedauert, dass sie die Etappen des langsamen Werdens eines Menschen nicht Schritt für Schritt und Tag für Tag live miterleben konnte. Was ist es, das Gerd M. vor allem vermisst? »Soweit ich das mitbekommen habe, sind kleine Kinder etwas Entzückendes! Ich meine damit vor allem die ersten sechs Jahre und die enorme Lernfähigkeit der Kinder in diesem Alter. Ich denke weniger an die ersten sechs Monate, in denen man keine Nacht durchschlafen kann oder an pubertierende, renitente 15-Jährige. Ich glaube, ich könnte Kindern sehr gut die Welt zeigen.« Er gibt zu: »Und dann gibt es auch manchmal, angesichts realer Eltern-Kind-Beziehungen, den Gedanken: Das hätte ich besser gemacht!« Weil er Psychologie studiert hat? »Auf alle Fälle. Durch das Studium habe ich auch viel über Kinder erfahren, es gibt da wunderbare Bücher. Man sieht dann, welche Fehler Eltern machen, die von Entwicklungspsychologie keine Ahnung haben. Doch es ist ja heute nicht mehr üblich, dass andere Erwachsene in die Erziehung eingreifen.«

Fasst man zusammen, was Gerd in diesem Gespräch überlegt und zu bedenken gegeben hat, dann wird daraus eine komplizierte und anspruchsvolle Botschaft: Einerseits sollte man lieber nicht zu lange über all die möglichen Schwierigkeiten nachdenken, wenn man Kinder in die Welt setzen will. Andererseits sollte man sich aber vorher ausgiebig mit Entwicklungspsychologie beschäftigt haben. Grund genug, ihn auf diesen Widerspruch hinzuweisen: Spontaneität, aber bitte mit exzellenter Vorbereitung? »Das sind die Widersprüche des Lebens, die sich nicht so leicht auflösen lassen!«, sinniert mein Gesprächspartner.

Ungewollt kinderlos

Schätzungen zufolge sind heute sieben Prozent aller Paare von einem Problem betroffen, das anders gelagert ist als die Kinderlosigkeit von Hendrike und Gerd: Die Rahmenbedingungen stimmen, beide Partner wünschen sich ein Kind, doch es will mit der Zeugung nicht klappen. Der Berliner Reproduktionsmediziner Heribert Kentenich hat schon viele dieser Paare betreut und behandelt. Unzähligen Frauen hat er mit Hormonbehandlungen und verschiedenen Methoden der Befruchtung außerhalb des Mutterleibs (In-Vitro-Fertilisation und Intracytoplasmatische Spermieninjektion, kurz: ICSI) zu ihrem Wunschkind verholfen. Vielen konnte er jedoch auch nicht helfen. Jedenfalls nicht auf diese Weise. Da Kentenich zugleich auch Psychotherapeut ist, versteht er seine Hilfe nicht ausschließlich als Dienstleistung, die zum gesunden Baby verhilft. Auch das »Eröffnen einer Lebensperspektive ohne Kind« gehört dazu. »Wir müssen den Paaren dann dabei helfen, ihre eigenen Grenzen zu akzeptieren.« Ungewollt kinderlose Paare müssen sich der Tatsache stellen, dass ihre Lebensgestaltung in einem zentralen Punkt nicht ihrem Willen gehorcht. Bei der Verhütung einer Empfängnis war

172

vorher jahrelang ausschließlich dieser Wille maßgeblich gewesen. Und auch in anderen Lebensbereichen haben sie immer wieder erfahren können, dass Zielstrebigkeit und Anstrengung zum Erfolg führen: »Zu mir kommen Frauen, die in ihrem bisherigen Leben, in Ausbildung und Beruf, die Erfahrung gemacht haben, dass man bestimmte Ziele aus eigener Kraft erreichen kann«, so Kentenich. Plötzlich aber taucht ein Wunsch auf, ein Ziel, das »über den Kopf nicht erreichbar« ist. Die Unfruchtbarkeit wird in der Folge von den meisten Menschen, Männern wie Frauen, als narzisstische Kränkung erlebt, die das Selbstwertgefühl nachhaltig erschüttert, so Kentenich.

Auch die Paarbeziehung kann durch diese Erfahrung stark belastet werden. Die Paartherapeutin Dorothea Schneidereit berichtet: »Bei mir waren zwei Frauen in Therapie, die keine Kinder bekommen haben. Sie hatten, zusammen mit ihren Männern, eine lange Odyssee bei Ärzten hinter sich, an der letztlich die Beziehung gescheitert ist. Bei einem Paar gab es einen doppelten organischen Befund: Bei ihm war die Konzentration der Samenzellen zu schwach, gleichzeitig war bei ihr ein Eileiter nicht durchlässig. Der erste medizinische Ratschlag besteht in solchen Fällen darin, dass der Beischlaf um die Zeit des Eisprungs herum stattfinden soll. Diese Sexualität nach Kalender nimmt die Spontaneität und belastet die Beziehung oft ganz beträchtlich. Je länger das dauert, desto schwieriger wird es: Der Kinderwunsch wird das übermäßige Thema in der gesamten Beziehung. Die Individualität der beiden liebenden Partner rückt in den Hintergrund, Sexualität wird dann nicht mehr als Ausdruck einer leidenschaftlichen Beziehung und des Sehnens nach dem anderen erlebt, sondern zum Kinderkriegen funktionalisiert. Das erleben beide Partner als kränkend, vor allem bekommen aber oft die Männer das Gefühl: Ich bin nur noch zur Zeugung da! Man kann sich in solchen Fällen kaum dagegen wehren, dass der Kinderwunsch immer mehr in den Vordergrund rückt. Die spontanen Impulse müssen ja auch unterdrückt werden, wenn der Arzt rät: Schlafen Sie nicht vorher miteinander, damit die Spermienkonzentration hoch ist, wenn es darauf ankommt!«

Paaren, die für eine bestimmte Zeit unter dem Zwang stehen, »nach dem Kalender« miteinander zu schlafen, weil sie gerne ein Kind hätten und Probleme haben, es zu bekommen, rät

Schneiderei-, das mit möglichst viel Humor zu nehmen. »Als ironischer Stoßseufzer vorgebracht – etwa: ›Wir müssen ja heute. Also los, ins Bett!‹ –, kann der Sache schon viel von ihrer Schärfe genommen werden. Spontaneität muss zurückkommen, auch in Übertretung der ärztlichen Verbote, also auch nach dem Motto: ›Lass es uns heute trotzdem tun!‹. Wenn alles nur noch bierernst ist, kann die Lust nicht gedeihen.« Aber auch begleitende Betreuung ist nach ihrer Ansicht für viele Paare hilfreich. »Ein Außenstehender kann die beginnenden Konflikte eher deutlich machen, wenn er sieht, dass bei dem Paar eine gewisse Ermüdung eingetreten ist und das Thema sich verselbständigt.« Nach Auffassung der Paartherapeutin unterschätzen die meisten Reproduktionsmediziner »die beziehungssprengende Kraft dieses lange dauernden Kinderwunsches«.

Beratung und Psychotherapie können in manchen Fällen Paaren auch dabei helfen, den richtigen Zeitpunkt für das Ende der medizinischen Bemühungen zu bestimmen. »Es ist für die meisten Paare sehr schwer, den Punkt zu finden, an dem man sagt: Jetzt reicht es uns, wir hören auf! Wir betrachten jetzt einmal unser Leben ohne leibliche Kinder und versuchen, eine neue Perspektive zu entwickeln. Viele Paare sagen sich auch: ›Wir haben schon so viel Zeit und Geld investiert, jetzt können wir nicht aufhören.‹ Als Paartherapeutin kann ich mich mit den Paaren auf die Suche nach den Quellen begeben, aus denen der intensive Kinderwunsch gespeist wird.«

Es kann eine schwere seelische Belastung sein, wenn dieser wichtige Lebenswunsch keine Erfüllung findet. Gesellschaftlich haben es aber ungewollt Kinderlose heute leichter, das wurde mir von meinen Gesprächspartnern immer wieder versichert. Das Kind gehört nicht mehr wie selbstverständlich zur geglückten Paarbeziehung. Heute werden Frauen nicht so schnell und nicht so aufdringlich gefragt, wann sie denn nun endlich Nachwuchs bekommen wollen, wie es noch vor ein paar Jahrzehnten üblich war. Man hat sich in unserer Gesellschaft daran gewöhnt, dass nicht jedes Paar sofort und manche überhaupt nicht Eltern werden wollen. Bei der erfolgreichen Strafverteidigerin Cornelia H. hätte das jeder verstanden.

Wahlverwandtschaften:
Kinderlos mit Kindern leben

»Sie waren so, wie ich mir meine eigenen wünschte«

»Bis ich etwa 25 Jahre alt war, habe ich nie an Kinderkriegen gedacht, sondern nur daran, wie ich sie nicht kriege. Wenn ich auf Kinder in meinem Bekanntenkreis traf, habe ich sie meist übersehen. Ich weiß noch, dass ich damals dachte: ›Wenn ich mich mit Kindern beschäftige, denkt jeder gleich, ich wollte auch welche haben!‹ Aber das wäre für mich dem Eingeständnis gleichgekommen, die Hausfrauenrolle doch der Berufstätigkeit vorzuziehen. Diesen Eindruck wollte ich auf jeden Fall vermeiden!«

Was die heute 50-jährige Cornelia H. hier rückblickend zum Ausdruck bringt, ist nicht untypisch für die Stimmung der 70er Jahre: Die Bücher von Simone de Beauvoir standen im Bücherregal beinahe jeder gebildeten Frau. Für die Vereinbarkeit von Familie und wirklicher beruflicher Karriere gab es, zumindest in der alten Bundesrepublik, einfach zu wenig geeignete Vorbilder. »Ich war realistisch genug, um zu wissen, beides zusammen würde ich nicht so gut bewältigen können, wie ich es gerne hätte. Mein beruflicher Ehrgeiz war schließlich gewaltig!«

Heute ist Cornelia eine ausgesprochen erfolgreiche Rechtsanwältin, verheiratet, ohne eigene Kinder. Dass sie als junge Frau Kinder betont links liegen ließ, hatte nicht nur mit ihrem Ehrgeiz zu tun. Es war zugleich Ausdruck der elementaren Angst vor Abhängigkeit. Cornelia weiß heute noch genau: »Ich geriet bereits bei dem Gedanken in helle Panik, vom Vater des Kindes finanziell abhängig zu sein.« Mütter, denen das Haushaltsgeld auf die Hand gezählt wurde, die den Kontostand des Ehemannes nicht kannten, waren in ihrer Kindheit schließlich noch der Normalfall.

»Ich war 26 oder 27 Jahre alt und Referendarin, als ich dachte, ich sei schwanger. Ich lebte damals seit fünf Jahren in einer festen Beziehung, wohnte aber mit meinem Freund nicht zusammen.« Ein Kind passte zu diesem Zeitpunkt denkbar schlecht in Cornelias Leben. »Es gab aus irgendwelchen Gründen Probleme mit dem Schwangerschaftstest. Ich erhielt zuerst das Ergebnis: schwanger. Nach drei Stunden dann aber das endgültige Resultat: nicht schwanger.« Es war also nichts geschehen – und doch sehr viel. »In diesen drei Stunden hatte ich mich ganz allein entschlossen, das Kind zu bekommen – auch wenn, wie ich damals dachte, alle dagegen sein würden. Als ich das endgültige Ergebnis bekam, empfand ich eine Mischung aus Erleichterung und Trauer.« Cornelia wusste seitdem, dass es in ihr den Wunsch nach einem Kind gab. Doch sie war noch jung – und zum Programm der nächsten Jahre, zum Ende des Referendariats und dem Einstieg in eine angesehene Strafverteidiger-Kanzlei, passte dieser Wunsch ganz und gar nicht. Sie zeigte ihn nicht. Er trat in den Hintergrund. Und meldete sich von dort erst Jahre später erneut.

Cornelia H. hatte wenig mit indiskreten oder plumpen Fragen danach zu kämpfen, ob sie denn nicht endlich ein Kind wolle. Jeder sah ja, wie viel sie zu tun hatte! Tatsächlich hätte ein Kind in jungen Jahren nicht in ihr Leben gepasst.

Als sie dann ein Kind wollte, ging dieser Wunsch der Erfolgsgewohnten jedoch nicht in Erfüllung. Der innere Kampf darum, das zu akzeptieren, war langwierig und schwer. Sie hat ihn über weite Strecken allein ausgefochten; lediglich mit ihrem Mann und wenigen Vertrauten sprach sie darüber. Erst jetzt möchte sie davon erzählen.

Mit Anfang 30 lernte Cornelia ihren jetzigen Mann kennen. Er hatte zwei Söhne, die damals zwei und acht Jahre alt waren. »Es waren die ersten Kinder, mit denen ich mich sofort verstand und das ist bis heute so geblieben. Wir verbrachten viel Zeit miteinander, besonders am Wochenende und in den Ferien. Das haben wir alle sehr genossen. Es gab nach den gemeinsamen Wochenenden doch auch Montage, an denen ich sehr glücklich war, wieder an meinen Schreibtisch in der Kanzlei zurückkehren zu können.« Dennoch fand es Cornelia mit den Jahren immer belastender, dass die Kinder in der Woche bei ihrer leiblichen Mutter lebten. »Ich fühlte mich durch dieses Kommen und Gehen emotional ›ein- und ausgeschaltet‹. Ich wünschte mir, die beiden sollten immer bei uns wohnen.« Im Nachhinein ist sie sich sicher, dass dieses Hin und Her der Auslöser dafür war, eigene Kinder haben zu wollen. Sie war inzwischen 33 Jahre alt.

»Ich habe mit meinem Mann über das Thema gesprochen. Er war nicht sonderlich begeistert und wies mich vor allem darauf hin, dass meine sich anbahnende berufliche Karriere damit wohl zu Ende sein würde. Er meinte, ich könne ja noch etwas warten. Das sah ich dann auch so, war aber zugleich traurig über meine eigene Entscheidung.« Auch in dieser Situation spielte wieder die Angst vor finanzieller Abhängigkeit, in die sie durch Kinder zu geraten fürchtete, eine entscheidende Rolle.

Diese Abhängigkeit sah sie bei anderen Frauen: »In der damaligen Zeit lernte ich viele Mütter kennen. Da war ich mit ›meinen‹ beiden Kindern fein raus. Ich konnte beim Thema Kindererziehung mitreden, aber immer auch darauf verweisen, dass ich noch dazu erfolgreich einen Full-Time-Job ausübte. Damit erfüllte ich sozusagen alle Anforderungen an die ›moderne‹ Frau. Stellenweise kam ich mir auch tatsächlich so vor.«

Als Cornelia 38 Jahre alt wurde, sah sie das nicht mehr so rosig. »Meine Probleme wurden zu diesem Zeitpunkt sehr massiv. Der Wunsch nach eigenen Kindern war jetzt ständig präsent und von niemandem mehr aufzuhalten. Das Tragische war nur, dass ich einfach keine bekam!« Nach einem Jahr des Wartens begannen die ärztlichen Untersuchungen, an deren Ende sich herausstellte, dass Cornelia an einer Endometriose litt, einer Wucherung der Gebärmutterschleimhaut. Das schloss zwar die Möglichkeit, schwanger zu werden, nicht ganz aus, erschwerte die Sache aber nach Einschätzung der Ärzte beträchtlich. »Hinzu kam mein fortschreitendes Alter. Ich bekam zu hören, dass meine ›biologische Uhr‹ ticke. Den Ärzten, mit denen ich zu tun hatte, fehlte häufig das rechte Verständnis für meinen Wunsch nach Kindern – mit ›um die 40‹. Ich war völlig verzweifelt. Nicht nur, dass ich jeden Tag daran denken musste. Ich empfand mich in allem, was ich tat, als irgendwie unvollständig – ich war keine ›richtige‹ Frau. Ich meinte, alle würden mir mein Problem ansehen, alle anderen hätten Kinder und deshalb keine Probleme.«

Die Situation war besonders belastend, weil Cornelia mit keinem Menschen darüber sprechen konnte. »Damit hätte ich ja zugeben müssen, dass ich ein Problem habe. Das passte nicht zu meinem Selbstbild.« Nach eigener Einschätzung schwankte sie zwischen zwei Bewertungen der Lage: »Einerseits sagte ich mir: ›Das geschieht dir recht. Du hättest ja zuerst Kinder kriegen und dann einen Beruf suchen können!‹ Andererseits fand ich aber auch, das wäre ja gelacht: ›Du hast doch bisher immer erreicht, was du wolltest. Wenn du dich noch mehr anstrengst, packst du auch das!‹. Ich habe mich in dieser Zeit also unendlich angestrengt!«

»Irgendwann war ich physisch und psychisch völlig erschöpft und sah kein Land mehr. Alles, was ich tat, erschien mir sinnlos. Dieser Zustand zog sich über eine lange Zeit hin.« Der Hausarzt, der Cornelias Problem nicht kannte, merkte ihr bei einem Routinecheck trotzdem die Überanstrengung an und riet ihr, mit einem Psychotherapeuten zu sprechen. »Ich war damals 41 Jahre alt. Der Therapeut war sehr verständnisvoll und respektierte, dass ich nicht für den Rest meines Lebens in seine Praxis kommen wollte. Nach zehn Stunden verabschiedete ich mich wieder. In der Zeit hatte er mir aber klar gemacht, dass ich – obwohl ich weiterhin versuchen würde, schwanger zu werden – in jedem Fall nach ›Alternativen‹ in meinem Leben suchen sollte, nach Dingen, die mir Spaß machten.« Nur sah Cornelia keine »Alternativen«, denn nichts machte ihr zu diesem Zeitpunkt außer der Arbeit wirklich Spaß! »Es dauerte einige Therapiestunden, bis ich meine Freude an Farben entdeckte. In der Folgezeit begann ich, unsere Wohnung neu zu gestalten. Außerdem fing ich wieder an zu malen. Das half fürs Erste.«

Als es ihr wieder besser ging, merkte sie zudem, wie wichtig ihr der Kontakt mit den Kindern ihres Mannes war. Ihr wurde plötzlich bewusst, »dass die beiden eigentlich genau so waren, wie ich mir eigene Kinder gewünscht hatte«. Das war ein zweiter Schritt. »Geholfen hat mir auch mein Mann, der mein Problem als solches annahm.«

Schließlich begann Cornelia sogar, »ganz vorsichtig und zögerlich« mit wichtigen Menschen darüber zu sprechen. »Bis ich richtig über meine Trauer reden konnte, dauerte es noch Jahre. Dann aber stellte ich fest, dass es überraschend viele Frauen gab, denen es so erging wie mir und die ebenfalls nie darüber gesprochen hatten. Ich nahm immer mehr wahr, dass das Thema in der Öffentlichkeit diskutiert wurde. Trotzdem ist das Gefühl der Trauer nie ganz verschwunden, bis heute nicht.«

Noch ein Ereignis allerdings hat Cornelia etwas über die Traurigkeit hinweggeholfen: die Geburt ihres Neffen. »Für mich war es ein Glücksfall, als meine Schwester mit 40 Jahren einen Sohn bekam. Ich mag meine Schwester über alles und auch ihren Sohn. Von Anfang an war ich gewiss, sie würde ihn mit mir teilen. Wir verbringen viel Zeit miteinander und ich freue mich, dass sich über dieses Kind auch unsere Familie fortsetzt.«

Cornelia kann jetzt bei ihrer jüngeren Schwester, die ebenfalls ganztags berufstätig ist, genau beobachten, wie anstrengend Kind und Beruf zusammen sind. »Ich bin heute 50 Jahre alt und weiß inzwischen, dass es anderen Frauen viel schlechter als mir gegangen ist. Ich sehe jetzt alles etwas gelassener und bin bescheidener und sensibler für Frauenprobleme geworden. Die Zeit, die ich mit Kindern verbracht habe und noch verbringe, genieße ich sehr, aber sie ist vielleicht doch nicht alles.« Würde sie etwas anders machen, wenn sie noch einmal vor der Wahl stünde? »Ich würde meinem Beruf wieder Priorität einräumen. Diesmal würde ich aber mit mehr Selbstbewusstsein und sehr viel früher nach kreativen Möglichkeiten suchen, den Kinderwunsch mit dem Beruf zu vereinbaren.« Als Pech empfindet Cornelia es, dass sie nicht zehn Jahre später auf die Welt gekommen ist. »Ich weiß, dass die Medizin heute mit meinem gesundheitlichen Problem besser umgehen könnte.«

»Werte müssen nicht auf Genen dahergeschippert kommen«

Auch Rebekka S. hat keine »eigenen« Kinder. Die 43-jährige Biologin lernte ihren jetzigen Mann mit 28 Jahren kennen, da hatte der damals 39-Jährige schon eine Ehe hinter sich. Seine zwei Töchter waren neun und sieben Jahre alt und lebten abwechselnd bei ihrer Mutter und bei ihm. Beide Eltern wohnten nicht weit voneinander entfernt am oberbayerischen Ammersee. Rebekka kommt nicht nur mit dem Vater-Töchter-Trio gut klar. Seit vor einigen Jahren ihre Schwägerin an Brustkrebs starb, kümmert sich Rebekka auch noch um die zwei Kinder ihres Bruders – jedenfalls so weit das ihr Job als Redakteurin eines Umwelt-Magazins für Kinder zulässt.

Wie hat sie es damals, mit 28, empfunden, dass ihr neuer Freund schon zwei Kinder hatte? »Es hat mir sehr imponiert,

weil er gleich gesagt hat: ›Ich bin nur im Dreierpack zu haben.‹«
Allerdings mussten die beiden kleinen Mädchen und die ›Neue‹
sich dann erst vorsichtig aneinander heran tasten. »Er hat mich
vorgestellt mit den Worten: ›Das ist Rebekka, die hilft mir beim
Kochen.‹ Da haben die beiden Mädchen geantwortet: ›Das konn-
test du bisher doch ganz gut alleine!‹« Dass es mit ihr und den
Kindern so gut klappte, hat Rebekka, wie sie heute mit Dankbarkeit feststellt, zu einem guten Teil der Mutter der Kinder zu
verdanken. »Sie hat nicht gemauert und mich im Gegenteil als
zusätzlichen stabilisierenden Faktor der Familie betrachtet.«
Das gute Verhältnis zu ihr war sehr wichtig. Anfangs haben die
Kinder nach einem Wochenende bei ihrem Vater und Rebekka
nachgefragt: »Ist es in Ordnung, wenn wir uns jetzt auf Mama
freuen? Das heißt nicht, dass wir nicht gerne bei dir sind!« Für
die Kinder war es offensichtlich von Bedeutung, das ausdrücklich klarzustellen: »Als sie darauf hin keine gekränkten Reaktionen gesehen haben, konnten sie sich wohl entspannen.«

Im Zusammenleben mit den beiden Mädchen hatte Rebekka
das Gefühl: »Mein Beitrag war auf jeden Fall positiv, schon deshalb, weil die Verantwortung sich auf drei verteilte.« Rückblickend
muss sie zugeben, dass es manchmal Schwierigkeiten in kleineren
Alltagsdingen gab, die sie sich damals nicht eingestehen konnte.
Zum Beispiel die verschiedenen Maßstäbe bei der Frage der
Hausarbeit: »Ich hätte es richtig gefunden, wenn die Kinder mehr
mitgeholfen hätten. Aber von ihrer Mutter waren sie das nicht
gewöhnt und ich wollte die Harmonie nicht gefährden.« Hatte
sie Angst, etwas falsch zu machen? »Wenn ich ehrlich bin: Ich
hatte immer auch das Gefühl, mich als ›Mutter Nummer zwei‹
bewähren zu müssen.« Als sie den Mädchen später davon erzählte, waren sie erstaunt. »Für sie waren die Rollen klar: Es gab,
wenn sie mit ihren Freunden über uns sprachen, ›meinen Papa‹,
›meine Mama‹, aber auch ›meine Becki‹ – also mich.«

Wollte Rebekka nie eigene Kinder, die zu ihr »Mama« gesagt
hätten? Da muss sie weit zurückdenken. »Vor meiner jetzigen Beziehung hatte ich einen Freund, der auf gar keinen Fall Kinder
wollte. Zu dieser Zeit glaubte ich einmal, schwanger zu sein,
und habe dem eigentlich ziemlich gelassen entgegengesehen.
Aber er hat absolut panisch reagiert. Ich dachte: Wenn er diese
Nachricht so sehr als Katastrophe aufnimmt, dann stimmt etwas

grundsätzlich nicht – so war es dann ja auch!« Und in der jetzigen Beziehung – mit einem Mann, der schließlich schon Vaterqualitäten bewiesen hat? So einfach wäre es trotzdem nicht gewesen, noch ein gemeinsames Kind zu bekommen: »Er hatte ja schon zwei Kinder, um die er sich kümmern wollte und musste. Außerdem war er beruflich in einer Umbruchphase, verbunden mit größerer wirtschaftlicher Unsicherheit!« So hat es Rebekka einfach als beschlossen vorausgesetzt, dass er keine Kinder mehr planen wollte. »Diese entschiedene Haltung war für mich einfach eine Gegebenheit.« Doch sie fügt hinzu: »Wahrscheinlich spielte dabei auch meine Angst vor Komplikationen – wie Eifersucht der Töchter – eine Rolle. Es wäre sicher nicht einfach geworden. In dieser Befürchtung haben mich Beispiele von Freunden bestätigt, die in einer zweiten Beziehung ein Kind bekamen und deren Kinder aus erster Ehe massiv eifersüchtig reagiert haben.« Doch für Rebekka steht andererseits auch fest: »Ich wäre prinzipiell offen gewesen für ein Kind. Und wenn die Empfängnisverhütung versagt hätte, wäre eine Abtreibung für mich nie in Frage gekommen. Das habe ich auch von Anfang an meinem Mann gegenüber deutlich gemacht. Darauf angelegt habe ich es aber nie.«

Einmal gab es auch in dieser Beziehung eine Situation, in der Rebekka dachte, sie sei schwanger. Diesmal hatte sie es mit einem Partner zu tun, der nicht in Panik geriet: »Seine Reaktion war sehr gelassen. Er hat tief durchgeatmet und dann nur gefragt: ›Wie wollen wir es nennen?‹ Das hat mir gut gefallen.« Aber auch bei ihr war der Schwangerschafts-Test negativ. Rebekka nahm das Ergebnis in diesem Fall gelassen. In ihrer früheren Beziehung war das anders gewesen: »Als ich das erste Mal dachte ich sei schwanger, habe ich schon sehr fröhlich in mich hineingehorcht! Und ich war sehr gekränkt, als mein damaliger Freund so panisch reagierte.« Schwangerschaft und Geburt stellt die Biologin sich als schönes Erlebnis vor, »besonders zusammen mit einem solidarischen Partner«.

Sie war noch jung, als sie geheiratet hat. Hat die Umwelt sie nicht mit Fragen nach einer Schwangerschaft genervt? »Sogar die Kinder haben mal gefragt: ›Wollt ihr nicht ein Baby, das wäre doch süß!‹ Aber als ich ihnen gesagt habe: ›Ich habe doch euch!‹, da waren sie sehr zufrieden. Natürlich gibt es Leute, die sich damit nicht zufrieden geben. Sie sagen, ein eigenes Kind sei doch ›etwas anderes‹, und ein Bekannter meinte sogar: ›Die angeheirateten Kinder zählen doch nicht!‹ Das hat mich bis ins Mark getroffen. Ich stand da wie die böse Karrierefrau, die ihr Leben nicht mit einem Kind teilen will.« Wenn jemand ihr so kommt, kann die ausgesprochen friedfertige Rebekka sich sehr ereifern: »Das wirkt manchmal wie ein Konsumzwang: Mein Haus, mein Auto, mein Kind. Sonst redet man niemandem in sein Leben hinein, aber dass du ein Kind brauchst, das wissen sie alle! Ich habe sicher eine Menge in solche Bemerkungen hinein interpretiert. Aber sie können mich auch aus grundsätzlichen Erwägungen böse machen.« Im Lauf der Zeit hat sie sich für solche Fälle »einen Schutzwall von Argumenten« zugelegt: »Ich glaube schon, dass ich Kindern auch meine Werte weitergeben will, meine Lebenseinstellung. Aber gerade als Biologin muss ich sagen: Werte kommen doch nicht auf Genen daher geschippert! Man kann sie im gemeinsamen Leben vermitteln. Und das versuche ich im Moment. Ich freue mich riesig, wenn ich sehe, dass die Kinder, für deren Erziehung ich mit zuständig bin, in schwierigen Situationen mutig reagieren und sich für andere einsetzen! Übrigens kamen solche Bemerkungen über ›eigene‹ Kinder nie von meiner Mutter, und das rechne ich ihr hoch an.«

Ein Stück Leben teilt Rebekka nun auch mit den Kindern ihres Bruders, dessen Frau vor fünf Jahren starb. Die beiden sind jetzt 11 und 13 Jahre alt und leben seit dreieinhalb Jahren bei ihrer Großmutter, weil der Bruder sich beruflich und privat erst einmal wieder stabilisieren muss. »Gleich nach dem Tod seiner Frau gab es eine schwierige Phase, in der er häufig umgezogen ist, zu wechselnden Freundinnen. Er hat fast hektisch versucht, wieder eine komplette Familie herzustellen, aber das ging natürlich nicht. Die Kinder haben vier Mal die Schule gewechselt, bis sie zu meiner Mutter zogen.« Die Großmutter ist aber für Unterstützung bei der Betreuung und Erziehung dankbar, und Rebekka hatte außerdem den Eindruck, dass die Kinder einen Ansprechpartner aus der Eltern-Generation brauchen, jemanden, der ihnen im Alter näher steht. »Vor allem für meine Nichte ist dabei neben ihrem Vater auch eine weibliche Bezugsperson wichtig. Meine Mutter fühlt sich außerdem sicherer, wenn sie Entscheidungen nicht allein treffen muss. Deshalb verbringe ich die Zeit von Donnerstag Mittag bis Freitag Abend mit ihnen im Haus meiner Mutter. Ich fand es wichtig, feste Zeiten dafür auszumachen, auch zur klaren Abgrenzung.« Wieder entstand eine Beziehung zu zwei Kindern, deren Art und Intensität neu bestimmt werden mussten. »Ganz am Anfang, nach dem Tod ihrer Mutter, als meine Nichte anfing, zu mir ›Mama‹ zu sagen, habe ich Platzangst gekriegt. Das jetzige Verhältnis, gewissermaßen in der Großfamilie, empfinde ich aber als ganz harmonisch: Wir teilen uns sozusagen den Mutterjob: Der größte Input kommt dabei sicher von meiner Mutter, die für die unendlich vielen kleinen und oft ermüdenden Dinge des Alltags zuständig ist, von Essen und Kleidung über Englisch-Vokabeln-Abfragen bis zu Elternabenden. Aber auch meine Schwester, die im Haus meiner Mutter wohnt, spielt als Anlaufadresse eine wichtige Rolle, vor allem für meine Nichte, wenn es wieder mal um die doofen Jungs oder um das Selbstverständnis als Frau geht. Ihr Job ist es allerdings nicht, um sechs aufzustehen und die Kinder mit Schulbroten zu versorgen. Hier versuche ich meine Mutter zu entlasten. Die Kinder legen großen Wert auf den stabilen Rhythmus, der sich inzwischen eingependelt hat.«

Kinder sind also in stattlicher Zahl in Rebekkas Leben hineingeschneit. Allesamt waren sie zu diesem Zeitpunkt keine süßen Babys mehr, sondern Grundschüler mit eigenen Persönlichkeiten, die Anforderungen stellten. Was hat ihr das Zusammenleben mit den Kindern gegeben? »Kinder sind für mich keine Nebensache: Jetzt gibt es die festen Donnerstage und Freitage mit den Kindern meines Bruders und früher, als sie noch klein waren, stand ein Drittel der Zeit für die Kinder von Paul zur Verfügung.« Wenn die beiden Mädchen da waren, hat sie sich fürs Wochenende bewusst nichts anderes vorgenommen: »Ich habe stattdessen meinem Spieltrieb hemmungslos nachgegeben: Ich war Tante Olga, ich habe winzige Puppenbriefe geschrieben und mich in die endlosen Rollenspiele einbinden lassen.« Ab und zu hätte sie sich dabei aber auch Ablösung gewünscht: »Ich habe mich manchmal geärgert, wenn Paul freitags gesagt hat: ›Ich freue mich schon auf die Kinder‹, aber samstags schon wieder seinen eigenen Stiefel machte und sich nicht besonders mit den Kindern beschäftigte. Ich hätte mir die Zuständigkeit fürs Entertainment lieber öfter mit ihm geteilt!«

Fragen und Anregungen

- Wenn Sie darunter leiden, keine eigenen Kinder zu haben, stehen Sie damit nicht allein. Beginnen Sie das Gespräch, dann werden sich auch Leidensgenossen zu erkennen geben!
- Überlegen Sie: Wie wichtig sind für Sie persönlich eigentlich die Gene und die Vererbung?
- Was möchten Sie gern mit Kindern erleben?
- Haben Sie Patenkinder? Oder gibt es in Ihrem Leben andere Kinder, zu denen ein engeres Verhältnis möglich wäre?
- Was ist es, das Sie gern an die nächste Generation weitergeben möchten? Überlegen Sie, auf welche Art Sie das noch tun könnten, außer durch eigene Kinder!

Leben mit oder ohne? Auf dem Weg zur eigenen Entscheidung

*»Ich habe festgestellt, dass sich
ganz in der Nähe des Lebens, in dem man
zufällig gelandet ist, ein anderes befindet,
das man seelenruhig genauso gut
hätte führen können.«*
(Margriet de Moor)

»Man sollte mehr Zeit damit verbringen, über Kinder nachzudenken, als sie zu zeugen«, sagt Jerry Steinberg, Begründer
der kanadischen »No kidding«-Bewegung, in der sich freiwillig
Kinderlose zusammengeschlossen haben. Steinbergs Forderung ist
nicht nur leicht zu erfüllen, sie ist auch vernünftig – nicht zuletzt
angesichts der Veränderungen, die danach anstehen. Ein Kind
bedeutet schließlich eine »massive Umwälzung der Lebensform«,
wie der engagierte Vater Wolfram treffend zusammenfasste.

Worin die Umwälzung besteht, darüber wurde in diesem Buch
ausführlich gesprochen: Übernahme von Verantwortung für einen
unmündigen Mitmenschen, über einen unabsehbaren Zeitraum
hinweg. Verlust von Spontaneität und Kampf um die Vereinbarkeit
der neuen mit den liebgewordenen anderen Erwachsenen-Rollen.
Übergang in eine neue Generation und Kennenlernen neuer,
starker Gefühle.

Es ist gut, dass man sich heute für oder gegen diese nach-
haltige Erfahrung entscheiden kann. »Die Freiheit zur eigenen
Lebensplanung, das Wunschkind statt des Zwangs- oder Zu-
fallskindes sind hohe kulturelle Werte«, betont der Leipziger
Familienforscher und Sexualwissenschaftler Kurt Starke.

Wer ernsthaft um seine anderen Lebensziele fürchtet, wer die
Zweisamkeit hüten, sich ganz einer beruflichen Aufgabe hinge-
ben oder seine Unabhängigkeit bewahren will, hat zum Beispiel gute Gründe, auf ein eigenes Kind zu verzichten. Und die
Kinderlosigkeit der Menschen, die aus grundsätzlichen Erwägungen Leben nicht weitergeben möchten, zeugt ebenfalls von

Verantwortungsbewusstsein, auch wenn nur eine Minderheit ihre Argumente versteht oder gar teilt.

Doch so einschneidend die Veränderung auch ist und so gut die Entscheidung bedacht sein will: Sie sollte trotzdem nicht trennend wirken. Eine Kluft zwischen Eltern und Kinderlosen zu errichten, ist unangemessen: Einige meiner Gesprächspartner haben bewiesen, dass man mit Kindern auch ein Stück Leben teilen kann, ohne eigene Kinder in die Welt zu setzen. Und dass die Gene nicht das einzige Staffelholz sind, das von Generation zu Generation weitergegeben werden kann.

Es gibt einen weiteren Grund, der eine solche Kluft künstlich erscheinen lässt: Die Elternrolle, so stark sie das Leben eines Menschen auch verändert, bestimmt nicht lebenslänglich den gesamten Alltag. Die aktive Elternphase ist zeitlich eindeutig begrenzbar. Und der Trend zur späten Elternschaft und zur Ein- oder Zweikindfamilie, der heute zu beobachten ist, macht sie noch mehr zu einer erkennbaren, zeitlich eingegrenzten Phase im Leben. »Die Elternschaft als Lebensphase konzentriert sich heute zwischen dem 30. und dem 55. Lebensjahr«, stellt Günter Burkart fest. Tatsächlich lebt eine »späte« Mutter heute mindestens 15 Jahre ihres Erwachsenenlebens *vor* dem Kind, als Kinderlose. Bei einer Lebenserwartung von 80 Jahren hat sie anschließend noch weitere 25 Jahre vor sich, in denen das »Kind« erwachsen ist und auf eigenen Füßen steht.

Elternschaft ist also einerseits prägend, andererseits aber auch seltsam flüchtig. Vielleicht liegt die eindrücklichste Erkenntnis, die Kinder vermitteln, überhaupt darin, wie schnell sich das Leben verändert. Kaum hat man sich in einer der »Phasen« ihrer Entwicklung häuslich einzurichten versucht, da ist sie auch schon wieder vorbei.

Glücklicherweise ist die Veränderung meist positiv und begrüßenswert. Denn Kinder haben die schöne Eigenschaft, zu wachsen und ständig Fortschritte zu machen. Im besten Fall ist das Heranwachsen ihrer Kinder für Eltern »kulinarisch gesprochen: ein Genuss in vielen kleinen Gängen«. So poetisch und zugleich alltagsnah fasst jedenfalls der Philosoph Dieter Thomä seine Vatererfahrung in Worte.

Als Mutter, die inzwischen etliche Gänge des Menus konsumiert hat, möchte ich ihm zum Schluss ausdrücklich zustimmen. Ich kann dabei nur für mich sprechen. Und vermutlich habe ich ein paar andere (ebenfalls Genuss versprechende) Erfahrungen nicht gemacht, weil ich mich für das Leben mit Kindern entschied. Mir gefällt aber die souveräne Sicherheit, mit der Edith Piaf singen kann: »Non, je ne regrette rien« – nein, ich bedaure nichts.

Anhang

Literatur

Bücher zum Thema:

Baumm, Stefanie: 101 Gründe, keine Kinder zu kriegen, Rake, Hamburg 2000

Beauvoir, Simone de: Das andere Geschlecht. Sitte und Sexus der Frau, Rowohlt, Reinbek 1951

Dies.: In den besten Jahren, Rowohlt, Reinbek 1961

Beck, Ulrich/Beck-Gernsheim, Elisabeth: Das ganz normale Chaos der Liebe, Suhrkamp, Frankfurt a. M. 1990

Beck-Gernsheim, Elisabeth: Was kommt nach der Familie? Einblicke in neue Lebensformen, Beck's he Reihe, München 1993

Burkart, Günter: Lebensphasen, Liebesphasen. Vom Paar zur Ehe, zum Single und zurück?, Leske und Budrich, Opladen 1997

Dee, Andrea: Müssen Frauen Mütter sein? Die neue Kinderlosigkeit, Ueberreuter, Wien 1999

Grass, Günter: Kopfgeburten oder Die Deutschen sterben aus, Luchterhand, Darmstadt/Neuwied 1980

Fallaci, Oriana: Brief an ein nie geborenes Kind, Fischer, Frankfurt a. M. 1977

Handke, Peter: Kindergeschichte, Suhrkamp, Frankfurt a. M. 1981

Hettlage, Robert: Familienreport, Beck'sche Reihe, München 1998

Kant, Immanuel: Metaphysik der Sitten, in: Werkausgabe Band VIII, Suhrkamp, Frankfurt a. M. 1977

Knibiehler, Yvonne (Hrsg.): Maternité, affaire privée, affaire publique, Bayard, Paris 2001

Münch, Bettina: Ich will alles. Glücklich mit Kind, Job und Partner, Krüger, Frankfurt a. M. 2000

Rousseau, Jean-Jacques: Emile oder: Über die Erziehung, in: Schriften, Suhrkamp, Frankfurt a. M. 1988

Safer, Jeanne: Kinderlos glücklich. Wenn Frauen keine Mütter sind, dtv, München 1998

Schneider, Norbert/Matthias-Bleck, Heike (Hrsg.): Elternschaft heute. Gesellschaftliche Rahmenbedingungen und individuelle Gestaltungsaufgaben, Leske und Budrich, Opladen 2002

Sichtermann, Barbara: Vorsicht Kind. Eine Arbeitsplatzbeschreibung für Mütter, Väter und andere, Wagenbach, Berlin 1982

Sigmund, Anna Maria: Die Frauen der Nazis, Heyne, München 2000

Thomä, Dieter: Eltern. Kleine Philosophie einer riskanten Lebensform, dtv, München 1995

Vetter, Klaus (Hrsg.): Kinder – zu welchem Preis? Was es bedeutet, Kinder zu haben, Westdeutscher Verlag, Opladen/Wiesbaden 1999

Vinken, Barbara: Die deutsche Mutter. Der lange Schatten eines Mythos, Piper, München 2001

Zeitungs- und Zeitschriftenausgaben mit dem Schwerpunktthema:

Brigitte, 15/2001: Glücklich ohne Kind?

Clio, Zeitschrift für Frauengesundheit, Heft 51, November 2000: Kinderwunsch, Kinderlosigkeit, Kinderkriegen

Der Spiegel, 29/2001: Der neue Mutterstolz. Kinder statt Karriere

Der Spiegel, 4/2002: Der künstliche Kindersegen. Babyboom aus der Retorte

Emma, 4/2001: Gebärstreik: Warum Frauen immer weniger Kinder kriegen

Max, 14/2001: Abenteuer Kind

Stern, 10/2001: Kinder und Karriere? Wie Frauen heute den Konflikt zwischen Job und Familie lösen

die tageszeitung, 18. Mai 2002

Zeitungs- und Zeitschriftenartikel:

Hugues, Pascale: Deutsche Mütter, in: *Der Tagesspiegel*, 19. Mai 2001

Nolte, Dorothee: Kinder, Küche, Karriereknick, in: *Der Tagesspiegel*, 19. Mai 2001

Pinl, Claudia: Men's Health, in: *die tageszeitung*, 30. April 2001

Interview mit Ludwig Georg Braun, in: *Der Tagesspiegel*, 5. April 2002

Interview mit Claudia Roth, in: *Chrismon*, 18. Mai 2002

Broschüren:

»Die erste Zeit zu dritt«, Bundeszentrale für gesundheitliche Aufklärung (BZgA), Köln, Bestellnummer 13640000

»frauen leben« – Eine Studie zu Lebensläufen und Familienplanung, Hrsg. BzgA, Köln, Bestellnummer 13314000

Internetadressen

Alleinerziehende:

Verband alleinerziehender Mütter und Väter e. V.: *www.vamv.de*
(Informationen für Einelternfamilien)

Beruf und Familie

Beruf & Familie gGmbH: *www.beruf-und-familie.de*
(Informationen zum „Audit Beruf & Familie". Hier lassen sich die ausgezeichneten Unternehmen und ihre familienfreundlichen Maßnahmen nachlesen)

Woman in Web: *www.woman-in-web.de*
(Informationen für berufstätige Mütter und Frauen. Themen: Elternzeit, Kinderbetreuung, Kündigung, Mutterschutz etc. Viele weiterführende Links)

Elternschaft

Staatsinstitut für Frühpädagogik: *www.familienhandbuch.de*
(Umfangreiches, übersichtliches Angebot für Eltern und Fachleute, z. B.: Kindliche Entwicklung, Partnerschaft, Leistungen für Familien, Rechtsfragen etc.)

Erziehungsgeld/Elternzeit

Bundesministerium für Familie, Soziales, Frauen und Jugend:
www.bmfsfj.de
(Kostenlose Publikationen zu familienpolitischen Themen, u. a. zum Bundeserziehungsgeldgesetz, das auch die Elternzeit neu regelt. Viele Publikationen auch als Download.)

Kindergeld

Arbeitsamt: *www.arbeitsamt.de*
(Informationen zum Kindergeld und anderen familienpolitischen Leistungen)

Konflikt

Deutscher Caritasverband e. V.: *www.caritas.de*
(Schwangerschaftsberatung online oder per E-Mail; Adressen von Beratungsstellen)

Pro Familia *www.profamilia.de*
(E-Mail-Beratung und Adressen von Beratungsstellen)

Teilzeit

Bundesministerium für Arbeit und Sozialordnung:
www.teilzeit-info.de
(Informationen für Arbeitnehmer und Arbeitgeber, Gesetzestexte, Gehaltsrechner etc.)